Der schmutzige Krieg gegen Syrien

(The Dirty War on Syria)

Washington, Regime Change und Widerstand

Von

Tim Anderson

Liepsen

Der Schmutzige Krieg gegen Syrien (The Dirty War on Syria)

von Tim Anderson

Erste deutschsprachige Ausgabe

Übersetzung aus dem Englischen: Jochen Mitschka, Hermann Ploppa

ISBN 978-3-9812703-9-6

Druck: Clausen & Bosse, Leck

Umschlag-Gestaltung: Blazek Grafik

Lektorat: Hermann Ploppa

Im Original veröffentlicht in Englisch durch: Global Research, Canada

(Hervorhebungen durch Übersetzer.)

Siehe auch Internetseite http://dirty-war-on-syria.blogspot.com

Über den Autor

Dr. Tim Anderson ist Dozent für politische Ökonomie an der Universität Sydney. Er forscht und schreibt über Entwicklungen, Rechte und Selbstbestimmung in Lateinamerika, der Asien-Pazifik-Region und des Mittleren Ostens. Er hat zahlreiche Kapitel und Artikel in wissenschaftlichen Büchern und Zeitschriften veröffentlicht. Sein aktuelles Buch trägt den Titel: ‚Land und Lebensbedingungen in Papua Neu Guinea' (2015).

Eine Bemerkung zu den Quellen

Der aufmerksame Leser wird bemerken, dass ich ein breites Spektrum an unterschiedlichen, meist englischsprachigen Quellen benutze. Dies tue ich nicht, weil ich Englisch spreche, sondern weil ich auch an andere englisch Sprechende denke, an die sich dieses Buch hauptsächlich wendet. Ich möchte, dass ihnen die relevanten Quellen zugänglich sind. Außerdem ist mir das weit verbreitete Vorurteil bekannt, das im Westen gegenüber Quellen aus Russland, dem Iran, Syrien oder Latein Amerika gehegt wird. Es gab Gelegenheiten, bei denen Übersetzungen notwendig wurden, darunter auch Interviews in Syrien. Ich habe auch vorwiegend westliche Quellen benutzt, wo immer das möglich war, nicht weil sie mir zuverlässiger erscheinen, sondern um jede Behauptung auszuschließen, ich hätte mich zu sehr auf syrische Quellen verlassen. Die Berichterstattung der westlichen Medien über diesen Krieg war im Allgemeinen katastrophal, war sie doch tief eingebettet in die Entschlossenheit ihrer Regierungen, zu intervenieren. Trotzdem verwende ich diese Darstellungen, erstens, um ihre Positionen deutlich zu machen, und zweitens, um die Bestätigung meiner Auffassungen in Geständnissen der Aggressor-Regierungen aufzuzeigen, die ihren eigenen Interessen eigentlich zuwiderlaufen. Am Ende findet man einen Verweis über eindeutige und unabhängige Quellen.

Danksagung

Ich danke meinen syrischen Freunden, meinen Lehrern, die mir halfen, Einsicht in ihr erstaunliches Land und ihre Kultur zu erhalten, und den Konflikt besser zu verstehen. Ich kann unmöglich all jene aufzählen, die mir ihre Zeit geschenkt haben, um mit mir zu sprechen. Aber ich will unbedingt meinen guten Freunden Reme, Elham, Jasmine, Ahmed, Maram, Hanadi, Tania, Fawaz, Maher, Lyad, Samer, Mazen, Rana, Afraa und Mohammed ausdrücklich danken.

Ich möchte mich auch für einige Lehrstunden bedanken, die ich von zwei syrischen Lehrern des Islam erhalten durfte. Durch den verstorbenen Scheich Mohammed Said Ramadan al Bouti habe ich die Ehrenhaftigkeit und Humanität vieler konservativer religiöser Menschen schätzen gelernt. Darüber hinaus hat das Treffen mit dem charismatischen Mufti Ahmad Badreddin Hassoun meinen Glauben an eine echte Spiritualität, die in ehrlicher religiöser Überzeugung liegt, zurückgebracht. Dieser Glaube ist ein willkommenes Gegenmodell zu den angeblichen Muslimen, die den derzeitigen Konflikt am Leben erhalten. Ich werde die Erklärungen von Mufti Hassoun über ‚Shami Islam‘ niemals vergessen.

Noch einmal: Dank an alle meine syrischen Lehrer. Selbstverständlich liegt die letztendliche Verantwortung für den folgenden Text ausschließlich bei mir.

Tim Anderson, Sydney, Australien, 15. Januar, 2016

Inhalt

1. Einführung: Der Schmutzige Krieg gegen Syrien

Obwohl jeder Krieg ausgiebig von Lügen und Täuschung Gebrauch macht, basiert der schmutzige Krieg gegen Syrien auf einem Maß an Desinformation, das seit Menschengedenken noch nicht gesehen wurde. Der britisch-australische Journalist Philip Knightley hat deutlich gemacht, dass Kriegspropaganda normalerweise ein ‚deprimierend vorhersagbares Muster' der Dämonisierung des feindlichen Führers beinhaltet; dann folgt die Dämonisierung des feindliches Volks durch Gräuelgeschichten, ob sie nun wahr oder erfunden sind. (Knightley 2001). Und so wurde aus einem freundlichen Augenarzt mit dem Namen Bashar al-Assad der neue Teufel dieser Welt, und, den übereinstimmenden Berichten westlicher Medien zufolge, tat die syrische Armee nichts anderes, als vier Jahre lang Zivilisten zu töten.[1] Bis heute stellen sich viele Menschen den Syrienkonflikt als ‚Bürgerkrieg' vor, als einen ‚Volksaufstand', oder als Variante eines internen Glaubenskrieges. Diese Mythen sind, in vielerlei Hinsicht, im Wesentlichen die Leistung der Großmächte, die in den vergangenen 15 Jahren eine Reihe von ‚Regime Change'-Operationen im Mittleren Osten durchgeführt haben, ausnahmslos unter falschen Vorwänden.

Dieses Buch ist eine sorgfältige wissenschaftliche Arbeit, aber auch ein Plädoyer für das Recht des syrischen Volkes, seine Gesellschaftsform und das politische System selbst zu bestimmen. Diese Position befindet sich in Einklang mit internationalen Gesetzen und den Prinzipien der Menschenrechte, könnte jedoch westliche Empfindlichkeiten stören, sind wir doch an ein vermeintliches Vorrecht gewöhnt, intervenieren zu dürfen. Manchmal muss ich unverblümt werden, um diese Doppelzüngigkeit bloßzustellen. In Syrien haben die Großmächte versucht, ihre Beteiligung zu verbergen, indem sie Stellvertreterarmeen schickten, während sie gleichzeitig die syrische Regierung und ihre Armee dämonisierten, indem sie ihnen fortwährende Gräueltaten vorwarfen. Um dann behaupten zu können, dass sie das syrische Volk vor ihrer eigenen Regierung retten wür-

[1] Ein bemerkenswerter Aspekt der SOHR „Statistiken" ist die Tatsache, dass speziell in den Jahren 2014 und 2015 auf der Seite der Regierung weit mehr Opfer zu verzeichnen waren, als auf der Seite der „Rebellen". Das würde den Schluss zulassen, dass die „Rebellen" mehr Syrer getötet hatten, was aber von den Medien nie in dieser Art interpretiert wurde.

den. Es opponierten wesentlich weniger Menschen im Westen gegen den Krieg in Syrien als gegen die Invasion des Irak, denn sie waren über seine wahre Natur getäuscht worden.

Im Jahr 2011 hatte ich nur ein bescheidenes Verständnis von Syrien und seiner Geschichte. Jedoch war ich zutiefst misstrauisch, als ich Nachrichten über die Gewalt las, die in der südlichen Grenzstadt Daraa explodierte.

Ich wusste, dass solche Gewalt (Heckenschützen, die auf Polizei und Zivilisten schossen, die Benutzung von halbautomatischen Waffen) nicht spontan aus Straßendemonstrationen heraus entsteht. Und ich war zutiefst misstrauisch gegenüber den Großmächten. Mein ganzes Leben lang wurden mir Lügen als Vorwände für Kriege erzählt. So entschloss ich mich, den syrischen Konflikt zu untersuchen. Ich las Hunderte von Büchern und Artikeln, schaute mir viele Videos an, und sprach mit so vielen Syrern wie es mir möglich war. Ich schrieb unzählige Artikel und besuchte zweimal Syrien während des Konfliktes. Dieses Buch ist das Ergebnis meiner Untersuchung.

Schmutzige Kriege sind nicht neu. Der kubanische Nationalheld José Martí sagte einem Freund voraus, dass Washington versuchen würde, in Kubas Kampf um Unabhängigkeit von den Spaniern einzugreifen. *„Sie wollen einen Krieg provozieren"*, schrieb er 1889 *„um einen Vorwand zur Intervention zu bekommen, und, mit der Autorität eines Vermittlers und Garanten, das Land in Besitz nehmen…. Es gibt nichts Erbärmlicheres in den Annalen der freien Völker, und auch kein kaltblütigeres Übel"* (Marti 1975: 53). Neun Jahre später, während des dritten Unabhängigkeitskrieges, zerstörte eine Explosion im Hafen von Havanna das Schlachtschiff USS Maine, tötete dabei 258 Marinesoldaten, und diente als Vorwand für eine Invasion der USA. Der darauf folgende ‚Spanisch-Amerikanische' Krieg entriss den Kubanern den Sieg und erlaubte den USA, die Kontrolle über die verbliebenen spanischen Kolonialterritorien zu übernehmen. Kubanisches Land wurde annektiert, und eine zutiefst kompromittierte Verfassung aufgezwungen. Es gab niemals einen Beweis dafür, dass die Spanier für die Sprengung der USS Maine verantwortlich gewesen sein könnten, und viele Kubaner glauben, dass die Nordamerikaner ihr eigenes Schiff gesprengt hätten. Das Denkmal in Havanna, das an diese Marinesoldaten erinnert, trägt immer noch die Inschrift: *„Den Opfern der Maine, die imperialer Unersättlichkeit geopfert wurden im Bestreben, sich der Insel Kuba zu bemächtigen“* (Richter 1998).

Die USA hatten Dutzende von Interventionen im folgenden Jahrhundert in Lateinamerika gestartet. Ein besonders schmutziger Krieg wurde durch jene vom CIA unterstützten ‚Freiheitskämpfer‘, in Wirklichkeit Söldner, die in Honduras ihre Basis hatten, gegen die Regierung der Sandinisten und gegen das Volk von Nicaragua in den 1980er Jahren geführt. Dieser Konflikt unterschied sich in seiner Vorgehensweise wenig vom Krieg in Syrien.

In Nicaragua wurden mehr als 30.000 Menschen getötet. Der Internationale Gerichtshof (IGH) befand die USA schuldig, terroristische Angriffe gegen den kleinen zentralamerikanischen Staat geführt zu haben, und urteilten, dass die USA Nicaragua Entschädigung zu zahlen hätten (ICJ 1986). Washington ignorierte das Urteil.

Mit dem *‚Arabischen Frühling‘* von 2011 nutzten die Großmächte die aufgeheizte politische Situation, um die Initiative zu übernehmen, und einen ‚Islamistischen Winter‘ zu erzwingen, indem sie die wenigen verbliebenen unabhängigen Staaten der Region angriffen. Sehr bald sahen wir die Zerstörung Libyens, jenes kleinen Landes mit dem höchsten Lebensstandard in Afrika. NATO-Bomben sowie ein Feldzug von Spezialkräften halfen Al-Kaida-Gruppen im Bodengefecht. Grundlage für die Intervention der NATO waren Lügen über aktuelle und bevorstehende Massaker, die angeblich ausgeführt oder geplant wurden durch die Regierung von Präsident Muammar al-Gaddafi. Diese Behauptungen führten schnell zu einer UN-Sicherheitsrats-Resolution, mit der zum Schutz von Zivilisten eine ‚Flugverbotszone‘ verhängt wurde. Wir wissen jetzt, wie Vertrauen hintergangen wurde, und dass die NATO-Mächte das begrenzte UN-Mandat missbrauchten, um die libysche Regierung zu stürzen (Mc Kinney 2012).

Anschließend fand sich kein Beweis, dass Gaddafi jemals Massaker geplant, ausgeführt oder angedroht hätte, so wie es einer breiten Öffentlichkeit dargestellt wurde (Forte 2012). Geneviève Garrigos von Amnesty International Frankreich gab zu, dass es ‚keine Beweise‘ für die zuvor verbreiteten Behauptungen ihrer Organisation gab, Gaddafi habe ‚schwarze Söldner‘ eingesetzt, um Massaker auszuführen (Forte 2012; Edwards 2013). Alan Kuperman, der sich hauptsächlich auf nordamerikanische Quellen bezieht, führt die folgenden Punkte auf:

> *Erstens war die Zerschlagung der meist islamistischen Aufstände im östlichen Libyen durch Gaddafi ‚weit weniger tödlich‘ als behauptet. Tatsächlich gab es Beweise dafür, dass er ‚sich zurückgehalten hat, wahllos Gewalt‘ anzuwenden. Die Islamisten selber waren von Anfang an bewaffnet. Spätere US-amerikanische Schätzungen gehen davon aus, dass von den nahezu eintausend Opfern der ersten sieben Wochen drei Prozent Frauen und Kinder waren* (Kuperman 2015).
>
> *Zweitens, als die Regierungskräfte kurz davor standen, den Osten des Landes zurückzuerobern, intervenierte die NATO, wobei sie behauptete, dass sie ein bevorstehendes Massaker abwenden müsse. Zehntausende von Menschen starben nach der Intervention der NATO, verglichen mit jenen eintausend zuvor. Gaddafi hatte keine Vergeltung in Bengasi geschworen, und ‚kein Beweis oder Motiv‘ wurde gefunden für die Behauptung, er habe Massenmorde geplant* (Kuperman 2015).

Der Schaden war perfekt. Die NATO übergab das Land zerstrittenen Gruppen von Islamisten und westlich orientierten ‚Liberalen‘. Eine relativ unabhängige Regierung wurde gestürzt, aber Libyen zerstört. Seit vier Jahren gibt es keine funktionierende Regierung, und die Gewalt hält an, während dieser Angriffskrieg gegen Libyen ungestraft blieb.[2]

[2] Anm. d. Übersetzers: Für deutschsprachige Leser: In Deutschland kursierte das Gerücht, dass geflohene libysche Piloten, [die ihre Flugzeuge für eine Belohnung außer Landes gebracht hatten], von drohenden Luftangriffen auf Zivilisten berichtet hatten, an denen sie nicht teilnehmen wollten. (http://www.spiegel.de/politik/ausland/befehle-ignoriert-libysche-piloten-setzen-sich-nach-malta-ab-a-747006.html). Die einzige Partei im Bundestag, die sich vehement gegen die Bombardierung Libyens gestellt hatte, war die Partei „Die Linke". Diese hatte eine kleine Anfrage in den Bundestag eingebracht, in der nach dem Krieg Erkenntnissen über Angriffe der Luftwaffe auf Zivilisten gefordert wurde.

Zwei Tage bevor die NATO Libyen bombardierte, brach ein weiterer bewaffneter islamistischer Aufstand in Daraa aus, Syriens südlichster Stadt. Da jedoch dieser Aufstand mit Demonstrationen einer politischen Reformbewegung in Zusammenhang gebracht wurde, blieb seine wahre Natur verschleiert. Viele Menschen bemerkten gar nicht, dass dieselben Kräfte, die die Waffen lieferten – nämlich Katar und Saudi-Arabien – gleichzeitig gefälschte Nachrichten-Stories in ihren jeweiligen eigenen Medienkanälen Al Jazeera und Al Arabiya lancierten. Es gab auch noch weitere Gründe für die dauerhaften Mythen dieses Krieges. Viele westliche Beobachter, Liberale und Linke ebenso wie eher Konservative, schienen sich in ihrer eigenen Rolle als Retter eines fremden Volkes wohlzufühlen. Sie äußerten klare Meinungen über ein Land, von dem sie nur sehr wenig verstanden, stiegen dennoch ein in einen, wie es schien, ‚gerechten Kampf' gegen diesen neuen ‚Diktator'. Ausgestattet mit Sendungsbewusstsein und einem stolzen Selbstbild vergaß das westliche Publikum nur allzu gerne die Lügen früherer Kriege und ihres eigenen kolonialen Erbes.

Ich würde sogar so weit gehen zu behaupten, dass sich die westliche Kultur im Allgemeinen im schmutzigen Krieg gegen Syrien ihrer besseren Traditionen entledigt hat: nämlich der Vernunft, der Aufrechterhaltung des ethischen Prinzips, und der Suche nach unabhängigen Beweisen in Zeiten von Konflikten. Stattdessen griffen sie auf ihre schlimmsten Traditionen zurück: nämlich auf das ‚imperiale Vorrecht' auf Intervention, unterstützt durch ein tief sitzendes rassistisches Vorurteil, sowie durch eine armselige Berücksichtigung der Geschichte ihrer eigenen Kulturen.

Diese Mängel wurden verstärkt durch eine erbitterte Kampagne der Kriegspropaganda. Nachdem die Dämonisierung des syrischen Führers Bashar al-Assad begonnen hatte, wurde eine wahre Informationsblockade aufgebaut gegen alles, was die offizielle Erzählung vom Kriegsverlauf hätte untergraben können, nur sehr wenige differenzierte Ansichten über Syrien erschienen nach 2011, denn kritische Stimmen waren de facto geächtet

Der Bundesregierung lagen keine solchen Erkenntnisse vor. Siehe auch http://www.ag-friedensforschung.de/regionen/Libyen/kamil.html

Unter diesem Eindruck begann ich mein Buch zu schreiben. Es ist eine Verteidigung Syriens, nicht in erster Linie an jene Kreise gerichtet, die völlig eingetaucht sind in die westlichen Mythen, sondern an jene, die sich mit diesen Mythen auseinander setzen. Deshalb ist dies ein Quellenbuch und ein Beitrag zur Geschichte des Syrienkonflikts. Die westlichen Geschichten haben sich ins Maßlose gesteigert, und ich glaube, dass es verschwendete Zeit ist, sie nachsichtig zu behandeln. Ich denke das Beste ist, wir sprechen von den aktuellen Ereignissen, wie sie wirklich sind, und kümmern uns um die Verschleierungsmanöver später. Ich ignoriere die westlichen Mythen keineswegs - tatsächlich enthält dieses Buch ja eine ganze Reihe von ihnen. Aber der Leitgedanke ist die Wirklichkeit des Krieges.

Westliche Mythologie gründet auf der Idee des imperialen Vorrechtes. Sie fragt: was müssen ‚wir' tun, wenn es um die Probleme eines anderen Volkes geht. Das ist ein Ansatz, der weder auf internationalem Gesetz noch auf den Grundsätzen der Menschenrechte basiert. Die nächsten Schritte beinhalten eine Reihe von Fälschungen über die scheinbaren Gründe, den Charakter sowie die Ereignisse des Krieges. Die erste Behauptung zu Syrien lautete, dass die NATO-Staaten und die Golf-Monarchien eine säkulare und demokratische Revolution unterstützen würden. Als dies unglaubwürdig erschien, wurde die zweite Geschichte erfunden, nämlich dass sie die unterdrückte Mehrheit der ‚sunnitischen Muslime' vor dem sektiererischen ‚*Alawitischen-Regime*' retten müssten. Als dann die sektiererischen Verbrechen der regierungsgegnerischen Kräfte einer größeren Öffentlichkeit bekannt wurden, griff man als Vorwand zu der Behauptung, es handele sich hier um einen ‚Schattenkrieg': ‚*Moderate Rebellen*' würden angeblich gegen die extremistischen Gruppen kämpfen. Deshalb sei eine westliche Intervention erforderlich, um diese ‚moderaten Rebellen' aufzubauen gegen die ‚neue' extremistischen Gruppe, die auf so mysteriöse Weise entstanden war, und die eine Bedrohung für die Welt darstellten.

Das war die ‚B'-Geschichte. Zweifellos wird Hollywood noch viele Jahre Filme produzieren, die auf diesem Drehbuch aufbauen. Aber dieses Buch hält sich an die ‚A'-Geschichte. Stellvertreterarmeen von Islamisten, bewaffnet durch regionale Verbündete der USA (hauptsächlich Saudi-Arabien, Katar und die Türkei), infiltrieren eine politische Reformbewegung und schießen auf Polizisten und Zivilisten. Sie machen die Regierung dafür verantwortlich und fachen einen Aufstand an; sie versuchen, die syrische Regierung zu stürzen, und damit auch deren säkular-pluralistischen Staat. Dies folgt der offen erklärten Absicht der USA, einen *'Neuen Mittleren Osten'* zu erschaffen, in dem jedes Land der Region durch Reform, einseitige Entwaffnung oder direkten Staatsstreich unterworfen wird. Syrien war als nächstes Land an der Reihe, nach Afghanistan, dem Irak und Libyen. In Syrien würden die Stellvertreterarmeen von den vereinigten Kräften der Moslembruderschaft sowie von Saudi-Arabiens wahhabitischen Fanatikern gestellt. Trotz zeitweiliger Machtkämpfe zwischen diesen Gruppen und ihren Sponsoren teilen sie doch alle die gleiche salafistische Ideologie; sie stehen in Opposition zu säkularen oder nationalistischen Regimen und beabsichtigen die Errichtung eines religiösen Staates.

Die Islamisten Washingtons trafen aber auf eine disziplinierte syrische Armee, die sich trotz zahlreicher Provokationen nicht aufgrund von konfessionellen Unterschieden auflöste. Außerdem hatte der syrische Staat starke Verbündete in Russland und dem Iran. Syrien wurde nicht zu einem zweiten Libyen. Die Gewalt ging in diesem langen Krieg aus westlicher Sicht von der syrischen Armee aus, die Zivilisten angreifen und töten würde. Aus syrischer Perspektive sahen die Menschen aber täglich Terroristenangriffe auf Städte und Stadtzentren, Schulen und Krankenhäuser, und Massaker durch NATO- *'Freiheitskämpfer'* an einfachen Menschen, und erst dann die Gegenangriffe der Armee. Ausländische Terroristen wurden in einer Reihe von Städten durch Saudis und Kataris rekrutiert, um die lokalen Söldner zu unterstützen.

Auch wenn die Terrorgruppen oft 'Opposition', 'Militante' und 'Sunnitische Gruppen' außerhalb von Syrien genannt werden, so hatte die politische Opposition innerhalb des Landes sich bereits zu Beginn des Jahres 2011 von den Islamisten losgesagt. Die Proteste wurden durch die Gewalt von der Straße vertrieben, und der größte Teil der Opposition (ohne die Moslem-Bruderschaft und Exilkreise) schlug sich auf die Seite des Staates und der Armee, wenn nicht sogar auf die Seite der herrschenden Ba'ath-Partei. Die syrische Armee ging brutal gegen Terroristen vor, aber im Gegensatz zur westlichen Propaganda beschützte sie jedoch die Zivilbevölkerung. Die Islamisten traten nach allen Seiten brutal auf, und zwar ganz offen. Millionen von Binnenflüchtlingen haben bei der Regierung und der Armee Zuflucht gesucht, während andere außer Landes flohen.

In einem erhofften ‚Endspiel' versuchten die Großmächte, den syrischen Staat zu entmachten oder, falls das fehlschlagen sollte, einen funktionsuntüchtigen Staat zu schaffen, oder aber auch seine Zerlegung in eine Anzahl von sektiererischen Ministaaten zu ermöglichen, um auf diese Weise die Achse der unabhängigen regionalen Staaten zu zerschlagen. Diese Achse besteht aus Hisbollah im Süd-Libanon und dem palästinensischen Widerstand, an der Seite von Syrien und dem Iran, den einzigen Staaten der Region ohne US-Militärbasis. Gerade kürzlich hat der Irak begonnen - noch traumatisiert von der westlichen Invasion, den Massakern und der Besetzung – sich der Achse anzuschließen. Und auch Russland hat begonnen, eine wichtige Rolle als Gegengewicht zu spielen. Die jüngste Geschichte und das Verhalten des Landes machen deutlich, dass weder Russland noch der Iran imperiale Ambitionen hegen, die auch nur im Entferntesten denen Washingtons und seiner Alliierten nahe kommen. Alliierte, von denen verschiedene Mächte (Großbritannien, Frankreich und die Türkei) ehemalige koloniale Kriegsherren waren. Aus Sicht der ‚Achse des Widerstandes' bedeutet ein Sieg im schmutzigen Krieg gegen Syrien, dass die Region sich gegen die Großmächte zusammenschließen kann. Syriens erfolgreicher Widerstand würde den Beginn des Endes für Washingtons ‚Neuen Mittleren Osten' einläuten.

Das ist im Wesentlichen die große Perspektive. Dieses Buch versucht die A-Geschichte zu dokumentieren und die B-Geschichte zu entlarven. Es tut dies durch die Rettung der besseren westlichen Traditionen: durch den Einsatz von Vernunft, durch das Einhalten von ethischen Prinzipien, und durch die Suche nach unabhängigen Beweisen im Fall eines Konfliktes. Ich hoffe, es erweist sich als eine nützliche Quelle. Hier folgt eine kurze Übersicht über die Kapitel.

Kapitel 2, ‚*Syrien und Washingtons ‚Neuer Mittlerer Osten*' bringt Syrien in den Zusammenhang mit US-Plänen für einen ‚Neuen Mittleren Osten'. Syrien stellt das neueste Kapitel in einer langen Geschichte von US-amerikanischen Versuchen dar, die Region zu dominieren.

Kapitel 3, ‚*Fass-Bomben, parteiliche Quellen und Kriegspropaganda*' geht auf das Problem der Berichterstattung und der Lesart der syrischen Krise ein. Die Medien haben sich allzu sehr auf einseitige Quellen gestützt; sie waren festgelegt auf eine Kriegsoption, und sie verleumdeten die syrische Armee. Dies ist das entscheidende Hindernis für ein Verständnis der Kontroversen zu den Themen: Chemische Waffen, Massaker an Zivilisten, sowie dem Ausmaß der Unterstützung für oder gegen Präsident Assad.

Kapitel 4, ‚*Daraa 2011: ‚Ein weiterer Islamistischer Aufstand*'. Dieses Kapitel rollt auf der Grundlage einer Reihe von Quellen den von Saudi-Arabien unterstützten islamistischen Aufstand in Daraa im März 2011 neu auf. Diese bewaffneten Angriffe waren klar zu unterscheiden von den Demonstrationen für politische Reformen, die die Islamisten von den Straßen vertrieben.

Kapitel 5, ‚*Bashar al-Assad und die Politische Reform*' erklärt die politische Reformbewegung von dem Zeitpunkt an, als al-Assad die Präsidentschaft im Jahr 2000 angetreten hatte, bis zum Beginn der Krise im Jahr 2011. Daraus können wir erkennen, dass die meisten Oppositionsgruppen sich für Reformen innerhalb eines syrischen Zusammenhangs einsetzten, und praktisch alle diese Gruppen lehnten Angriffe auf den Syrischen Staat ab. Dieses Kapitel untersucht sodann die Rolle von al-Assad als Reformer und Belege für seine Beliebtheit.

Kapitel 6, ‚*Die Dschihadisten des Imperiums*' untersucht die Zusammenarbeit zwischen dem salafistischen politischen Islam und den imperialen Mächten im Mittleren Osten. Im Unterschied zu den anti-imperialistischen islamischen Strömungen im Iran und im Libanon wurde der salafistische politische Islam zu einer sektiererischen Kraft, die mit dem arabischen Nationalismus von Ägypten über Palästina bis Syrien konkurriert, und auf einer seit langem bestehenden kollaborativen Beziehung zu den Großmächten basiert. Diese Geschichte liefert einen wichtigen Hintergrund für das Verständnis des Charakters der syrischen islamistischen ‚Revolution' und ihre verschiedenen Schlagworte.

Kapitel 7, *‚Eingebettete Medien, eingebettete Wächter'* kennzeichnet die Propaganda-Techniken der Medien sowie der Netzwerke von ‚Menschenrechts'-Gruppen (Human Rights Watch, Avaaz, usw.) die als Sprachrohr und ‚Moderatoren' für die Pläne Washingtons dienen. Viele wurden zu kämpferischen Vertretern für einen ‚humanitären Krieg'. Eine Gruppe neuerer westlicher Nicht-Regierungs-Organisationen (z.B. The Syria Campaign, The White Helmets) waren von Dienstleistern der Wall-Street speziell für den Schmutzigen Krieg in Syrien erschaffen worden. Eine Auswahl ihrer Fälschungen wird hier dokumentiert.

Kapitel 8, *‚Das Hula Massaker neu bewertet'* berücksichtigt im Detail die Beweise des ersten großen Massakers, das (aufgrund des Erfolges dieser Technik in Libyen) den Zweck verfolgte, den UN-Sicherheitsrat zu einer militärischen Intervention zu bewegen. Während die erste UN-Untersuchungsgruppe, die in Syrien arbeitete, widersprüchliche Beweise zu diesem Massaker fand, versuchte eine zweite UN-Untersuchungskommission, die außerhalb von Syrien agierte, und der ein US-Diplomat als Stellvertretender Leiter vorsaß, die syrische Regierung zu belasten. Allerdings belasten mehr als ein Dutzend Zeugen Farouq-FSA-Islamisten, die regierungstreuen Dorfbewohner getötet zu haben und das Gebiet unter ihre Gewalt gebracht und für Monate besetzt gehalten zu haben. Etliche weitere ‚False Flag'[3] - Massaker werden festgestellt.

Kapitel 9, *‚Chemie-Lügenmärchen: Der Ost-Ghuta-Vorfall'* untersucht im Detail den zweiten großen ‚False Flag'-Vorfall, der internationale Bedeu-

[3] Der Ausdruck falsche Flagge ist ein nachrichtendienstlicher, politischer und militärischer Begriff, der ursprünglich aus der Seefahrt stammt. Er bezeichnet eine verdeckte Operation, meist des Militärs oder eines Geheimdienstes, die zur Verschleierung der Identität und der Absichten des tatsächlichen Urhebers vorgeblich von einer anderen, dritten Partei durchgeführt wird. Die Aktion wird also zum Schein aktiv einem unbeteiligten Dritten zugeschrieben, wobei dieser eine Einzelperson, eine Organisation, eine religiöse bzw. Volksgruppe oder auch ein Staat sein kann. Der tatsächliche Akteur handelt dabei also „unter einer falschen Flagge", was typischerweise vom gezielten Einsatz von Desinformation begleitet wird und zum Schutz vor der Entdeckung des wahren Urhebers strengster Geheimhaltung unterliegt. (Wikipedia)

tung erlangte. Das Ereignis trat im August 2013 ein, und hätte fast eine große und massive US-amerikanische Eskalation mit Raketenangriffen auf Syrien ausgelöst. Es wurde benutzt, um die syrische Regierung zu beschuldigen, hunderte von Zivilisten, darunter Kinder, mit Chemiewaffen getötet zu haben. Innerhalb einer relativ kurzen Zeit hatte eine Vielzahl voneinander unabhängiger Quellen (darunter auch nordamerikanische Beweise) diese Beschuldigungen widerlegt. Trotzdem wiederholen Syriens Gegner bis heute diese falschen Anschuldigungen, als ob es sich um bewiesene Fakten handelte.

Kapitel 10, *'Eine 'Schutzverantwortung[4] und das Doppelspiel'* behandelt eine relativ neue politische Doktrin als Weiterentwicklung der 'humanitären Intervention', die in die Öffentlichkeit gebracht wurde, um den imperialistischen Werkzeugkasten zu bereichern. Die Anwendung dieser Doktrin in Libyen war verheerend für das kleine Land. Glücklicherweise scheiterten Versuche, diese Doktrin auf Syrien anzuwenden.

Kapitel 11, *'Gesundheit und Sanktionen'* dokumentiert die von der NATO unterstützten islamistischen Angriffe auf Syriens Gesundheitssystem, die gekoppelt sind mit den Auswirkungen westlicher Wirtschaftssanktionen. Diese beiden Ereignisse haben dem syrischen Gesundheitssystem großen Schaden zugefügt. Solche Angriffe sind als Motiv, Unterstützung der Bevölkerung vor Ort zu gewinnen, absolut unglaubwürdig. Deshalb können wir sie nur als Teil einer Gesamtstrategie deuten, den syrischen Staat zu schwächen, und ihn auf diese Weise verwundbarer zu machen für eine Intervention von außen.

Kapitel 12, *'Washington, Terrorismus und ISIS: Die Beweise'*, dokumentiert die Verbindungen zwischen den Großmächten und der neuesten Top-Terroristengruppe, die sie zu bekämpfen vorgeben. Nur Beweise können helfen, eine informierte Meinung über diese umstrittene Angelegenheit zu bilden, jedoch ist die Beweislage erdrückend. Es gibt wenig ideologische

---

[4] Im englischsprachigen Original: „Responsibility to Protect". Es handelt sich um einen Begriff, der von der UNO angenommen wurde. Er besagt: wenn ein souveräner Staat nicht in der Lage oder willens ist, die Sicherheit seiner Bürger zu gewährleisten, dann kann die internationale Völkergemeinschaft in diesem souveränen Staat intervenieren.

Unterschiede zwischen den verschiedenen salafistisch-islamistischen Gruppen, und Washington sowie seine Verbündeten haben alle gleichermaßen finanziert und bewaffnet.

Kapitel 13, ‚*Westliche Intervention und koloniale Gesinnung*‘ diskutiert die westliche kulturelle Geisteshaltung, die der anhaltenden Verletzung der Rechte anderer Völker zugrunde liegt.

Kapitel 14, ‚*Perspektiven eines unabhängigen Mittleren Ostens*‘, erwägt das Endspiel in der Syrien-Krise und seine Implikationen für die Region des Mittleren Ostens. Mit enormen Kosten haben die Syrische Arabische Republik, Ihre Armee und ihr Volk der Aggression einer Vielzahl mächtiger Feinde erfolgreich widerstanden. Syriens Überleben basiert auf seiner Widerstandskraft und seiner Einigkeit, gefördert durch die Unterstützung starker Verbündeter. Der Einsatz der russischen Luftwaffe Ende September 2015 war wichtig. Das gilt ebenso für die koordinierten Bodentruppen aus dem Iran, dem Irak und dem Libanon, die ein unabhängiges Syrien unterstützten.

Wenn die Angriffe auf Syrien abflauen, scheint der Mittlere Osten bereit zu sein für den Wandel, mit größerem politischen Willen und militärischer Vorbereitung auf Seiten einer ausgeweiteten Achse des Widerstandes. Dieser Wille signalisiert den Anfang vom Ende für Washingtons fünfzehnjährige Orgie des Blutvergießens und für den ‚Regime Change‘ in der gesamten Region.

Quellen: (Siehe auch http://dirty-war-on-syria.blogspot.com)

Edwards, Dave (2013) ‘Limited But Persuasive’ Evidence - Syria, Sarin, Libya, Lies’, Media Lens, 13 June, online: http://www.medialens.org/index.php/alerts/alert-archive/alerts-2013/735-limited-but-persuasive-evidence-syria-sarin-libya-lies.html

Forte, Maximilian (2012) Slouching Towards Sirte: NATO’s War on Libya and Africa, Baraka Books, Quebec

ICJ (1986) Case concerning the military and paramilitary activities in and against Nicaragua (Nicaragua v. United States of America) Merits’, International Court of Justice, Judgement of 27 June 1986, online: http://www.icj-cij.org/docket/?sum=367&p1=3&p2=3&case=70&p3=5

Knightley, Phillip (2001) 'The disinformation campaign', The Guardian, 4 October, online: http://www.theguardian.com/education/2001/oct/04/socialsciences.highereducation

Kuperman, Alan J. (2015) Obama's Libya Debacle', Foreign Affairs, 16 April, online: https://www.foreignaffairs.com/articles/libya/2015-02-16/obamas-libya-debacle

Martí, Jose (1975) Obras Completas, Vol. 6, Editorial de Ciencias Sociales, La Habana

McKinney, Cynthia (Ed) (2012) The Illegal War on Libya, Clarity Press, Atlanta

Putin, Vladimir (2015) 'Violence instead of democracy: Putin slams 'policies of exceptionalism and impunity' in UN speech', RT, 28 September, online: https://www.rt.com/news/316804-putin-russia-unga-speech/

Richter, Larry (1998) 'Havana Journal; Remember the Maine? Cubans See an American Plot Continuing to This Day', New York Times, 14 February, online: http://www.nytimes.com/1998/02/14/world/havana-journal-remember-maine-cubans-see-american-plot-continuing-this-day.html

2. Syriens und Washingtons 'Neuer Mittlerer Osten'

Nach den Invasionen Afghanistans und des Irak sowie der Zerstörung Libyens war Syrien der nächste Staat, dessen Regierung gestürzt werden sollte. Washington und seine regionalen Verbündeten hatten das bereits seit einiger Zeit geplant. Nach dem ‚*Regime Change*' in Damaskus wäre Syriens Verbündeter, die Hisbollah, isoliert. Die Islamische Republik des Iran würde dann das einzige Land im Mittleren Osten ohne eine US-Militärbasis bleiben. Nach dem Sturz der iranischen Regierung könnte Washington dann die gesamte Region kontrollieren, und Russland sowie China wären als mögliche Mitbewerber ausgeschlossen. Palästina wäre verloren.

All dies war Teil von Washingtons Plan für einen ‚*Neuen Mittleren Osten*', aber es sollte nicht dazu kommen. Entschlossener und koordinierter Widerstand kann nicht hoch genug eingeschätzt werden. Syriens Armee hat Welle auf Welle von Angriffen fanatisierter Islamisten, die von der NATO und den Golf-Monarchien unterstützt wurden, zurückgeschlagen, und die Unterstützung durch Russland und den Iran blieb verlässlich. Wichtig war auch, dass Syrien neue Formen der Kooperation mit dem schwachen, aber langsam erstarkenden Irak gefunden hat. Washington hatte seit Jahrzehnten versucht, Irak und Iran gegeneinander auszuspielen. Die sich verstärkenden Verbindungen zwischen dem Iran, dem Irak, Syrien, dem Libanon und Palästina stellen eine regionale Herausforderung für das ‚Große Spiel' unserer Tage dar. Der Mittlere Osten ist eben nicht nur ein großer Spielplatz für die Großmächte.

Die USA und ihre regionalen Verbündeten (Saudi-Arabien, Israel, die Türkei, Katar und Jordanien), standen, wie wir heute wissen, hinter jeder regierungsfeindlichen syrischen Extremistengruppe seit dem Beginn des aktuellen Konflikts. Sie nutzten die reaktionärsten und sektiererischen Kräfte, um ihre Ziele zu verfolgen. Die Achse des Widerstandes sollte indes nicht als sektiererisches Phänomen verstanden werden. Diese Gruppe - die Islamische Republik des Iran, das säkulare Syrien, der libanesische Widerstand, angeführt durch die Hisbollah, und die Palästinenser -

ist zutiefst anti-imperialistisch. Syrien, der einzige ‚säkulare' Staat, in der Region, hatte sich schon vor langer Zeit mit der Islamischen Republik Iran verbündet, was auch eine Gegnerschaft gegen den säkularen Staat Irak von Saddam Hussein einschloss. Saddam seinerseits war von Washington benutzt worden, um den Iran zu schwächen, nachdem dieses Land seine Revolution von 1979 durchgesetzt hatte.

Auf der anderen Seite hatte der Iran die sektiererische Moslembruderschaft in keiner ihrer Aufstände gegen das säkulare Syrien unterstützt. Der Iran unterstützt zwar die Schiiten der Hisbollah, das Land wird aber am meisten verteufelt wegen der Bewaffnung von Palästina, wo man allerdings kaum Schiiten findet. Diese Pluralität wiederlegt alle Behauptungen, dass die Achse des Widerstandes sektiererisch wäre. Die Unterstützung von Sektierertum im Mittleren Osten stammt in den meisten Fällen von den Schlüsselpartnern Washingtons, nämlich Saudi-Arabien und von den anderen Golf-Monarchien, sowie von den ethnischen Säuberern in Israel. Diese Kräfte teilen das Ziel der USA, die Region schwach und zerstritten zu halten.

Wie wurde Syrien zum Ziel? Wir können die Feindschaft zurückverfolgen bis zu Syriens zentraler Rolle in den Arabisch-Israelischen Kriegen, besonders jenen von 1967 und 1973, in der gemeinsamen regionalen Anstrengung, sich gegen den expansionistischen zionistischen Staat zu wehren. Danach hatte Syriens Unterstützung der iranischen Revolution im Jahr 1979 das Land zum Feind der USA gemacht. Schon seit 1980, unter der Regierung von Carter, versuchte Washington einen ‚Regimewechsel' in Damaskus durchzusetzen. Ein Telegramm des Nationalen Sicherheitsrates an seinen Vorsitzenden Zbigniew Brzezinski drängte darauf, eine koordinierte Studie gemeinsam mit den Europäern und den arabischen Monarchien anzufertigen, um ‚mögliche' Regime-Alternativen zur Regierung von Hafiz-al-Assad zu finden. Die Verfasser überlegten, wie man das Problem einer unüberlegten Reaktion [durch Syriens Verbündeten, die Sowjetunion] reduzieren könnte, um einen Regimewechsel in Damaskus durchzuführen'. Das Memorandum erkannte auch an, dass der Rückzug der syrischen Truppen aus dem Libanon (Syrien war 1975 in den Libanon einmarschiert, um den Bürgerkrieg zu beenden und sollte noch bis 2005 dort bleiben), ein großes Risiko beinhalten würde, dass der Bürgerkrieg wieder aufflammen könnte, und auf diese Weise einen *„hohen Anreiz für das israelische Militär zu einem Engagement im südlichen Libanon“* bieten würde. (NSC 1980).

Es war deshalb kein Zufall, dass die Moslembruderschaft - die immer die am besten organisierte syrische Oppositionsgruppe war, und deren Geschichte der Zusammenarbeit mit ausländischen Mächten zurückreicht bis in die 1940er Jahre - eine Serie von blutigen sektiererischen Angriffen von diesem Moment an begann, bis ihr Aufstand in Hama im Jahr 1982 niedergeschlagen wurde.

Dieser Aufstand war von den US-Verbündeten Saudi-Arabien, Saddam Hussein und Jordanien unterstützt worden (Seale 1988:336-337). US-Geheimdienste beobachteten zu jener Zeit, dass die *‚Syrer Pragmatiker sind, die keine Regierung der Moslembruderschaft wollen‘* (DIA 1982:vii). Trotzdem benutzten US-Politikberater schon kurz darauf die Unterdrückung der Moslembruderschaft in Hama, um *‚das wahre Gesicht des totalitären Staates Syrien‘* beweisen zu können. (Wikas 2007:vii). Dies war eine nützliche Erfindung.

Die nächste strategische Wende gegenüber Syrien kam nach den Angriffen vom September 2001 auf das World Trade Centre in New York, und der Entscheidung von Bush dem Zweiten, einen *‚Krieg gegen den Terror‘* zu erklären. Auch wenn unterschiedliche Vorwände für die kommenden Interventionen folgten, wurde doch sehr schnell ein Generalplan für den Mittleren Osten auf den Weg gebracht.

Der ehemalige US-General Wesley Clark schrieb in seinen Memoiren, dass ihm zwei Wochen nach den Angriffen vom September 2001 von einem *„hochgestellten General“* im Pentagon anvertraut wurde, der Angriff gegen den Irak (der 18 Monate später stattfand) sei bereits beschlossene Sache. Sechs Wochen später sagte der gleiche General zu ihm: *„es ist noch schlimmer“* bevor er ein Memorandum vorzeigte, *„vom Büro des Verteidigungsministers…* [das besagte] *dass wir sieben Länder in fünf Jahren* *außer Gefecht setzen werden*". Diese Liste begann mit dem Irak und Syrien und endete mit dem Iran (Clark 2007).

Iraks Herrscher Saddam Hussein war wegen seiner opportunistischen Unterstützung der Moslembruderschaft und aufgrund seiner Kollaboration mit den USA im langen und blutigen Krieg gegen den Iran ein Feind Syriens. Außerdem hatte die syrische Regierung, geführt von Hafiz al-Assad, die Vertreibung des Irak aus Kuwait in dem so genannten ersten Golfkrieg (1990-1991) unterstützt. Dieser Krieg [die Besetzung Kuwaits durch Saddam Hussein] war, was auch immer man von Kuweits Monarchie halten mag, ein klarer Bruch der UN-Doktrin zur kollektiven Sicherheit, und zog daher einen UN-Sicherheitsratsbeschluss zur Interventionsermächtigung nach sich. Allerdings wandten sich sowohl Syrien als auch der Iran gegen die spätere Invasion des Irak (2003), auch wenn diese Invasion ihren Feind Saddam beseitigte. Die Invasion des Irak war eindeutig illegal und zudem ein Angriffskrieg.

Es waren die unerwarteten Konsequenzen der Invasion und Besetzung des Irak, die zu einer Veränderung der US-Politik führten, ein Schachzug, der ‚*Umorientierung*' genannt wurde (Hersh 2007):

Nachdem die Regierung der Ba'ath-Partei von Saddam Hussein gestürzt war, begann die neu installierte Regierung in Bagdad sofort damit, freundlichere Beziehungen mit dem Iran anzustreben. Es war nicht alleine der Tatsache geschuldet, dass die Bevölkerungsmehrheit des Irak der schiitischen Konfession des Islam angehört, wenn auch nicht in dem Umfang wie im Iran. Jedoch hatten die Iraker eine pluralistischere Kultur entwickelt und sie wollten keinen religiösen Staat. Nachdem Saddam Hussein als Feind des Iran ausgeschaltet war, konnten Themen von gemeinsamem Interesse in einem entspannteren Klima nachbarschaftlicher Beziehungen erörtert werden.

Die Idee einer guten Nachbarschaft zwischen Irak und Iran verärgerte Washington ernstlich. Die Amerikaner hatten doch nicht den irakisch-iranischen Krieg angeheizt, und sicher auch nicht den Irak besetzt, um jetzt ein solche Ergebnis zu erzielen.

Und so hatte seit 2005 US-Außenministerin Condoleezza Rice begonnen, von der Verbreitung eines ‚*kreativen Chaos*' in der Region zu sprechen, um den Plan von Präsident Bush für einen Neuen Mittleren Osten voranzubringen (Karon 2006). Ausgehend von den Traditionen der Großmächte setzte Washington eine neue Strategie des ‚*teile und herrsche*' in Kraft. Insider des Weißen Hauses nannten Bushs neue Politik eine ‚*Neuausrichtung*', die eine offenere Konfrontation mit dem Iran beinhaltete, und versuchte, eine „*sektiererische Spaltung zwischen Schiiten und Sunniten voranzutreiben* ... [Aber] *zum Ärger des Weißen Hauses, hatte der Iran eine enge Beziehung mit der schiitisch dominierten Regierung von Premierminister Nuri al-Malaki geschmiedet*" (Hersh 2007). Rice erklärte dem US-Senatsausschuss für Auswärtige Beziehungen, dass sie eine „*neue strategische Ausrichtung*" in der Region sehen würde, mit den „*Sunnitischen Staaten*" [den Golf-Monarchien] als Zentren der Gemäßigten, und dem Iran, Syrien und Hisbollah „*auf der anderen Seite dieser Spaltung*" (Hersh 2007).

Die Idee war, auf lokale Spannungen zu setzen, um Konflikte zu erzeugen, besonders im Irak. Die Übungen des ‚Roten Teams'[5] des Zentralkommandos der Vereinigten Staaten (CENTCOM) begannen im Jahre 2006. Wobei die Militärplanung sich auf Spaltungen fokussierte, die sie als Spannungen der Araber gegen die Perser (Iraner) charakterisierten.

Später fragten sie sich, ob ‚*ein ‚sunnitisch-schiitischer Rahmen nicht geeigneter wäre?*' Ihre Grundannahme war, dass ‚es „*scheinbar kein Szenario gibt, in dem Araber und Perser ihre Kräfte im Kampf gegen die USA oder den Westen bündeln*" (Narwani 2011). Der entscheidende Ansatz bei dieser Operation sollte die Erschaffung von Al-Kaida im Irak (IQI) darstellen, finanziert durch die Saudis, die sektiererische Angriffe gegen Moscheen und andere lokale Einrichtungen durchführten, um Spannungen in der Gemeinschaft zu entfachen. Hochgestellte westliche Beamte haben

[5] Nach den Angriffen vom September 2001, war jede US-Geheimdienstbehörde verpflichtet, ein so genanntes "Rotes Team" einzurichten, das aus alternativ denkenden Analysten bestand, die in der Lage sein sollten, sich das Undenkbare vorstellen zu können. Das "Red Team" im vorliegenden Fall ist eine Geheimdiensteinheit innerhalb des US-amerikanischen Militärs, genauer gesagt des US Central Command (CENTCOM).

privat zugegeben, dass einige Milliardäre aus Saudi-Arabien (gemeinsam mit den Golf-Monarchien) die ‚wichtigste Quelle zur Finanzierung der sunnitischen [sic] Terroristengruppen weltweit bilden würden' (Jones 2014).

Auch wenn Al-Kaida im Irak, der sich selber *‚Islamischer Staat des Irak'* (ISI) nennt, anfangs behauptete, überwiegend aus Irakern zu bestehen (Felter and Fishman 2008:3) wurde die personelle Zusammensetzung durch saudische Finanzierung und Rekrutierung immer internationaler. Aufzeichnungen, die vom US-Militär im Oktober 2007 in Sinjar, an der irakisch-syrischen Grenze, konfisziert wurden, unterstreichen diese Tatsache. Diese Aufzeichnungen bezogen sich auf eine Gruppe von 500 Kämpfern, von denen die Hälfte saudische Staatsbürger waren. Dazu gesellten sich Nordafrikaner (Libyer, Algerier, Tunesier, Marokkaner) und Kämpfer aus anderen Ländern. Andere Schätzungen zwischen 2005 und 2007 ließen in einem geringeren oder größeren Ausmaß Teilnehmer aus verschiedenen Nationalitäten vermuten, wobei die größte Gruppe (40-55%) saudische Staatsbürger waren. (Felter and Fishman 2008:8,30-31).

Ein berüchtigtes Beispiel für die Strategie, sektiererische Konflikte zu provozieren, stellt der Bombenanschlag auf die Al-Askari Moschee in Samarra im südlichen Irak im Februar 2006 dar, in dessen Folge über tausend Menschen getötet wurden. Obwohl schiitische Autoritäten im Irak, dem Iran und dem Libanon zur Zurückhaltung aufgerufen hatten, fanden Akte sektiererischer Vergeltung statt. Nach Festnahmen verlautete, der Anschlag sei durch eine siebenköpfige Al-Kaida-Zelle durchgeführt worden, angeführt durch einen Iraker, in Kooperation mit einem Tunesier, vier Saudis und zwei weiteren Irakern (Ridolfo 2007).

Auch wenn Al-Kaida von Anfang an beteiligt war, verschob sich das Augenmerk der Medien und der Politikberater in den USA auf ein Phänomen, das sie als *‚sektiererische Spaltung im Irak'* bezeichneten. (Worth 2006). Auch wenn Saddam Hussein die Moslembruderschaft in Syrien unterstützt hatte, erlaubte er dennoch keine Al-Kaida-Gruppen im Irak. Es handelte sich um eine neuere Entwicklung, und keinesfalls um eine *‚organische'* Reaktion auf die US-Besatzung. Westliche Quellen erkennen manchmal an, dass ein Großteil der Finanzen und der Kämpfer für Al-Kaida aus

Saudi-Arabien stammten (Bruno 2007). Trotzdem verschleierten sie diese Tatsache durch Behauptungen, dass der Iran und die Hisbollah von Zeit zu Zeit Al-Kaida unterstützt hätten (Kaplan 2006). Solche Behauptungen sind schlicht falsch.

Israel war tief verwickelt in den Plan eines *Neuen Mittleren Ostens*, und in der Zeit von Juli bis August 2006, nachdem sie ‚grünes Licht' aus Washington erhalten hatten (Hersh 2006), besetzten sie unter einem Vorwand den südlichen Libanon. Das eigentliche Ziel war, die Hisbollah zu schwächen und zu entwaffnen. Jedoch nachdem annähernd 1200 Libanesen und 165 Israelis den Tod fanden, wurde ein UN-Waffenstillstand ausgehandelt. Israel hatte alle Ziele verfehlt. Die Außenministerin der USA, Condoleezza Rice, nannte diese Tragödie zu einem Zeitpunkt, als 400 Menschen getötet, und eine halbe Million Menschen vertrieben wurden, ganz einfach die ‚*Geburtswehen des Neuen Mittleren Ostens*' (Karon 2006). Diese Erklärung veranlasste Rami Khouri vom Daily Star in Beirut zu schreiben: *„Washington ist fast ausschließlich verbündet mit den arabischen Regierungen* [den Golf-Monarchien], *deren Einfluss auf Syrien praktisch nicht existiert, und deren Legitimität im eigenen Land in der arabischen Öffentlichkeit zunehmend bestritten wird, und deren USA-freundliche Politik darauf ausgerichtet ist, das Anwachsen dieser* [extremistischen] *Islamistischen Bewegungen zu fördern"* (Khouri 2006).

Während der Destabilisierung des Irak nach Saddam war Syrien der ‚Spätzünder' in den Augen von Washington, wurde aber nicht ganz vergessen. Wir wissen aus Telegrammen, die von WikiLeaks veröffentlicht wurden, von der Besorgnis der US-Botschaft in Syrien darüber, dass trotz der dem Land aufgezwungenen Sanktionen im Jahr 2005 aufgrund fehlender Kooperation im Irak-Krieg Syrien sich Ende 2006 *„sowohl national als auch international in einer wesentlich stärkeren Position befand als im Jahre 2006"*.

Washington hatte Damaskus beschuldigt, irakischen Widerstandskämpfern Unterschlupf zu gewähren (Syrien hatte nach der US-Invasion des Irak im Jahr 2003 gut über eine Million Flüchtlinge aus dem Irak aufgenommen). Jedoch bestätigte die US-Botschaft insgeheim, dass *„extremis-*

tische Elemente zunehmend Syrien als Basis benutzen, während die SARG [Syriens Regierung der Arabischen Republik] *einige Aktionen gegen Gruppen mit Verbindungen zu Al-Kaida unternommen hat*“. Trotzdem empfahl die Botschaft dem Außenministerium nach Gelegenheiten zu suchen, *‚um die Entscheidungsfähigkeit [des syrischen Präsidenten Bashar al-Assad] zu schwächen, ihn aus dem Gleichgewicht zu bringen, und ihn für seine Fehler einen Preis zu zahlen zu lassen‘* (US Embassy Damascus 2006)

In der Zwischenzeit war die Grundlage für Interventionen geschaffen worden. Das US-Außenministerium hatte 5 Millionen Dollar für *‚syrische Governance- und Reformprogramme‘*[6] Anfang des Jahres 2006 bereitgestellt (Wikas 2007:viii). Die Bush-Regierung finanzierte Medien und Nichtregierungsorganisationen. US-Telegramme bestätigen, dass das Außenministerium der USA den in London beheimateten Fernsehsender Barada finanzierte, und obendrein ein Netzwerk von Exil-Syrern, die sich ‚Bewegung für Gerechtigkeit und Entwicklung‘ nannte (Whitlock 2011) Es handelte sich um ein spezielles Programm, das ähnliche Aufgaben erfüllte wie die vom Außenministerium finanzierte Organisation ‚National Endowment for Democracy‘. Die Finanzierung wurde über zwischengeschaltete Gruppen in den USA gewährleistet, insbesondere durch den *‚Democracy Council‘*, der wiederum Zahlungen von der *‚Middle East Partnership Initiative‘* entgegennahm. Telegramme der US-Botschaft in Damaskus aus dem Jahre 2009 und aus späteren Jahren belegen, dass der Democracy Council 6,3 Millionen Dollar für ein Programm in Syrien erhalten hatte, das sich *‚Initiative zur Stärkung der Zivilgesellschaft‘* nannte. Damit wurden auch *‚verschiedene Konzepte für Radio- und Fernsehprogramme‘*, darunter Barada TV, abgedeckt. Später konnte sodann ein höherer Betrag von etwa 12 Millionen Dollar in den Jahren 2005 bis 2010 festgestellt werden. Die US-Botschaft in Damaskus teilte ihrem Außenministerium mit, die syrische Regierung *„würde zweifellos alle Zuschüsse der USA an illegale politische Gruppierungen als gleichbedeutend mit der Unterstützung eines*

[6] Governance: ein Begriff aus der amerikanischen Politiktheorie, der besagt, dass politische Entscheidungen nicht allein von den Instrumenten der parlamentarischen Demokratie getroffen werden. Vielmehr werden sie an Runden Tischen zwischen relevanten gesellschaftlichen Gruppen ausgehandelt.

‚Regimewechsels' betrachten." Die Botschaft war besorgt, dass der syrische Geheimdienst (der berüchtigte Mukhabarat) bereits die Fährte dieser Programme aufgenommen haben könnte (Whitlock 2011).

Obwohl die Bush-Regierung eine Serie von Sanktionen gegen Syrien zwischen 2003 und 2008 verhängt hatte, angeblich wegen der Rolle Syriens im Libanon und im Irak, so gab es andererseits auch hochrangige diplomatische Kontakte mit der syrischen Regierung. Oft erschien die Politik der Vereinigten Staaten widersprüchlich, aber Feindseligkeiten lauerten nicht weit unter der Oberfläche. Die USA verlangten eine Liberalisierung der syrischen Wirtschaftspolitik, blockierten andererseits aber ihren Versuch, der Welthandelsorganisation beizutreten (Sadat and Jones 2009). William Rugh, ehemaliger US-Botschafter in den Vereinigten Arabischen Emiraten, charakterisiert die Politik der USA gegenüber Syrien als eine Politik der ‚*Isolation und des* Monologes', während die ehemalige CIA-Politikberaterin Martha Kessler sagt, dass die gesamte Politik in der [US]-Regierung auf dem Glauben gegründet sein müsse, „dass dieses Regime [die syrische Regierung] zurücktreten muss" (Sadat and Jones 2009).

Dieses Ziel beinhaltete militärische Vorbereitungen, aber eben nicht nur konventionelle militärische Vorbereitungen. Die Briten waren an Bord. Der ehemalige französische Außenminister Roland Dumas sagte, zwei Jahre bevor die Gewalt in Syrien ausbrach: „Ich traf mich mit Spitzenbeamten der Briten, die mir anvertrauten, sie würden etwas in Syrien vorbereiten. ... Großbritannien bereitete die Invasion von Syrien durch Rebellen vor. Sie fragten mich, obwohl ich nicht mehr Außenminister war, ob ich nicht teilnehmen wollte'. Er habe aber abgelehnt (Lehmann 2013). Welche genauen Details damals in diesem Plan 2009 enthalten waren, ist unklar.

Allerdings haben die USA eine lange Erfahrung in schmutzigen, verdeckten Kriegen, die durch Stellvertreter in Zentralamerika (z.B. El Salvador und Nicaragua), in Afrika (z.B. Zaire und Angola) und im Mittleren Osten (z.B. Afghanistan) durchgeführt werden. Nachdem Präsident Bush im Jahr 2001 seinen ‚Krieg gegen den Terror' erklärt hatte, wurde das US-Armee-Handbuch für unkonventionelle Kriegsführung (UW) mehrere Male überarbeitet, um die große Zahl von Aktivitäten, die die USA zur Durchsetzung ihrer anspruchsvollen Pläne hatten, aufzunehmen. Die Version von 2008 zitiert zustimmend den alten chinesischen Kriegstheoretiker Sunzi: „Den Feind zu schlagen ohne Kampf, ist der Höhepunkt des Könnens" (USA-Armee 2008:1.1).

Das meint: es ist überaus wirkungsvoll, ein Repertoire an Maßnahmen zur Vermeidung direkter militärischer Konfrontationen aufzubauen. Das Handbuch sieht einen ‚unkonventionellen Krieg' vor, der ‚mit oder durch Stellvertreter geführt werden muss', wobei die früheren Beispiele in Nicaragua und Afghanistan angeführt wurden. Das Handbuch betont die ‚klar festgestellte Absicht der unkonventionellen Kriegsführung, Aufstände, Widerstandsbewegungen und konventionelle militärische Operationen' zu unterstützen. (US Army 2008:1.1-1.2). Genau dieser unkonventionelle Krieg wurde für Syrien angebahnt, und zwar vor jenen Ereignissen in Ägypten und Tunesien spät im Jahre 2010 sowie Anfang 2011, die dann als ‚Arabischer Frühling' bekannt wurden. Das Modell beinhaltete eine Ausdehnung von Al-Kaida (oder dem Islamischen Staat) im Irak unter Benutzung der Netzwerke der syrischen Moslembruderschaft und der immer zuverlässigen, sektiererischen und bösartigen Saudis.

Wenn Syrien einmal isoliert wäre wie der Irak und Libyen, hätte dieser Plan erfolgreicher sein können. Aber die NATO und die arabischen Stellvertreter-Armeen aus den Golfstaaten sollten auf eine Achse des Widerstandes stoßen, die sich auf einige mächtige Verbündete und auf Erfahrung mit sektiererischen Provokationen stützen konnte.

Quellen:

Bruno, Greg (2007) 'Profile: Al-Qaeda in Iraq', Council on Foreign Relations report, Washington Post, 19 November, online: http://www.washingtonpost.com/wp-dyn/content/article/2007/11/19/AR2007111900721.html

Clark, Wesley (2007) A Time to Lead: for duty, honor and country, St. Martin's Press, London

DIA (1982) 'Syria: Muslim Brotherhood Pressure Intensifies', Defence Intelligence Agency (USA), May, online: https://syria360.files.wordpress.com/2013/11/dia-syria-muslimbrotherhoodpressureintensifies-2.pdf

Felter, Josep and Brian Fishman (2008) 'Al-Qa'idas's Foreign Fighters in Iraq: a first look at the Sinjar records', Combating Terrorism Center at West Point. New York, online: https://www.ctc.usma.edu/posts/al-qaidas-foreign-fighters-in-iraq-a-first-look-at-the-sinjar-records

Hersh, Seymour (2006) 'Watching Lebanon', The New Yorker, 21 August, online: http://www.newyorker.com/magazine/2006/08/21/watching-lebanon

Hersh, Seymour (2007) 'The Redirection', New Yorker, 5 March, online: http://www.newyorker.com/magazine/2007/03/05/the-redirection

Jones, Owen (2014) 'To really combat terror, end support for Saudi Arabia', The Guardian, 1 September, online: http://www.theguardian.com/commentisfree/2014/aug/31/combat-terror-end-support-saudi-arabia-dictatorships-fundamentalism

Kaplan, Eben (2006) 'The Al-Qaeda-Hezbollah Relationship', Council on Foreign Relations,

14 August, online: http://www.cfr.org/terrorist-organizations-and-networks/al-qaeda-hezbollah-relationship/p11275

Karon, Tony (2006) 'Condi in Diplomatic Disneyland', Time, 26 July, online: http://content.time.com/time/world/article/0,8599,1219325,00.html

Khouri, Rami (2006) 'Birth pangs of a New Middle East', Daily Star, July, online: http://www.dailystar.com.lb/GetArticleBody.aspx?id=113043

Lehmann, Christof (2013) 'Dumas, 'Top British officials confessed to Syria war plans two years before Arab Spring', NSNBC, 1 June, online: http://nsnbc.me/2013/06/16/dumas-top-british-officials-confessed-to-syria-war-plans-two-years-before-arab-spring/

Narwani, Sharmine (2011) 'Pentagon game to divide Iranians and Arabs', Salon, 26 October, online: http://www.salon.com/2011/10/26/pentagon_game_to_divide_iranians_and_arabs/

NSC (1980) 'Syria July 16, 1980', National Security Council, 4203XX, Memorandum for Zbigniew Brzezinski, declassified document.

Ridolfo, Kathleen (2007) 'Iraq: Samarra Bombing Set Off Year Of Violence', Radio Free Europe, Radio Liberty, 12 February, online: http://www.rferl.org/content/article/1074662.html

Sadat, Mi H and Daniel B Jones (2009) 'U.S. Foreign Policy Towards Syria: balancing ideology and national interests', Middle East Policy Council, Summer, Volume XVI, Number 2, online: http://www.mepc.org/journal/middle-east-policy-archives/us-foreign-policy-toward-syria-balancing-ideology-and-national-interests?print

Seale, Patrick (1988) Asad: the struggle for the Middle East, University of California Press, Berkeley CA

US Army (2008) 'Army Special Operations Forces: Unconventional Warfare', FM 3-05.130, United Stats Army John F. Kennedy Special Warfare Center and School, Fort Bragg NC

US Embassy Damascus (2006) 'Influencing the SARG in the end of 2006', Cable to US State Department, Wikileaks, 13 December, online: https://wikileaks.org/plusd/cables/06DAMASCUS5399_a.html

Whitlock, Craig (2011) 'U.S. secretly backed Syrian opposition groups, cables released by Wikileaks show', Washington Post, 17 April, online: https://www.washingtonpost.com/world/us-secretly-backed-syrian-opposition-groups-cables-released-by-wikileaks-show/2011/04/14/AF1p9hwD_story.html

Wikas, Seth (2007) 'Battling the Lion of Damascus: Syria's domestic opposition and the Asad regime', Washington Institute for Near East Policy, Policy Focus #69, May, online: http://www.washingtoninstitute.org/policy-analysis/view/battling-the-lion-of-damascus-syrias-domestic-opposition-and-the-asad-regim

3. Fassbomben, parteiliche Quellen und Kriegspropaganda

Bildquelle: Wikipedia von Mahmoud SKAYNI [7]

Scheich al Bouti, der Syriens hochrangigster Koran-Gelehrter. Der Scheich war im Mai 2013 mit 40 weiteren Personen in einer Moschee durch die Terrorgruppe Jabhat al-Nusra ermordet worden. In einer für sie typischen Art hatte sie gedroht ihn zu töten, töteten ihn sodann, feierten den Mord, um schließlich die syrische Regierung dafür verantwortlich zu machen.

[7] https://commons.wikimedia.org/wiki/File:Dr_bouti_2.jpg

Kriegspropaganda verlangt oft die Preisgabe des gesunden Menschenverstandes und ethischer Grundsätze. Der schmutzige Krieg gegen Syrien zeigt dies im Überfluss. Ein ständiger Strom von Gräuelgeschichten - ‚Fassbomben', chemische Waffen, ‚Morde im industriellen Ausmaß', tote Babys - prägen die westlichen Nachrichten über Syrien. Alle diese Geschichten haben zwei Dinge gemeinsam: sie beschreiben den syrischen Präsidenten und die syrische Armee als Monster, die Zivilisten einschließlich Kinder abschlachten. Wenn man aber den Berichten nachgeht, stammen sie alle aus parteilichen Quellen. Wir werden betrogen.

Die normalen ethischen Grundsätze, Interessenkonflikte zu vermeiden, nach unabhängigen Belegen zu suchen und Selbstrechtfertigungen der kriegführenden Parteien auszuschließen, sind in einem großen Teil der westlichen Debatten missachtet worden. Diese vergiftete Atmosphäre lädt zu weiteren Fälschungen ein, immer wiederholt vor leichtgläubigem Publikum, selbst wenn die Lügen, die genutzt wurden, um vorherige Invasionen zu rechtfertigen (z.B. die des Irak im Jahr 2003), oder schmutzige Kriege (z.B. in Libyen, 2011), noch frisch in unserer Erinnerung sind. Wie in früheren Kriegen auch, ist das Ziel die Dämonisierung des Feindes durch die Nutzung immer wieder neu aufgestellter Behauptungen von Gräueltaten, um auf diese Weise die Öffentliche Meinung zugunsten des Krieges zu beeinflussen (Knightley 2001).

Nun ist aber unter den Bedingungen des Krieges das Beharren auf einigen zentralen Grundsätzen in der Analyse umstrittener Beweise unerlässlich; zumindest dann, wenn uns etwas am wahren Kern der Sache liegt. Eine Kriegspartei hat immer das vitale Interesse, ihre Gegner unglaubwürdig zu machen und ihnen die Legitimation abzusprechen. Aus diesem Grund müssen wir immer ‚Beweisen' einer Partei, die gegen Gegner gerichtet sind, mit größtem Misstrauen begegnen. Das heißt nicht, dass eine kriegführende Partei unfähig ist, den Gegner zu verstehen; sondern das, was sie aussagt, wird immer durch ihr besonderes Interesse bestimmt. Wir müssen Voreingenommenheit vermuten. Wenn es keine Möglichkeit gibt, die Herkunft der Beweise zu prüfen, und wenn sie voreingenommen und ‚einem Ziel dienend' erscheinen, sollten sie als nicht ausreichend beweiskräftig abgelehnt werden. Dieser Ausschluss von ‚eigennützigen' Beweisen folgt allgemein angewandten Prinzipien bürgerlicher und strafrechtlicher Gesetzgebung.

Solche Beweise sind nur dann wertvoll, wenn sie gegen die Interessen der kriegführenden Partei gerichtet sind, wie im Fall von Eingeständnissen, oder wenn sie etwas über die Mentalität der Partei verraten, die sie vorbringt.

Diese Prinzipien sind gültig, unabhängig davon, ob man über die Art von kriegerischer Gewalt, oder Fragen der Legitimität, wie z.B. im Fall der Öffentlichen Meinung und der politischen Anhängerschaft redet. Wenn z.B. bewaffnete islamistische Gruppen und ihre Verbündeten behaupten, dass ihr Todfeind, die Syrische Arabische Armee, Zivilisten abschlachtet, (z.B. AP 2015) ist diese Behauptung für sich selbst genommen nahezu bedeutungslos. Wir können erwarten, dass sich bewaffnete Gegner mit Worten und mit Waffen bekämpfen. Gefälschte Geschichten von Gräueltaten der Regierung waren jedoch seit Beginn des Konfliktes im Spiel.

Die Leiterin des Klosters in Homs, Mutter Agnes-Mariam, brandmarkte ‚False Flag'-Verbrechen durch die ‚Freie Syrische Armee' im Jahr 2011. Die Bilder von diesen Mordopfern verwendeten die sektiererischen Islamisten einfach noch einmal in manipulierten Medieninszenierungen. (SANA 2011).

In ähnlicher Weise schrieb der US-Journalist Nir Rosen über *„tote Oppositionskämpfer … die als unschuldige Zivilisten deklariert wurden, die von Sicherheitskräften ermordet worden"* seien (Rosen 2012).

Was lernen wir daraus? Vorsicht vor jedem parteiischen Bericht über Gräueltaten. Sie sollten bestenfalls als Leitfaden dienen, als ein Anklagepunkt, der eine Suche nach unabhängigen Beweisen in Gang setzt; tatsächlich dienen die Gräuelgeschichten jedoch als Ablenkung von der gegenwärtigen Wirklichkeit.

Aus dem gleichen Grund sollte klar sein: wenn die Monarchie im Emirat Katar (die Milliarden von Dollar in bewaffnete Angriffe gegen Syrien investiert hat) einen anonymen, bezahlten Zeugen namens ‚Caesar' präsentiert, zusammen mit Fotos von zahlreichen toten und gefolterten Leichnamen, und die Syrische Armee für ‚Morde im industriellen Stil' verantwortlich macht, dann sind diese ‚Beweise' parteiisch und unseriös (Smith-Spark 2014, MMM 2014). Die Tatsache, dass diese Geschichte von einer kriegführenden Partei kurz vor einer Genfer Friedenskonferenz präsentiert wurde, sollte weiteren Anlass zu Misstrauen geben. Ohne tatsächlich unabhängig ermittelte Beweise für die Erhärtung der Zeugenaussagen haben wir keinerlei Möglichkeit einwandfrei zu klären, in welchem Jahr, unter welchen Umständen, oder sogar in welchem Land die Fotos aufgenommen wurden.

Diejenigen, die die sektiererischen Gruppen finanziert und bewaffnet haben, schlachteten in den vergangenen Jahren in den Kriegen in Afghanistan, dem Irak und Syrien hunderttausende von Menschen ab. Es gibt genug Fotos von toten Körpern. Die Tatsache, dass westliche Medien diese Anschuldigungen in Umlauf bringen, Rechtsanwälte benutzen (auch von Katar bezahlt) um ‚sich selbst bestätigende' Unterstützung zu liefern, (Cartalucci 2014, Murphy 2014) zeigt lediglich ihr beschränktes Verständnis von unabhängiger Beweisaufnahme.

Ähnliche Prinzipien gelten für Behauptungen zur Legitimität. Behauptungen von US-Regierungsbeamten, die offen und illegal einen ‚Regime Change' in Syrien verfolgen, dass Präsident Assad *„jegliche Legitimation eingebüßt"* habe, (so z.B. Hilary Clinton in Al Jazeera 2011) sollten schlicht als eigennützige parteiische Propaganda bewertet werden. Im Fall von Washingtons Behauptungen über Chemiewaffenangriffe im August 2013 in Ost-Ghuta hatten die US-Regierung und einige mit ihr verbundene Dienste versucht, mithilfe von Telemetrie und anderen Indizien die Syrische Armee zu belasten. (Gladstone and Chivers 2013, HRW 2013). Als solche Indizien jedoch durch eine Anzahl unabhängig ermittelter Beweise als haltlos nachgewiesen wurden, (Lloyd and Postol 2014, Hersh 2014, Anderson 2015), fuhren Washington und ihr Medien-Umfeld trotzdem fort, immer wieder die gleichen widerlegten Beschuldigungen vorzubringen. Im Klima des Krieges hatten nur wenige westlichen Medien den Mut zu erklären, dass ‚der Kaiser nackt ist'.

Wir sollten jenen Beweisen von Kriegsparteien ein wenig mehr Aufmerksamkeit schenken, die ihren eigenen Interessen zuwiderlaufen. Zum Beispiel wurden im Jahr 2012 drei Kommandeure der Freien Syrischen Armee von westlichen Medien in Aleppo interviewt. Alle gaben zu, dass sie von den Anwohnern gehasst würden, und dass der syrische Präsident Assad die Loyalität der meisten Menschen genieße. Einer sagte, dass Präsident Assad über ungefähr 70% Unterstützung in dieser hauptsächlich sunnitischen Stadt verfüge (Bayoumy 2013). Ein Zweiter erklärte, dass die Anwohner *„alle loyal gegenüber dem kriminellen Bashar wären, sie informieren ihn über uns“* (Abouzeid 2012). Ein dritter sagte, sie wären alle *„Informanten, sie hassen uns. Sie beschuldigen uns der Zerstörungen“* (Abdul-Ahad 2012). Auch wenn das nur Einzelberichte sind, haben sie größeres Gewicht als ‚einem Zweck dienende' Beweise, weil sie nicht den Interessen der Quellen dienen.

Ähnliches gilt, wenn Regierungschefs der NATO erklären, dass Präsident Assad ‚jegliche Legitimität' verloren habe, obwohl ein interner NATO-Bericht schätzt, dass 70% der Syrer den Präsidenten unterstützen, 20% ihm neutral gegenüber stünden, und 10% die Rebellen unterstützen würden. (World Tribune 2013; BIN 2013)

Auch wenn es keine veröffentlichten Details über die Methode der Datenerhebung gibt, hat diese Aussage eine gewisse Signifikanz, weil sie gegen die Interessen der Quelle verstößt. Außerdem stimmen die Angaben grob mit dem Ausgang der Präsidentschaftswahlen im Juni 2014 überein, als Bashar al-Assad 65% Unterstützung bezogen auf die Gesamtzahl der Wahlberechtigten erhielt, bzw. 88,7% bei einer Wahlbeteiligung von 73,4% (Idea International 2015).

Der vielleicht am weitesten verbreitete systematische Fehler der westlichen Medien in den Berichten über Syrien war das außergewöhnliche Maß an Vertrauen gegenüber einer einzelner Person, einem Mann, der in Großbritannien wohnt, und der sich selbst *‚Syrische Beobachtungsstelle für Menschenrechte* (SOHR)' nennt.[8] Viele der Geschichten über syrische Opferzahlen, Gräueltaten des ‚Regimes' und hohe Kollateralschäden

[8] Obwohl den deutschen Medien die Art der „Beobachtungsstelle“ mindestens seit 2012 (http://jomenschenfreund.blogspot.de/2012/07/die-quellen-der-deutschen-medien-am.html) bewusst war, wurde im deutschsprachigen Raum zunächst ohne Einschränkung, zuletzt manchmal mit dem Zusatz berichtet, dass die Quelle den Rebellen nahe stehen würde.

stammen von diesem Mann. Nun ließ aber Rami Abdul Rahman schon immer die Flagge der ‚Freien Syrischen Armee', die von der Moslembruderschaft geführt wird, auf seiner Webseite flattern (SOHR 2015). Er behauptet, Informationen aus einem Netzwerk von Partnern in und um Syrien herum zu sammeln. Es ist nur logisch anzunehmen, dass es sich auch hier um eher regierungsfeindlich eingestellte Menschen handelte. Medien, die sich auf dermaßen offensichtlich voreingenommene Quellen berufen, untergraben ihre eigene Glaubwürdigkeit. Vielleicht interessiert es sie gar nicht? Die Tatsache, dass westliche Regierungen in diesem Krieg hauptsächlich die Linie der Moslembruderschaft in Syrien vertreten, könnte sie weniger besorgt über die Quellen-Verlässlichkeit gemacht haben. Westliche Medien präsentieren die SOHR -Geschichten, oft mit eindrucksvoll klingenden Opferzahlen, als ob sie Fakten wären (z.B. AP 2015, Pollard 2015). Ein Dementi ‚*des Regimes*' kann vielleicht in Absatz 7 oder 8 erwähnt werden, um dem Ganzen den Anstrich von ausgewogenem Journalismus zu verleihen. Abdul Rahmans gelegentliche Kritik an rivalisierenden Salafisten-Gruppen (wie z.B. DAESH-ISIL) verleiht dem Ganzen den Anstrich von Objektivität.

Jedenfalls spielt die gedankenlose Übernahme dieser parteilichen Berichte eine große Rolle bei der Aufrechterhaltungt des westlichen Mythos, die syrische Armee töte ausschließlich Zivilisten.

Ein ähnliches Motiv kann man erkennen in der Kampagne der Jahre 2014 bis 2015 im Zusammenhang mit den ‚Fassbomben'. Es wird behauptet, es existierte eine ganz besondere Bombe der syrischen Luftwaffe, mit Schrapnellen und Benzin gefüllt, die verantwortlich für erhebliche zivile Opferzahlen sei. Robert Parry (2015) stellt fest, dass sich diese Art von improvisierter Bombe ‚*abgeworfen von Hubschraubern*' sehr wahrscheinlich wesentlich weniger willkürlich auswirkt als die meisten Raketenangriffe, gar nicht zu reden von Geschossen mit angereichertem Uran, weißem Phosphor oder Streubomben, die regelmäßig von Washington eingesetzt werden. Jedoch geht es hier überhaupt nicht um technologische Feinheiten, sondern ganz einfach um eine neue Technik, Horror und Unterstützung für den Krieg durch die Behauptung herzustellen, die syrische Armee würde immer nur Zivilisten töten. Der angeblich ‚*willkürliche*' Einsatz dieser *'neuen'* Waffe wird im Wesentlichen durch die Wiederholung dieser Litanei erzeugt.

Die große Mehrheit der Orte dieser angeblichen 'Fassbomben-Angriffe' über die Jahre 2014 bis 2015 waren Regionen, die seit Jahren von sektiererischen Islamisten-Gruppen besetzt waren: Nord-Ost-Aleppo, Douma im Nordosten von Damaskus, und Raqqa in der östlichen Wüste. Die in den USA beheimatete Gruppe Human Rights Watch (eng verbunden mit der US-amerikanischen außenpolitischen Lobbygruppe Council on Foreign Relations), veröffentlichte eine Karte, die buchstäblich hunderte von solchen Fassbombenangriffen in den *'von der Opposition besetzten'* Gebieten des nordöstlichen Aleppo zeigen (HRW 2014). Bei der so genannten 'Opposition' in diesen Gebieten handelt es sich um den offiziellen Al-Kaida-Ableger in Syrien, Jabhat al-Nusra, der wiederum verbunden ist mit der von Saudi-Arabien unterstützten Islamischen Front (ein Zusammenschluss von Gruppen aus der ehemaligen Freien Syrischen Armee, Harakat Ahrar as-Sham, Suqur as-Sham, Liwa at-Tawhid, Jaysh al-Islam, Jabhat al Kurdiyya, Liwa al-Haqq und Ahrar as-Sham), was dann später zum 'Islamischen Staat von Irak und der Levante' (ISIL) wurde, der Turkistan Islamic Party und der *'Armee der Eroberung'*. Praktisch alle diese Gruppen sind terroristische Organisationen, die für eine Vielzahl von Gräueltaten in Syrien verantwortlich sind.

Es dürfte kaum überraschen, dass die syrische Armee diese Gruppen regelmäßig bombardiert. Entgegen dem Mythos von den 'moderaten Rebellen' arbeiten diese Terroristengruppen sehr oft zusammen. Zum Beispiel machte ein Anführer der von den USA unterstützten Freien Syrischen Armee (FSA), Abdel Jabbar el-Okaidi, kein Geheimnis daraus, dass er eng mit ISIL-Daesh zusammenarbeitete (siehe Eretz Zen 2014). Die FSA hatte mit der anderen wichtigen Al-Kaida-Gruppe Jabhat al-Nusra von Beginn an eng zusammen gearbeitet.

Die Quelle der Angaben über 'zivile' Tote stammt fast ausschließlich von den islamistischen Gruppen selbst, oder von 'Aktivisten', die mit ihnen verbunden sind. Solche Behauptungen werden dann von westlichen Medien und einigen Nichtregierungsorganisationen, die sehr effektiv in die Außenpolitik der westlichen Regierungen 'eingebettet' sind, aufgebauscht und verbreitet. Opferzahlen werden für gewöhnlich durch die in Großbritannien ansässige ‚Syrische Beobachtungsstelle für Menschenrechte' verbreitet (SOHR 2014), sowie durch die ebenfalls in Großbritannien ansässige Organisation ‚Syrisches Netzwerk für Menschenrechte' (SN4HR 2015), oder durch das in Istanbul ansässige ‚*Violation Documentation Center in Syria* (VDC)' (VDC 2015, Masi 2015). Diese Zentren sind mit den islamistischen Gruppen verbunden, halten aber in der Regel in der Öffentlichkeit etwas Abstand von ISIL. Das VDC hat einige der ISIL-Opfer in Syrien als ‚Märtyrer' für die Revolution aufgelistet (siehe Sterling 2015b). Mein wichtigster Punkt ist aber, dass es sich hier um parteiliche Stimmen handelt, nämlich um sektiererische Islamisten, deren Ziel es ist, einen säkularen Staat zu vernichten, und sie sind hoch motiviert, die syrische Armee zu diffamieren und Lügen über sie zu verbreiten.

Der Oberkommandierende in diesem Propagandakrieg, US-Präsident Obama, weist den Weg, indem er behauptet, dass sein syrischer Gegenspieler ‚Fassbomben abwirft, um unschuldige Kinder zu töten' (Obama in Mosendz 2015). Da es niemals irgendwelche Beweise dafür gab, dass Präsident Assad solche Absichten hegte, hat Parry (2015) vollkommen recht damit, diese Erklärung als ‚*geschmacklose und irreführende Propaganda*' zu bezeichnen. Das Weiße Haus wird unterstützt durch die ‚*eingebettete Wächterorganisation*' Human Rights Watch, deren Vorsitzender Kenneth Roth wie besessen immer wieder das Wort ‚Fassbomben' wiederholt. Dabei wurde diese Organisation sogar überführt, Fotos vom verwüsteten Gaza-Gebiet und Kobane fälschlicherweise als das zerstörte Aleppo nach ‚Assads Fassbombenangriffen' (MOA 2015, Interventions Watch 2015) ausgegeben zu haben.

In Wirklichkeit zeigten diese Bilder das Ergebnis von Bombardierungen durch Israel, USA und ISIL. Die Wiederverwertung der Fotos von Kriegstoten scheint Routine geworden zu sein. Noch immer besteht die Grundlage westlicher Kriegspropaganda darin, sich auf parteiliche Quellen zu verlassen. Die Fassbomben-Kampagne ist ganz klar darauf angelegt, die Legitimität der syrischen Regierung und der syrischen Armee zu zerstören, und vielleicht auch deren Angriffe gegen islamistische Gruppen zu bremsen oder zu behindern. Jedoch entschuldigt sich die syrische Armee nicht für eine einzige der Bomben auf von Terroristen gehaltene Gebiete, und sie haben immer die Öffentlichkeit informiert, um vor solchen Angriffen die Zivilisten zu evakuieren.

Die meisten Zivilisten, von denen behauptet wird, dass sie das Ziel von Fassbomben gewesen wären, hatten die Gebiete schon vor geraumer Zeit verlassen. Im Januar 2015 zeigte Reuters (2015a) ein Video von einigen der letzten großen Evakuierungen von Douma (Nord-Ost-Damaskus) durch die syrische Armee. Einige Monate später beklagt die gleiche Nachrichtenagentur ein Massaker an *‚Zivilisten‘* in Douma, wobei sie *‚Aktivisten‘* von SOHR als Quelle zitiert (Reuters 2015b). Wiederholungen dieser falschen Anschuldigungen durch die bewaffneten Gruppen und die mit ihnen verbundenen *‚Aktivisten‘* führten sodann zu Schlagzeilen wie: ‚Das syrische Regime tötet mit Fassbomben mehr Zivilisten als ISIS und Al-Kaida zusammen‘ (Masi 2015). Solche Geschichten verlangen nach einem schärferen Krieg gegen Syrien. Die Fotos von Toten und verwundeten Frauen und Kindern in den Geisterstädten, die durch die bewaffneten Gruppen besetzt wurden, hatte man einfach aus anderen Zusammenhängen geborgt. Amnesty International (USA) übernahm ebenfalls in weiten Teilen diese Fassbombengeschichte, zusammen mit erfundenen *‚zivilen‘* Opferzahlen. So teilt Amnesty die gleiche Schwäche der Methode: die Organisation verlässt sich auf parteiliche Quellen wie VDC, SN4HR und SOHR. Die pro-westlichen Vorurteile von Amnesty veranlassten sie, von der NATO zusammengestoppelte Falschbehauptungen aus anderen Konflikten wie in Kuweit oder Libyen zu wiederholen (siehe Sterling 2015b).

Damit soll nicht behauptet werden, dass die Syrische Armee niemals Zivilisten getötet hat, besonders dann nicht, wenn diese sich den Terroristen-Gruppen angeschlossen hatten.

Jedoch fragen sich viele Syrer, deren Familien direkt von den terroristischen Angriffen betroffen waren, warum die Regierung kein Flächenbombardement in Gebieten wie z.B. Douma, Nord-Ost-Aleppo und Teile von Raqqa geflogen hat. Sie sagen, dass die einzigen Zivilisten, die dort verblieben sind, die Halsabschneider-Gangs unterstützten. Die USA jedenfalls zögerten keinen Augenblick, im Jahr 2004 den irakischen Widerstand in Fallujah (Irak) mit Flächenbombardement zu zerschlagen (Democracy

Now (2005)). Dagegen verhielten sich die Dinge in Syrien anders, wie ein ehemaliges Mitglied einer Regierungsmiliz sagte.

„Islamisten verstecken sich hinter Zivilisten. Aber wenn wir jeden töten würden, der den Feind unterstützt, dann wäre der Duma-Distrikt schon vor langer Zeit zerstört worden - er wäre an einem Tag mit Panzern dem Erdboden gleich gemacht worden. So wie manche [syrische] *Heißsporne es schon seit geraumer Zeit verlangt hatten. Aber Assad will das nicht ... unsere Aufgabe ist, das Land wieder zu vereinen. Deshalb wurde uns vor jedem Einsatz befohlen, auf keinen Fall auf Zivilisten zu schießen. Wenn ein Zivilist stirbt, gibt es immer eine Untersuchung und, falls notwendig, ein Militärgerichtsverfahren*“ (Mizah 2015). Solche Bedenken (um das Leben von Zivilisten) werden ganz einfach in der von sich selbst überzeugten und rücksichtslosen westlichen Debatte ignoriert.

Vorsicht ist auch geboten im Umgang mit Behauptungen von Außenseitern, die Meinungsumfragen in Syrien durchführen. Zum Beispiel ist die in Großbritannien ansässige ORB International zwar keine Regierungsbehörde, sie wird jedoch innerhalb eines feindlich gesinnten Staates finanziert, und greift in Debatten ein, in denen die kriegführenden Parteien betroffen sind. Der betreffende Fall: In ihren Meinungsumfragen mitte des Jahres 2014 behauptete die Organisation, dass *„drei von fünf Syrern eine internationale militärische Intervention befürworten würden“* (ORB 2014: Table1). Diese Annahme ist ein Sachverhalt, der nur westliche Regierungen wirklich beschäftigt, und die Zahl ist nicht plausibel. Erstens waren jene Syrer, die die Regierung unterstützen (nach allen Angaben die große Mehrheit der Bevölkerung), stets gegen eine ausländische Einmischung. *Zweitens sind auch die syrischen Oppositionellen gegen eine ausländische Intervention. Das umfassendste Dokument der Opposition, die Deklaration von Damaskus (2005) lehnte sowohl bewaffnete Angriffe gegen die Regierung als auch eine ausländische Intervention ab.*

Ausschließlich die Moslembruderschaft, einige Gestalten im Exil und einige kurdische Gruppen hatten sich später von dieser Position abgewandt. Die Vorstellung, dass nach drei Jahren Krieg, die bereits Interventionen mit hoher Intensität durch die NATO und die Golf-Emirate mit sich brachten, und nach den dadurch erzeugten furchtbaren Leiden, 60% der Syrer sich dafür aussprechen würden, dass noch mehr ausländische Einmischung stattfinden sollte, stimmt einfach nicht mit den bekannten Fakten überein. Aber es passt zu einer nicht repräsentativen Umfrage, welche die Stimmen jener hervorhebt, die die bewaffneten Gruppen unterstützen. Wir müssen die Art und Weise betrachten, durch die der ORB Informationen sammelt.

Die Methoden der ORB sind undurchsichtig. Die britische Gruppe führt in Syrien Umfragen durch, indem sie eine kleine Anzahl von Syrern über Telefon oder Internet befragt. Diese lokalen Mitarbeiter werden sodann ausgebildet, überschaubare Personengruppen in ganz Syrien auszuwählen und zu befragen. ORB vermittelt kaum Informationen darüber, wie die Mitarbeiter ausgewählt werden, oder wie diese wiederum ihre Befragten aussuchen. Die Organisation geht einfach davon aus, dass ihre Umfrage repräsentativ sei.

Die Umfragen Mitte 2014 haben angeblich herausgefunden, dass 4% der Syrer der Meinung sind, die [von Saudi-Arabien unterstützte Islamisten-Gruppe] ISIS/Daesh *vertrete ‚die Interessen und Hoffnungen der syrischen Menschen am besten*‘ (ORB 2014). ISIS war zu diesem Zeitpunkt die bekannteste bewaffnete regierungsfeindliche Gruppe. Dieses Ergebnis (4% Unterstützung) könnte plausibel sein, und stimmt mit anderen Informationen überein. Aber seine Glaubwürdigkeit wird untergraben durch das beträchtliche Ausmaß an angeblicher Unterstützung für eine ausländische Militär-Intervention. Eine weitere Anomalie ist die Tatsache, dass laut ORB-Umfrage vom Juli 2015 ISIL von 21% der Syrer positiv gesehen wird (ORB 2015: Table 3). Auch wenn es nicht direkt die gleiche Frage war, ist der Unterschied zwischen den beiden Antworten doch enorm (4% und 21%) und kann schwer durch Tatbestände erklärt werden, die sich zwischen 2014 und 2015 ergeben haben. Niemand sonst ist der Annahme, dass die Fanatiker von ISIL-Daesh derart beliebt sein könnten. Auch die zu 35% *‚grundsätzlich positive Ansicht*‘ zur Terroristengruppe Jabhat al-Nusra (ORB 2015), berüchtigt für ihre LKW-Bomben-Selbstmordattentate und ihre Enthauptungen, ist nicht plausibel. Man fragt sich, wie ein Drittel der Gesellschaft eine ‚positive‘ Sicht auf vom Ausland gesteuerte Terroristengruppen haben kann, die am bekanntesten für ihre Gräueltaten sind? Irgendetwas stimmt hier nicht.

Die wahrscheinlichste Erklärung ist, dass es ein ernsthaftes Voreingenommenheits-Problem mit dem Repräsentationsgrad der für die ORB Umfrage Gewählten gibt. ORB war schon früher in einer wissenschaftlichen Untersuchung kritisiert worden, sie hätte ihre Methoden *‚nicht vollständig offengelegt‘*. Es war auch die Rede von *‚erheblichen Unregelmäßigkeiten‘* ihrer Schätzungen der Todesopferzahlen im Irakkrieg (Spagat and Dougherty 2010). Diese Unzuverlässigkeit findet sich auch in ihren syrischen Daten. Trotz der Daten, die den Eindruck vermitteln, es gäbe eine stark gestiegene Unterstützung der Al-Kaida-Gruppen, zeigen die Umfragen von 2015 jedoch, dass Präsident Assad als die positivste Kraft im Land angesehen wird, wenn auch nur noch von 47% der Befragten (ORB 2015: Table 3). Diese Zahl ist viel niedriger als alle anderen Umfragen (syrische wie ausländische), die während der Krise durchgeführt wurden. Interessanterweise ergeben die Umfrageergebnisse von 2015, dass 82% der Befragten davon ausgingen, ISIL sei durch die USA geschaffen worden (ORB 2015: Table 20). Aufgrund der anderen Anomalien in dieser Umfrage ist es nicht möglich, diesem Zahlenwerk irgendeine Zuverlässigkeit zuzuschreiben. Es erscheint klar zu sein, dass die ORB Umfragen, mit Hilfe ihrer zum größten Teil nicht offen gelegten Auswahlprozesse, einer gewissen Gruppe von regierungsgegnerisch eingestellten Menschen eine verstärkte Stimme gegeben haben. Dies ist für ein britisches Unternehmen vielleicht nicht überraschend, und es könnte helfen, die öffentliche Diskussion in westlichen Ländern darüber zu verstärken. Allerdings hilft es nicht, Ausländern Verständnis für Syrien näher zu bringen.

Während es wichtig ist, die Quellen der Voreingenommenheit zu erkennen, so kann jedoch die ständige Wiederholung von anti-syrischen Geschichten, basierend auf parteiischen Quellen, nicht einfach eine Sache der Vorurteile sein. Wir wissen von unparteiischen Beweisen, dass frühere Behauptungen von Massakern durch die sektiererischen Gruppen gefälscht, und dann durch Washington verstärkt wurden. Das ist bereits nachgewiesen für die Massenmorde in Houla, Aqrab, Daraya und Ost-Ghuta (siehe Kapitel 8 und 9). Nach diesen Enthüllungen gab es keinerlei

Entschuldigungen oder Eingeständnisse durch das Weiße Haus oder durch westliche Medien, die die ursprüngliche Geschichte verbreitet hatten. Dieses Muster sagt uns, dass weitere falsche Anschuldigungen wahrscheinlich sind.

Während ernsthafte Beobachter der Krise auf Prinzipien der Prüfung von Behauptungen und Gegen-Behauptungen zurückgreifen sollten, so müssen wir doch zur Kenntnis nehmen, dass es eine Propaganda-Maschine in industriellem Ausmaß gibt, die wahrscheinlich ihre Produktion in die nahe Zukunft fortsetzen wird.

Quellen:

Al Jazeera (2011) 'Clinton says Assad has 'lost legitimacy', 12 July, online: http://www.aljazeera.com/news/middleeast/2011/07/201171204030379613.html

Anderson, Tim (2015a) 'The Houla Massacre Revisited: 'Official Truth' in the Dirty War on Syria', Global Research, 24 March, online: http://www.globalresearch.ca/houla-revisited-official-truth-in-the-dirty-war-on-syria/5438441

Anderson, Tim (2015b) 'Chemical Fabrications: East Ghouta and Syria's Missing Children', Global Research, 12 April, online: http://www.globalresearch.ca/chemical-fabrications-east-Ghuta-and-syrias-missing-children/5442334

AP (2015) 'Syrian army barrel-bomb attacks kill at least 70 in Aleppo, activists say', The Guardian, Associated Press, 31 May, online: http://www.theguardian.com/world/2015/may/30/syrian-army-air-strikes-aleppo-islamic-state

Cartalucci, Tony (2014) 'US Feigns "Horror" Over Cooked-Up Report on Syrian War They Engineered', Land Destroyer Report, January, online: http://landdestroyer.blogspot.co.uk/2014/01/us-feigns-horror-over-cooked-up-report.html

Damascus Declaration (2005) 'The Damascus Declaration for Democratic National Change', English version in Joshua Landis blog 'Syria Comment', 1 November, online: http://faculty-staff.ou.edu/L/Joshua.M.Landis-1/syriablog/2005/11/damascus-declaration-in-english.htm

Democracy Now (2005) 'Pentagon Reverses Position and Admits U.S. Troops Used White Phosphorus Against Iraqis in Fallujah', 17 November, online: http://www.democracynow.org/2005/11/17/pentagon_reverses_position_and_admits_u

Eretz Zen (2014) 'US Key Man in Syria Worked Closely with ISIL and Jabhat al-Nusra', Youtube, 17 August, online: https://www.youtube.com/watch?v=piN_MNSis1E

Gladstone, Rick and C.J Chivers (2013) 'Forensic Details in U.N. Report Point to Assad's Use of Gas', New York Times, 16 September, online: http://www.nytimes.com/2013/09/17/world/europe/syria-united-nations.html?_r=0&adxnnl=1&adxnnlx=1387381766-55AjTxhuELAeFSCuukA7Og

Hersh, Seymour (2014) 'The Red Line and the Rat Line', London Review of Books, 17 April, online: http://www.lrb.co.uk/v36/n08/seymour-m-hersh/the-red-line-and-the-rat-line

HRW (2013) 'Attacks on Ghouta: Analysis of Alleged Use of Chemical Weapons in Syria', Human Rights Watch, Washington, 10 September, online: http://www.hrw.org/reports/2013/09/10/attacks-Ghuta

HRW (2014) 'Syrian Government Bombardment of Opposition-held Districts in Aleppo', Human Rights Watch, 30 July, online: https://www.hrw.org/video-photos/image/2014/07/30/syrian-government-bombardment-opposition-held-districts-aleppo

Idea International (2015) 'Voter turnout data for Syrian Arab Republic', online: http://www.idea.int/vt/countryview.cfm?id=210#pres

Interventions Watch (2015) 'CEO of Human Rights Watch misattributes video of Gaza destruction', 9 May, online: https://interventionswatch.wordpress.com/2015/05/09/ceo-of-human-rights-watch-misattributes-video-of-gaza-destruction/

Jalabi, Raya (2015) 'Images of Syrian torture on display at UN: 'It is imperative we do not look away', The Guardian, 12 March, online: http://www.theguardian.com/world/2015/mar/11/images-syrian-torture-shock-new-yorkers-united-nations

Knightley, Phillip (2001) 'The disinformation campaign', The Guardian, 4 October, online: http://www.theguardian.com/education/2001/oct/04/socialsciences.highereducation

Lloyd, Richard and Theodore A. Postol (2014) 'Possible Implications of Faulty US Technical Intelligence in the Damascus Nerve Agent Attack of August 21, 2013', MIT, January 14, Washington DC, online: https://www.documentcloud.org/documents/1006045-possible-implications-of-bad-intelligence.html#storylink=relast

Masi, Alessandria (2015) 'The Syrian Regime's Barrel Bombs Kill More Civilians than ISIS and Al Qaeda Combined', IBTimes, 18 August, online: http://www.ibtimes.com/syrian-regimes-barrel-bombs-kill-more-civilians-isis-al-qaeda-combined-2057392

Mint Press (2015) 'US Propaganda War in Syria: Report Ties White Helmets to Foreign Intervention', 11 September, online: http://www.mintpressnews.com/us-propaganda-war-in-syria-report-ties-white-helmets-to-foreign-intervention/209435/

Mizah, Michel (2015) 'A Russian-Syrian volunteer talks about his experience in the "Shabiha" pro-Assad paramilitary', interviewed by Arthur Avakov, Live Leak, 15 September, online: http://www.liveleak.com/view?i=992_1442362752

MOA (2015) 'Human Rights Watch Again Accuses Syria Of "Barrel Bomb" Damage Done By Others', Moon of Alabama, 9 May, online: http://www.moonofalabama.org/2015/05/human-rights-watch-again-accuses-syria-of-barrel-bomb-damage-done-by-others.html

Mosendz, Poll (2015) 'The Full Transcript of President Obama's Speech at the United Nations General Assembly', Newsweek, 28 September, online: http://www.newsweek.com/read-full-transcript-president-obamas-speech-united-nations-general-assembly-377504

MMM (2014) 'Fail Caesar: Exposing the Anti-Syria Photo Propaganda', Monitor on massacre marketing', 8 November, online: http://libyancivilwar.blogspot.com.au/2014/11/fail-caesar-exposing-anti-syria-photo.html

Murphy, Dan (2014) 'Syria 'smoking gun' report warrants a careful read', Christian Science Monitor, 21 January, online: http://www.csmonitor.com/World/Security-Watch/Backchannels/2014/0121/Syria-smoking-gun-report-warrants-a-careful-read

ORB (2014) 'Three in Five Syrians Support International Military Involvement', ORB International, July, online: http://www.opinion.co.uk/article.php?s=three-in-five-syrians-support-international-military-involvement

ORB (2015) 'ORB/IIACSS poll in Syria and Iraq gives rare insight into public opinion', ORB International, July, online: http://www.opinion.co.uk/article.php?s=orbiiacss-poll-in-iraq-and-syria-gives-rare-insight-into-public-opinion

O'Toole, Gavin (2014) 'Syria regime's 'industrial scale killing', Al Jazeera, 22 January, online; http://www.aljazeera.com/indepth/features/2014/01/syria-regime-industrial-scale-killing-2014122102439158738.html

Parry, Robert (2015) 'Obama's ludicrous 'barrel bomb' theme', Consortium News, 30 September, online: https://consortiumnews.com/2015/09/30/obamas-ludicrous-barrel-bomb-theme/

Pollard, Ruth (2015) 'Assad regime's barrel bomb attacks caused many civilian deaths in Syria: UN Envoy', Sydney Morning Herald, 23 July, [the headline suggests the UN envoy is the source of the 'barrel bomb' kills civilians story, in fact the SOHR is the source] online: http://www.smh.com.au/world/assad-regimes-barrel-bomb-attacks-caused-many-civilian-deaths-in-syria-un-envoy-20150722-giihvw.html

Reuters (2015) 'Over 1,000 Syrian civilians evacuated from near Damascus', Youtube, 17 January, online: https://www.youtube.com/watch?v=H-DstETWITY

Reuters (2015b) 'Air strikes near Damascus kill at least 80 people: activists', 16 August, online: http://www.reuters.com/article/2015/08/16/us-mideast-crisis-syria-idUSKCN0QL0E320150816

Rosen, Nir (2012) 'Q&A: Nir Rosen on Syria's armed opposition', Al Jazeera, 13 Feb, online: http://www.aljazeera.com/indepth/features/2012/02/201221315020166516.html

SANA (2011) 'Mother Agnes Merriam al-Saleeb: Nameless Gunmen Possessing Advanced Firearms Terrorize Citizens and Security in Syria', Syrian Free Press Network, 19 November, online: http://syrianfreepress.wordpress.com/2011/11/19/mother-agnes-merriam-al-saleeb-nameless-gunmen-possessing-advanced-firearms-terrorize-citizens-and-security-in-syria/

Smith-Spark, Laura (2014) 'Syria: Photos charging mass torture by regime 'fake'', CNN, 23 January, online: http://edition.cnn.com/2014/01/22/world/meast/syria-torture-photos/

SN4HR (2015) Syrian Network for Human Rights, online: http://sn4hr.org/

Sterling, Rick (2015a) 'Humanitarians for war on Syria', Counter Punch, 31 March, online: http://www.counterpunch.org/2015/03/31/humanitarians-for-war-on-syria/

Sterling, Rick (2015b) 'Eight Problems with Amnesty's Report on Aleppo Syria', Dissident Voice, 14 May, online: http://dissidentvoice.org/2015/05/eight-problems-with-amnestys-report-on-aleppo-syria/

SOHR (2015) 'Syrian Observatory for Human Rights', online: http://www.syriahr.com/en/

Spagat, Michael and Josh Dougherty (2010) 'Conflict Deaths in Iraq: A Methodological Critique of the ORB Survey Estimate', Survey Research Methods, Vol 4 No 1, 3-15

VDC (2015) 'Violation Documentation Center in Syria', online: https://www.vdc-sy.info/index.php/en/

WIDERSPRUCH IN SICH, DA ISLAMIST. GRUPPEN DER FEIND SÄKULARER GRUPPEN SIND

4. Daraa 2011 : Ein weiterer islamistischer Aufstand

„Die Protestbewegung in Syrien war bis September 2011 überwiegend friedlich" - Human Rights Watch, März 2012, Washington.

„Ich habe von Anfang an bewaffnete Demonstranten in diesen Protesten gesehen … sie waren die ersten, die auf die Polizei geschossen hatten. Sehr oft erfolgt die Gewalt der Sicherheitskräfte als Antwort auf die brutale Gewalt der bewaffneten Aufständischen" - erklärte der verstorbene Vater Frans Van der Lugt, im Januar 2012, Homs, Syrien.

„Die Behauptung, dass die bewaffnete Opposition gegen die Regierung erst kürzlich begonnen hätte, ist eine vollständige Lüge. Die Tötung von Soldaten, Polizisten und Zivilisten, oft unter den brutalsten Umständen, haben praktisch von Anfang an stattgefunden." Professor Jeremy Salt, Oktober 2011, Ankara, Türkei.

Eine Geschichte mit zwei Lesarten entspann sich im Syrienkonflikt, als die bewaffnete Gewalt in der südlichen Grenzstadt Daraa im Jahre 2011 ausbrach. Lesart Nummer eins stammt von unabhängigen Zeugen in Syrien, wie z.B. dem verstorbenen Pater Frans Van der Lugt in Homs. Sie besagt, dass bewaffnete Männer die frühen politischen Reform-Demonstrationen infiltrierten, und auf Polizei und Zivilisten schossen. Diese Gewalt ging von sektiererischen Islamisten aus. Die zweite Lesart lieferten islamistische Gruppen (‚Rebellen') gemeinsam mit ihren westlichen Unterstützern. Diese behaupten, es hätte ‚willkürliche' Gewalt von syrischen Sicherheitskräften gegeben, um die politischen Demonstrationen zu unterdrücken, und die ‚Rebellen' seien aus der säkularen politischen Reformbewegung hervorgegangen.

Eine sorgfältige Untersuchung der unabhängigen Berichte zeigt jedoch, dass die von Washington unterstützte, weit verbreitete ‚Rebellen'-Geschichte Teil einer Strategie war, der syrischen Regierung ihre Legitimation abzusprechen, um damit einen ‚Regimewechsel' herbeizuführen.

Um dies zu verstehen, sollte man berücksichtigen, dass vor dem bewaffneten Aufstand im März 2011 Waffen von Saudi-Arabien zu den Islamisten in die al-Omari-Moschee (in Daraa) geliefert wurden. Es ist auch nützlich, sich den früheren Aufstand der Moslembruderschaft 1982 in Hama vor Augen zu führen, um die Parallelität der Mythen zu erkennen, die um beide Aufstände erzeugt wurden.

Der US-Geheimdienst (DIA 1982) und der verstorbene britische Autor Patrick Seale (1988) legen unabhängige Berichte vor, was in Hama passierte. Nach Jahren gewaltsamer und sektiererischer Angriffe durch Syriens Moslembruderschaft brach Mitte 1980 Präsident Hafiz al-Assad der sektiererischen Rebellion das Rückgrat, die versucht hatte, einen salafistisch islamistischen Staat zu errichten. Eine Verschwörung zum Staatsstreich war enthüllt worden, und die Bruderschaft *„fühlte sich unter Druck gesetzt, die Initiative zu ergreifen“* und sie startete einen Aufstand in ihrer Hochburg Hama. Seale beschreibt den Beginn der Gewalttätigkeiten wie folgt:

„In der Nacht vom 2. auf den 3. Februar 1982, um zwei Uhr nachts, geriet eine Armeeeinheit, die in der Altstadt patrouillierte, in einen Hinterhalt. Heckenschützen auf den Dächern töteten ungefähr zwei Dutzend Soldaten. [Der Anführer der Bruderschaft] *Abu Bakr* [Umar Jawwad] *gab den Befehl für einen allgemeinen Aufstand … hunderte von islamistischen Kämpfern erhoben sich … bis zum Morgengrauen waren ungefähr 70 führende Mitglieder der Ba'ath Partei abgeschlachtet worden, und die triumphierenden Guerilleros erklärten die Stadt für ‚befreit‘“* (Seale 1988:332).

Die Armee reagierte aber mit einer großen Streitmacht von ungefähr 12.000 Soldaten, und der Kampf dauerte über drei Wochen an. Es war ein vom Ausland unterstützter Bürgerkrieg, bei dem es einige Überläufer aus der Armee gab. Seale fährt fort:

„Als sich das Kriegsglück langsam zugunsten der Regierung wendete, zogen sich die Rebellen zurück in ihre alten Quartiere… Nach heftigem Artilleriebeschuss stürmten Kommandos und irreguläre Kräfte unter dem Schutz von Panzern herein… Viele Zivilisten wurden in der sich hinzie-

henden Säuberungsaktion abgeschlachtet, ganze Distrikte ausgelöscht" (Seale 1988: 333).

Zwei Monate später erklärte ein US-Geheimdienstbericht: *„Die gesamte Opferzahl für das Hama-Ereignis beläuft sich möglicherweise auf 2000"*. Dies beinhaltet geschätzte 300 bis 400 Mitglieder des Elite-‚Sicherheitsapparates' der Moslembruderschaft (DIA 192: 7).

Seale stellt fest, dass auch die Armee schwere Verluste verzeichnen musste. Gleichzeitig starb *„eine große Zahl bei der Jagd auf die Bewaffneten ... Sympathisanten der Regierung schätzten nur 3.000 und Kritiker eine Zahl von 20.000. ... Eine Zahl zwischen 5.000 und 10.000 könnte nahe an der Wahrheit sein"*. Er fügte hinzu: *„Die Guerilleros waren herausragende Gegner. Sie hatten ein Vermögen an ausländischem Geld ... [und] nicht weniger als 15.000 automatische Waffen"* (Seale 1988:335) In der Folge haben Aussagen der Moslembruderschaft die Zahl der Opfer aufgebläht, bis auf ‚40.000 Zivilisten', um so ihren Aufstand und ihre sektiererischen Massaker zu verstecken, indem sie behaupteten, dass Hafiz al-Assad ein ‚Massaker an Zivilisten' begangen hätte (e.g. Nassar 2014). Der damalige syrische Präsident machte eine ausländische Verschwörung für den Aufstand in Hama verantwortlich. Seale stellte fest, dass Hafiz in keiner Weise ‚paranoid' war, da viele US-Waffen konfisziert wurden, und ausländische Unterstützung von verschiedenen US-Verbündeten stammte: nämlich von König Hussein von Jordanien, von Libanesischen christlichen Milizen (die mit Israel verbundenen ‚Wächter der Zeder') und von Saddam Hussein im Irak (Seale 1988: 336-337).

Der Hama-Aufstand hilft uns, die Gewalt in Daraa zu verstehen, diesmal im Jahr 2011, weil wir bewaffnete Islamisten wahrnahmen, die als Heckenschützen von Dächern aus auf Polizisten und Regierungsbeamte schossen, so die Armee zum Vorgehen zwangen, nur um dann ‚Massaker an Zivilisten' zu rufen, wenn sie und ihre Kollaborateure von der Armee angegriffen wurden. Auch wenn die USA durch ihre Alliierten eine wichtige Rolle in dem Hama-Aufstand gespielt hatten, stellte der US-Geheimdienst nüchtern fest: *„Die Syrer sind Pragmatiker, die keine Regierung durch die Moslembruderschaft wünschen"* (DIA 1982: vii).

In dem Fall von Daraa, und den Angriffen, die sich dann in Richtung Homs und deren Umgebung im April 2011 ereigneten, war das klar festgestellte Ziel wieder einmal der Sturz des säkularen oder auch: ‚ungläubigen Alawiten'-Regimes. Die US-Kollaborateure an der Front waren Saudi-Arabien und Katar, dann die Türkei. Der Kopf der syrischen Moslembruderschaft, Muhammad Riyad Al Shaqfa, veröffentlichte am 28. März eine Erklärung, die keinen Zweifel an den sektiererischen Zielen der Gruppe lässt.

Der Feind war das ‚säkulare Regime' und die Mitglieder der Bruderschaft müssen sicherstellen, dass die *„Revolution eine rein islamische sein wird, und dass keine andere Sekte einen Anteil an seinem Erfolg haben wird"* (Al-Shaqfa 2011). Während er die anfängliche Rolle der Bruderschaft herunterspielt, bestätigt Sheikho doch, dass sie *„Schläge verteilte, die während des Aufstandes über ihre eigentlichen Fähigkeiten und ihre organisatorischen Möglichkeiten hinausgingen, … [auf Grund] der Unterstützung durch die Türkei und Katar"* (Sheikho 2013). Zu diesem Zeitpunkt 2012 gab es einen ‚*Obersten Militärrat der Freien Syrischen Armee*' (was wohl mehr eine Verteilerstelle für Waffen als eine Militärführung war), von dem gesagt wird, dass er zu zwei Dritteln von der Moslembruderschaft dominiert wurde (Draitser 2012). Andere ausländische Salafistengruppen schlossen sich der ‚Syrischen Revolution' schnell an. Ein US-Geheimdienstbericht vom August 2012 sagt im Gegensatz zu den offiziellen Stellungnahmen aus Washington über ‚moderate Rebellen':

„Die Salafisten, die Moslembruderschaft und AQI [Al-Kaida im Irak, später ISIS] sind die treibenden Kräfte hinter dem Aufstand in Syrien … AQI unterstützte die syrische Opposition von Beginn an, sowohl ideologisch als auch durch Medienarbeit" (DIA 2012).

Im Februar 2011 gab es eine aufgeheizte Atmosphäre in Syrien, in gewissem Masse beeinflusst durch die Ereignisse in Ägypten und Tunesien. Regierungsgegnerische und regierungsfreundliche Demonstrationen fanden statt, und eine echte politische Reformbewegung formierte sich, die bereits seit mehreren Jahren gegen die Korruption und das Monopol der Ba'ath Partei agitiert hatte. Ein Bericht von 2005 bezieht sich auf *„eine*

Reihe von Reformbewegungen, die sich langsam unter der Oberfläche organisieren" (Ghadry 2005), und tatsächlich waren die ‚vielen Gesichter' einer syrischen Opposition, viele von ihnen nicht islamistisch eingestellt, bereits in demselben Zeitraum sehr aktiv. (Sayyid Rasas 2013). Diese politischen Oppositionsgruppen verdienen Beachtung in einer weiteren Erörterung (siehe Kapitel Fünf). Allerdings stand nur eine einzige Oppositionsgruppe, die Moslembruderschaft sowie andere Salafisten in Verbindung mit der Gewalt, die in Daraa explodierte.

Große regierungsfeindliche Demonstrationen trafen auf große regierungsfreundliche Demonstrationen. Anfang März wurden einige Jugendliche in Daraa wegen Graffitis verhaftet, die sie aus Nordafrika übernommen hatten: ‚*Das Volk will das Regime stürzen*'. Es wurde berichtet, dass sie durch die lokale Polizei misshandelt worden seien. Präsident Bashar al-Assad intervenierte, der örtliche Gouverneur wurde abgesetzt, und die Teenager aus der Haft entlassen (Abouzeid 2011).

Der islamistische Aufstand hatte aber schon begonnen, und versteckte sich unter den Demonstranten auf der Straße. Am 11. März, mehrere Tage bevor die Gewalt in Daraa ausbrach, wurde berichtet, dass die syrischen Sicherheitskräfte „*eine große Ladung mit Waffen und Sprengstoff, sowie Nachtsichtgeräten ...in einem LKW, der aus dem Irak kam*" sichergestellt hatten. Der LKW wurde an der südlichen Tanaf-Kreuzung angehalten, in der Nähe von Jordanien. Die Nachrichtenagentur der syrischen Regierung, SANA, erklärte, dass die Waffen dazu bestimmt wären „*um Aktionen in Syrien auszulösen, die Syriens innere Sicherheit gefährden, und um Aufstand und Chaos zu verbreiten.*" Bilder zeigten „*Dutzende von Granaten und Pistolen sowie Gewehre und Munitionsgürtel*". Der Fahrer erklärte, dass die Waffen in Bagdad aufgeladen wurden, und dass ihm 5.000 Dollar gezahlt wurden, um sie nach Syrien zu liefern (Reuters 2011). Auch wenn diese Ladung abgefangen wurde, so erreichten dennoch Waffen Daraa, eine Grenzstadt mit etwa 150.000 Einwohnern. Dies ist der Punkt, an dem die Geschichten der ‚*westlichen Rebellen*' und unabhängige Berichte sich dramatisch voneinander unterscheiden. Die westlichen Medien sind sich einig, dass die Demonstranten Regierungsbüros zerstörten und niederbrannten, und dann „*Sicherheitskräfte der Provinz das Feuer auf Demonstranten eröffneten und ‚mehrere Personen töteten“* (Abouzeid 2011). Hiernach hätten ‚Demonstranten‘ vor der al-Omari-Moschee demonstriert und wären dafür angegriffen worden.

Die syrische Regierung ihrerseits erklärt, dass es unprovozierte Angriffe auf syrische Sicherheitskräfte gegeben hätte, bei denen Polizisten und Zivilisten getötet, und Regierungs-Büros angezündet wurden. Es gab ausländische Bestätigungen dieser Aussagen. Während die Schlagzeile der britischen Daily Mail (2011) Sicherheitskräfte für die Tötung von ‚Demonstranten‘ verantwortlich machte, zeigten Bilder des Artikels Waffen, AK-47-Gewehre und Handgranaten, die die Sicherheitskräfte sichergestellt hatten, nachdem sie die al-Omari-Moschee gestürmt hatten.

Und im Text erklärt die Zeitung, dass ‚eine bewaffnete Gang‘ das Feuer auf Krankenwagen eröffnet hätte, und dabei *„einen Arzt, einen Sanitäter und einen Polizisten“* getötet hätten. Medien in benachbarten Ländern berichteten von der Tötung syrischer Polizisten in der Zeit vom 17. bis 18. März. Am 21. März stellte ein libanesischer Bericht fest, dass *„sieben Polizisten während Zusammenstößen zwischen Sicherheitskräften und Demonstranten in Syrien getötet wurden“* (YaLibnan 2011). Und Israels ‚National News‘ berichteten, dass *„sieben Polizisten und mindestens vier Demonstranten in Syrien getötet wurden... und das Hauptquartier der Ba'ath-Partei und das Gerichtsgebäude wurden angezündet“* (Queenan 2011). Diese Polizisten waren durch Heckenschützen auf Dächern getötet worden.

Selbst unter diesen Umständen drängte die Regierung auf Zurückhaltung und versuchte auf die politische Reformbewegung zuzugehen. Der Berater von Präsident Assad, Dr. Bouthaina Shaaban, erklärte in einer Pressekonferenz, dass der Präsident angeordnet habe, *„keine scharfe Munition zu benutzen, selbst wenn Polizisten, Sicherheitskräfte oder Soldaten des Staates getötet werden sollten“*. Assad schlug vor, auf die politischen Forderungen, wie z.B. die Zulassung von Politischen Parteien, Aufhebung des Ausnahmezustandes und größere Pressefreiheit, einzugehen (al-Khalidi 2011). Nichts davon schien die Islamisten zu interessieren, oder sie zurückzuhalten.

Mehrere Berichte, darunter auch Videoaufnahmen, zeigten Heckenschützen auf Dächern, die während der Beerdigung für die bereits Getöteten in die Menge und auf Polizisten schossen. Behauptet wurde, es sei *„unklar, wer auf wen geschossen hat“* (Al Jazeera 2011a), als *„eine unbekannte bewaffnete Gruppe von Dächern auf Demonstranten und Sicherheitskräfte schoss“* (Maktabi 2011). Und so unterstellte Al Jazeera (2011b), deren Eigentümer die Monarchen Katars sind, mit Nachdruck, dass die Heckenschützen regierungsfreundliche Kräfte gewesen seien. *„Präsident Assad hat tausende von syrischen Soldaten und schwere Waffen nach Deraa*[9] *geschafft, um eine Operation durchzuführen, von der sie wünschen, dass die Welt sie nicht sieht“*, erklärte der Sender aus Katar.

Die Vermutung von Al Jazeera, dass die regierungsloyalen Heckenschützen *„Soldaten und Demonstranten gleichermaßen“* erschossen, war unlogisch und missachtete die Reihenfolge der Ereignisse. Die bewaffneten Kräfte waren ja erst nach Daraa gekommen, nachdem auf Polizisten geschossen worden war, und nachdem sie getötet wurden.

Saudi-Arabien, ein Hauptverbündeter der USA in der Region, hatte extremistische sunnitische Salafisten finanziert und bewaffnet, um gegen die säkulare Regierung vorzugehen. Der saudi-arabische Beamte Anwar Al-Esnki bestätigte später gegenüber dem BBC-Fernsehen, dass sein Land Waffen nach Daraa und in die al-Omari-Moschee gesandt hatte (Truth Syria 2012). Aus dem Exil in Saudi-Arabien rief Salafi Sheik Adnan Arour zum heiligen Krieg gegen die liberalen alawitischen Muslime auf, von denen behauptet wurde, sie würden die syrische Regierung dominieren: *„Bei Allah, wir werden die Körper [der Alawiten] durch den Fleischwolf drehen und ihr Fleisch den Hunden vorwerfen“* (MEMRITV 2011). Das Ziel der Salafisten war ein theokratischer Staat oder ein Kalifat. Der völkermörderische Schlachtruf: *„Christen nach Beirut, Alawiten ins Grab“* wurde weit verbreitet. Diese Tatsache findet sich in nordamerikanischen Medien ab Mai 2011 (z.B. Blanford 2011). Islamisten von der Farouq-Brigade der Freien Syrischen Armee ließen schon bald den Drohungen Taten folgen (Crimi 2012). Der kanadische Publizist Michel Chossudovsky (2011) stell-

[9] Daraa und Daraa wird synonym verwendet.

te fest: „Der Einsatz von bewaffneten Streitkräften, darunter auch Panzer in Daraa, war gegen einen bewaffneten organisierten Aufstand gerichtet, der an der Grenze seit dem 17. und 18. März aktiv war."

Nach den ersten Tagen in Daraa wurden weiterhin syrische Sicherheitskräfte getötet, was aber außerhalb Syriens kaum berichtet wurde. Die unabhängige Publizistin Sharmine Narwani schrieb über das Ausmaß dieser Tötungen Anfang 2012, und dann noch einmal Mitte 2014. Ein Hinterhalt und ein Massaker an Soldaten fanden Ende März und Anfang April in der Nähe von Daraa statt. Ein Armee-Konvoi wurde durch eine Ölspur auf einer Talstraße zwischen Daraa al-Mahata und Daraa al-Balad angehalten, und die LKWs wurden mit Maschinengewehrfeuer angegriffen. Die Schätzungen der Opferzahlen an toten Soldaten schwanken, abhängig ob sie von Oppositionsquellen oder der Regierung stammen, zwischen 18 und 60. Ein Bewohner in Daraa erklärte, dass diese Morde nicht berichtet worden wären: *„Zu dieser Zeit wollte die Regierung nicht zeigen, wie schwach sie war, und die Opposition wollte nicht zeigen, dass sie bewaffnet war*".

Der regierungskritische Blogger Nizar Nayouf hält fest, dass dieses Massaker in der letzten Woche des März stattgefunden hatte. Ein weiterer regierungskritischer Autor, Rami Abdul Rahman (ansässig in England, er nennt sich selbst ‚Syrische Beobachtungsstelle für Menschenrechte') sagt: *„Es war am 1. April und achtzehn oder neunzehn Sicherheitskräfte wurden getötet*" (Narwani 2014). Der stellvertretende Außenminister Faisal Mikdad, der selbst in Daraa wohnt, bestätigte, dass *„dieses Ereignis von der Regierung vertuscht worden war… als Versuch, die Spannungen nicht zu erhöhen, und die Dinge abkühlen zu lassen, jeder Anlass, die Emotionen anzufachen, der zu einer Eskalation der Situation geführt hätte, sollte vermieden werden*" (Narwani 2014).

Es war für die westlichen Medien deswegen so ungemein wichtig abzustreiten, dass es bewaffnete Tötungen gegen die Regierung gab, weil alle Todesopfer a) als Opfer der Armee und b) als Zivilisten dargestellt werden mussten.

Für gut über sechs Monate, in denen die Opferzahlen in den internationalen Medien erwähnt wurden, sah man es immer als akzeptabel an, sie alle als ‚Protestierende' zu beschreiben, die von der syrischen Armee getötet wurden. Reuters erklärte beispielsweise am 24. März, dass in das wichtigste Krankenhaus in Daraa *„die Leichname von mindestens 37 Demonstranten eingeliefert wurden, die am Mittwoch getötet worden waren"* (Khalidi 2011). Bemerkenswert, dass alle Toten zu ‚*Demonstranten*' wurden, trotz früherer Berichte über eine Reihe von Toten in der Polizei und bei Rettungskräften.

Weitere neunzehn Soldaten wurden am 25. April erschossen, auch in der Nähe von Daraa. Narwani kam durch Syriens Verteidigungsministerium in den Besitz ihrer Namen und der Umstände, und bestätigte diese durch ein anderes Dokument, welches nicht aus Regierungskreisen stammte. Im April 2011, so berechnete sie, wurden achtundachtzig Soldaten *„durch verschiedene Schützen in unterschiedlichen Teilen des Landes"*, getötet (Narwani 2014). Sie widerlegte weiterhin Behauptungen, dass diese Soldaten ‚*Kriegsverweigerer*' gewesen wären, die von der syrischen Armee erschossen worden wären, weil sie sich geweigert hätten, auf Zivilisten zu schießen. Human Rights Watch hatte, unter Berufung auf die Befragung von fünfzig ungenannten ‚*Aktivisten*' behauptet, dass die getöteten Soldaten allesamt ‚*Fahnenflüchtige*' gewesen wären, die von der Armee ermordet wurden (HRW 2011b)

Dabei ließen die Beerdigungen der loyalen Soldaten, die damals im Internet gezeigt wurden, an Eindeutigkeit nichts zu wünschen übrig. Selbst Rami Abdul Rahman (SOHR), der bestrebt ist, die Armee für die Tötung von Zivilisten verantwortlich zu machen, sagte: *„Dieses Spiel, zu behaupten, dass die Armee Fahnenflüchtige erschießt - das habe ich nie akzeptiert"* (Narwani 2014). Gleichwohl waren die brisanten Berichte verwirrend.

Die Gewalt verbreitete sich mit Hilfe islamistischer Kämpfer aus dem Libanon im Norden nach Baniyas und in die Gegend rund um Homs. Am 10. April wurden neun Soldaten in einem Hinterhalt getötet, in den ein Bus in Baniyas geriet. Am 17. April wurde in Homs General Abdo Khodr al-Tallawi getötet, zusammen mit seinen zwei Söhnen und einem Neffen, und ein syrischer Kommandeur, Iyad Kamel Harfoush, wurde in der Nähe seines Hauses erschossen. Zwei Tage später wurde der Oberst Mohammad Abdo Khadour außerhalb seines Dienstes in seinem Wagen getötet (Narwani 2014). Der nordamerikanische Kommentator Joshua Landis (2011a) berichtete vom Tod des Cousins seiner Frau, der als Soldat in Baniyas Dienst tat. Dies waren nicht die einzigen Toten, und ich erwähne sie, weil die meisten Medien noch bis heute der Fiktion anhängen, dass es keinen islamistischen Aufstand gegeben hätte, und dass die *‚friedlichen Demonstranten‘* erst im September 2011 zu den Waffen gegriffen hätten.

Der wichtigste Fernsehsender des Mittleren Ostens, Al Jazeera, der die Moslembruderschaft unterstützt, hielt Berichte über diese Angriffe zurück, ebenso wie über die Verstärkungen, die durch bewaffnete Ausländer erfolgten. Der ehemalige Al Jazeera-Journalist Ali Hahsem war einer von vielen, der sich von der durch Katar kontrollierten Fernsehstation trennte (RT 2012). Wobei er die tief sitzende Voreingenommenheit bei der Berichterstattung über die Gewalt in Syrien beklagte. Hashem hatte Aufnahmen von bewaffneten Männern aus dem Libanon, aber diese wurden durch seine katarischen Vorgesetzten zensiert. *„In einem Kündigungsschreiben erklärte ich dem Leiter … es scheint, als ob in Syrien nichts passieren würde.“* Er glaubte, dass die ‚libysche Revolution‘ für Al Jazeera ein Wendepunkt gewesen sei, der dessen Ansehen als glaubwürdige Mediengruppe beendet habe (Hasehm 2012).

Provokateure waren an der Arbeit. Der tunesische Dschihadist ‚Abu Qusay‘ gab später zu, dass er ein wichtiger ‚syrischer Rebell‘ gewesen war mit der Aufgabe, *„sunnitische Moscheen zu zerstören und zu entweihen“*, indem er zum Beispiel Graffiti sprühte mit dem Satz *‚Es gibt keinen Gott außer Bashar‘*- eine Blasphemie für strenggläubige Moslems. Die syrische Armee wurde dann dieser Taten beschuldigt, mit dem Ziel, sunnitische Überläufer aus der Armee zu gewinnen. ‚Abu Qusay‘ war von einem ausländischen Journalisten interviewt worden, der nicht bemerkte, dass er durch seinen Akzent verriet, kein Syrer zu sein (Eretz Zen 2014).

Der US-Journalist Nir Rosen, dessen Berichte sich generell kritisch gegenüber der syrischen Regierung lasen, griff ebenso den westlichen Konsens, nicht über die frühe Gewalt zu berichten, an:

> *„Die Sache mit den Überläufern ist eine Ablenkung. Der bewaffnete Widerstand begann lange bevor es Überläufer gab… Jeden Tag nennt die Opposition eine Opferzahl, gewöhnlich ohne Erklärung …Viele von den als getötet Gemeldeten waren in Wirklichkeit Oppositionskämpfer, die von Sicherheitskräften getötet wurden, und nicht unschuldige Zivilisten … und jeden Tag werden auch Mitglieder der syrischen Armee, der Sicherheitskräfte, getötet … durch regierungsfeindliche Kämpfer.'* (Rosen 2012).

Ein Spiel mit Sprache und Zahlen versuchte der syrischen Regierung (‚das Regime') und der syrischen Armee (‚Assad-Getreue ') die Legitimation abzusprechen, indem sie für die gesamte Gewalt verantwortlich gemacht wurden. Gerade so wie NATO-Kräfte Libyen bombardiert hatten mit dem Ziel, die libysche Regierung zu stürzen, begannen US-Beamte den Rücktritt von Präsident Assad zu verlangen. Die Brookings Institution (Shaikh 2011) behauptete, der Präsident hätte *„seine Legitimation verloren, in Syrien an der Macht zu bleiben"*. Die US-Senatoren John McCain, Lindsay Graham und Joe Lieberman sagten, dass es an der Zeit sei, *„uns unmissverständlich mit dem syrischen Volk, in seiner friedlichen Forderung nach einer demokratischen Regierung zu solidarisieren"* (FOX News 2011). Eine weitere ‚Regimewechsel'-Kampagne war eröffnet worden.

Im Juni verwarf Außenministerin Hilary Clinton die Idee, dass ‚ausländische Anstifter' am Werk wären, indem sie erklärte: *„die große Mehrheit der Opfer waren unbewaffnete Zivilisten"* (Clinton 2011). Tatsächlich wusste Clinton sehr wohl, dass ihr Verbündeter Saudi-Arabien die Extremisten von Anfang an bewaffnet hatte.

Auch ihre Annahme über Opferzahlen war falsch. Die Vereinten Nationen (die später aufhören sollten, Opferzahlen zu erheben,) schätzten auf Grund unterschiedlicher Quellen, dass bis Anfang 2012 mehr als 5.000 Opfer gezählt wurden, und dass sich unter den Toten des ersten Jahres 478 Polizisten befanden, und dass 2.091 Personen aus Militär und Sicherheitsbehörden stammten (OHCHR 2012: 2, Narwani 2014). Das bedeutet: mehr als die Hälfte der Opfer des ersten Jahres stammten aus den syrischen Sicherheitskräften. Diese unabhängige Berechnung wurde in westlichen Medienberichten nicht wiedergespiegelt. Westliche Gruppen, wie Human Rights Watch, gemeinsam mit US-Kolumnisten (z.B. Allaf 2012) fuhren darin fort zu behaupten, selbst nach der Niederlage der sektiererischen Farouq-FSA in Homs Anfang 2012, bis ins Jahr 2012 hinein, dass syrische Sicherheitskräfte ‚*unbewaffnete Demonstranten*' abschlachten würden, dass die syrischen Menschen „*keine andere Wahl hätten, als zu den Waffen zu greifen, und dass ihre ‚Protest-Bewegung' ‚überwiegend friedlich gewesen wäre bis zum September 2011*" (HRW 2011a, HRW 2012). Die oben aufgezeigten Beweise zeigen auf, dass diese Behauptungen falsch waren.

Tatsächlich war die politische Reformbewegung zwischen März und April durch die salafistisch-islamistischen Schützen von der Straße vertrieben worden. Seit Jahren hatten Oppositionsgruppen gegen die Korruption und das Monopol der Ba'ath-Partei demonstriert. Aber die meisten wollten nicht zerstören, was sie als einen sozial integrativen, wenn auch autoritären Staat empfanden, und die meisten waren sowohl gegen die sektiererische Gewalt als auch gegen die Einmischung ausländischer Mächte. Sie unterstützten Syriens Schutz von Minderheiten, den relativ hohen Status von Frauen in der Gesellschaft, und das kostenlose Bildungs- und Gesundheitswesen des Staates, während sie sich gegen korrupte Netzwerke und die gefürchtete politische Polizei wandten (Wikstrom 2011; Otrakji 2012).

Im Juni beobachtete die Reporterin Hala Jaber (2011), dass ungefähr fünftausend Menschen bei einer Demonstration bei Ma'arrat al Numan, einer kleinen Stadt im Nordwesten Syriens, zwischen Aleppo und Hama, erschienen.

Sie sagt, dass in der Woche davor einige ‚*Demonstranten*' erschossen wurden, als sie versuchten, eine Straßensperre zwischen Damaskus und Aleppo zu errichten. Nach einigen Verhandlungen, nach denen die Sicherheitskräfte in der Stadt reduziert wurden, „*begannen Männer mit langen Bärten, in Autos und Pick-Ups ohne Zulassung, mit Gewehren und Panzerfäusten, auf die reduzierte Zahl von Sicherheitskräften zu schießen. Ein Militärhubschrauber wurde zur Unterstützung der Sicherheitskräfte geschickt. Nach den Zusammenstößen waren vier Polizisten und 12 Angreifer tot oder lagen im Sterben. Weitere 20 Polizisten waren verwun-*

det". Sicherheitsbeamte, die vor dem Kampf geflohen waren, wurden von einigen Stammesältesten, die an den ursprünglichen Demonstrationen teilgenommen hatten, versteckt. Als am folgenden Freitag die nächste ‚*Demonstration für Demokratie*' stattfand, „*kamen nur noch 350 Menschen*", die meisten davon junge Männer und einige bärtige Militante (Jaber 2011). Fünftausend Demonstranten waren auf Grund der salafistischen Angriffe auf 350 reduziert worden.

Nach Monaten der Medienmanipulationen, die den islamistischen Aufstand verschleierten, ließen Syrer wie zum Beispiel Samer al Akhras, ein junger Mann aus sunnitischer Familie, der gewohnt war, Al Jazeera zu schauen, weil er den Sender dem staatlichen Fernsehen vorzog, zu der Überzeugung gelangen, dass er die syrische Regierung unterstützen müsse. Er durchschaute aus eigener Erfahrung die Fälschungen der Berichte auf Al Jazeera und schrieb Ende Juni 2011:

> „*Ich bin ein syrischer Bürger und ein Mensch. Nach vier Monaten Eurer gefälschten Freiheit ... Ihr sprecht von friedlichen Demonstrationen und schießt dann auf unsere Bürger. Von heute an .... bin ich jetzt Unteroffizier in der Reservearmee. Wenn ich irgendjemanden ... von einer beliebigen Terrororganisation erwische, der in Syrien aktiv ist, werde ich ihn erschießen, wie er uns erschießt. Dies ist unser Land, nicht Eures, nicht das Land der Sklaven der gefälschten amerikanischen Freiheit.*" (al Akhras 2011).

Quellen:

Abouzeid, Rania (2011) 'Syria's Revolt, how graffiti stirred an uprising', Time, 22 March

Al Akhras, Samer (2011) 'Syrian Citizen', Facebook, 25 June, online: https://www.facebook.com/notes/sam-al-akhras/syrian-citizen/241770845834062?pnref=story

Al Jazeera (2011a) 'Nine killed at Syria funeral processions', 23 April, online: http://www.aljazeera.com/news/middleeast/2011/04/2011423116958727O.html

Al Jazeera (2011b) 'Deraa: A city under a dark siege', 28 April, online: http://www.aljazeera.com/indepth/features/2011/04/2011427215943692865.html

Al-Shaqfa, Muhammad Riyad (2011) 'Muslim Brotherhood Statement about the so-called 'Syrian Revolution'', General supervisor for the Syrian Muslim Brotherhood, statement of

28 March, online at: http://truthsyria.wordpress.com/2012/02/12/muslim-brotherhood-statement-about-the-so-called-syrian-revolution/

Allaf, Rime (2012) 'This Time, Assad Has Overreached', NYT, 5 Dec, online: http://www.nytimes.com/roomfordebate/2012/02/06/is-assads-time-running-out/this-time-assad-has-overreached

Blanford, Nicholas (2011) 'Assad regime may be gaining upper hand in Syria', Christian Science Monitor, 13 may, online: http://www.csmonitor.com/World/Middle-East/2011/0513/Assad-regime-may-be-gaining-upper-hand-in-Syria

Chossudovsky, Michel (2011) 'Syria: who is behind the protest movement? Fabricating a pretext for US-NATO 'Humanitarian Intervention'', Global Research, 3 May, online: http://www.globalresearch.ca/syria-who-is-behind-the-protest-movement-fabricating-a-pretext-for-a-us-nato-humanitarian-intervention/24591

Clinton, Hilary (2011) 'There is No Going Back in Syria', US Department of State, 17 June, online: http://www.state.gov/secretary/20092013clinton/rm/2011/06/166495.htm

Maktabi, Rima (2011) 'Reports of funeral, police shootings raise tensions in Syria', CNN, 5 April, online: http://edition.cnn.com/2011/WORLD/meast/04/05/syria.unrest/

Crimi, Frank (2012) 'Ethnic Cleansing of Syrian Christians', Frontpagemag, 29 March, online: http://www.frontpagemag.com/2012/frank-crimi/ethnic-cleansing-of-syrian-christians/

Daily Mail (2011) 'Nine protesters killed after security forces open fire by Syrian mosque', 24 March

DIA (1982) 'Syria: Muslim Brotherhood Pressure Intensifies', Defence Intelligence Agency (USA), May, online: https://syria360.files.wordpress.com/2013/11/dia-syria-muslimbrotherhoodpressureintensifies-2.pdf

DIA (2012) 'Department of Defence Information Report, Not Finally Evaluated Intelligence, Country: Iraq', Defence Intelligence Agency, August, 14-L-0552/DIA/297-293, Levant report, online at: http://levantreport.com/2015/05/19/2012-defense-intelligence-agency-document-west-will-facilitate-rise-of-islamic-state-in-order-to-isolate-the-syrian-regime/

Draitser, Eric (2012) 'Unmasking the Muslim Brotherhood: Syria, Egypt and beyond', Global Research, 12 December, online: http://www.globalresearch.ca/unmasking-the-muslim-brotherhood-syria-egypt-and-beyond/5315406

Eretz Zen (2014) 'Tunisian Jihadist Admits: We Destroyed & Desecrated Mosques in Syria to Cause Defections in Army', Youtube Interview, 16 March, online: https://www.youtube.com/watch?v=fQ8awN8GLAk

FOX News (2011) 'Obama Under Pressure to Call for Syrian Leader's Ouster', 29 April, online: http://www.foxnews.com/politics/2011/04/29/obama-pressure-syrian-leaders-ouster/

Ghadry, Farid N. (2005) 'Syrian Reform: What Lies Beneath', Middle East Quarterly, Vol 12 No 1, Winter, online: http://www.meforum.org/683/syrian-reform-what-lies-beneath

Haidar, Ali (2013) interview with this writer, Damascus 28 December. [Ali Haidar was President of the Syrian Social National Party (SSNP), a secular rival to the Ba'ath Party. In 2012 President Bashar al Assad incorporated him into the Syrian government as Minister for Reconciliation.]

Hashem, Ali (2012) 'Al Jazeera Journalist Explains Resignation over Syria and Bahrain Coverage', The Real News, 20 March, online: http://therealnews.com/t2/index.php?option=com_content&task=view&id=31&Itemid=74&jumival=8106

HRW (2011a) 'We've never seen such horror: crimes against humanity by Syrian Security Forces', Human Rights Watch, June, online: http://www.hrw.org/reports/2011/06/01/we-ve-never-seen-such-horror-0

HRW (2011b) Syria: Defectors Describe Orders to Shoot Unarmed Protesters', Human Rights watch, Washington, 9 July, online: http://www.hrw.org/news/2011/07/09/syria-defectors-describe-orders-shoot-unarmed-protesters

HRW (2012) 'Open Letter to the Leaders of the Syrian Opposition, Human Rights Watch, Washington, 20 March, online: http://www.hrw.org/news/2012/03/20/open-letter-leaders-syrian-opposition

Jaber, Hala (2011) 'Syria caught in crossfire of extremists', Sunday Times, 26 June, online: http://www.thesundaytimes.co.uk/sto/news/world_news/Middle_East/article657138.ece

Khalidi, Suleiman (2011) 'Thousands chant 'freedom' despite Assad reform offer', Reuters, 24 March, online: http://www.reuters.com/article/2011/03/24/us-syria-idUSTRE72N2MC20110324

Landis, Joshua (2011a) 'The Revolution Strikes Home: Yasir Qash`ur, my wife's cousin, killed in Banyas', Syria Comment, 11 April, online: http://www.joshualandis.com/blog/the-revolution-strikes-home-yasir-qashur-my-wifes-cousin-killed-in-banyas/

Landis, Joshua (2011b) 'Syria's Opposition Faces an Uncertain Future', Syria Comment, 26 June, online: http://www.joshualandis.com/blog/syrias-opposition-faces-an-uncertain-future/

MEMRITV (2011) 'Syrian Sunni Cleric Threatens: "We Shall Mince [The Alawites] in Meat Grinders"', YouTube, 13 July, online: https://www.youtube.com/watch?v=Bwz8i3osHww

Nassar, Jessy (2014) 'Hama: A rebirth from the ashes?' Middle East Monitor, 11 July, online: https://www.middleeastmonitor.com/articles/middle-east/12703-hama-a-rebirth-from-the-ashes

Narwani, Sharmine (2012) 'Questioning the Syrian "Casualty List", 28 Feb, online: http://english.al-akhbar.com/content/questioning-syrian-%E2%80%9Ccasualty-list%E2%80%9D

Narwani, Sharmine (2014) Syria: The hidden massacre, RT, 7 May, online: http://rt.com/op-edge/157412-syria-hidden-massacre-2011/

OHCHR (2012) 'Periodic Update', Independent International Commission of Inquiry established pursuant to resolution A/HRC/S - 17/1 and extended through resolution A/HRC/Res/19/22, 24 may, online: http://www.ohchr.org/Documents/HRBodies/HRCouncil/ColSyria/PeriodicUpdate24May2012.pdf

Otrakji, Camille (2012) 'The Real Bashar al Assad', Conflicts Forum, 2 April, online: http://www.conflictsforum.org/2012/the-real-bashar-al-assad/

Queenan, Gavriel (2011) 'Syria: Seven Police Killed, Buildings torched in protests', Israel National News, Arutz Sheva, March 21

Reuters (2011) 'Syria says seizes weapons smuggled from Iraq', 11 March, online: http://www.reuters.com/article/2011/03/11/us-syria-iraq-idUSTRE72A3MI20110311?hc_location=ufi

Rosen, Nir (2012) 'Q&A: Nir Rosen on Syria's armed opposition', Al Jazeera, 13 Feb, online: http://www.aljazeera.com/indepth/features/2012/02/201221315020166516.html

RT (2012) 'Al Jazeera exodus: Channel losing staff over 'bias", 12 March, online: http://rt.com/news/al-jazeera-loses-staff-335/

Salt, Jeremy (2011) Truth and Falsehood in Syria, The Palestine Chronicle, 5 October, online: http://palestinechronicle.com/view_article_details.php?id=17159

Sayyid Rasas, Mohammed (2013) 'From 2005 to 2013: The Syrian Opposition's Many Faces', Al Akhbar, 19 March, online: http://english.al-akhbar.com/node/15287

Shaikh, Salman (2011) 'In Syria, Assad Must Exit the Stage', Brookings Institution, 27 April, online: http://www.brookings.edu/research/opinions/2011/04/27-syria-shaikh

Sheikho, Youssef (2013) 'The Syrian Opposition's Muslim Brotherhood Problem', Al Akhbar English, April 10, online: http://english.al-akhbar.com/node/15492

Truth Syria (2012) 'Syria – Daraa revolution was armed to the teeth from the very beginning', BBC interview with Anwar Al-Eshki, YouTube interview, video originally uploaded 10 April, latest version 7 November, online: https://www.youtube.com/watch?v=FoGmrWWJ77w

Seale, Patrick (1988) Asad: the struggle for the Middle East, University of California Press, Berkeley CA van der Lugt, Frans (2012) 'Bij defaitisme is niemand gebaat', from Homs, 13 January, online: https://mediawerkgroepsyrie.wordpress.com/2012/01/13/bij-defaitisme-is-niemand-gebaat/

Wikstrom, Cajsa (2011) Syria: 'A kingdom of silence', Al Jazeera, 9 Feb, online: http://www.aljazeera.com/indepth/features/2011/02/201129103121562395.html

YaLibnan (2011) '7 Syrian policemen killed in Sunday clashes' 21 March, online: http://yalibnan.com/2011/03/21/7-syrian-policemen-killed-in-sunday-clashes-report/

5. Bashar al-Assad und Politische Reformen

Es müsste eigentlich nicht ausdrücklich gesagt werden, dass der interne politische Entwicklungsprozess eines souveränen Landes Sache der Menschen dieses Landes ist, und von niemandem sonst. Da Washington trotzdem auf dem Vorrecht besteht zu bestimmen, wer ein anderes Land führen darf oder wer nicht, könnten einige Hintergrundinformationen über Bashar al-Assad und den politischen Reformprozess in Syrien hilfreich sein. Wir finden nach dem islamistischen Aufstand von 2011 wenig ernstzunehmende Diskussion darüber im Westen. Stattdessen sinken die Diskussionen in Kriegszeiten zu Karikaturen herab, getrieben von einem Fieber für Regimewechsel und für einen blutigen Krieg. So wird der Präsident zu einem blutdürstigen ‚brutalen Diktator', der sinnlos unterdrückt und sein eigenes Volk ermordet. Nichts davon fördert vernünftiges und von Grundsätzen geprägtes Verständnis. Glücklicherweise gibt es eine Reihe von syrischen und unabhängigen Quellen, die es uns erlauben, ein realistischeres Bild zusammenzusetzen.

Wenn wir den meisten westlichen Medienberichten Glauben schenken, müssten wir denken, dass Präsident Assad wiederholte und willkürliche Angriffe gegen Zivilisten durchführt, und dabei auch Kinder mit Gas tötet. Wir könnten auch zu der Ansicht kommen, dass er der Kopf eines ‚*Alawiten-Regimes*' wäre, durch den eine Minderheit von zwölf Prozent der Gesamtbevölkerung die sunnitische Moslem-Mehrheit unterdrückt, dabei eine populäre ‚*Revolution*' zerschlägt, die erst in späteren Jahren durch Extremisten ‚*übernommen*' wurde. Ein großes Problem dabei stellt die hohe Popularität des Präsidenten im eigenen Land dar. Die Tatsache, dass es eine Unzufriedenheit wegen Korruption und Vetternwirtschaft in der Öffentlichkeit gab, eine Angst vor der Geheimpolizei, und dass der autoritäre Staat eine Art von Personenkult fördert, schließt nicht aus, dass der Mann eine echte Popularität genießt. Selbst seine schärfsten Feinde geben dies zu. Wir müssen das ein bisschen genauer analysieren.

Ein sanftmütiger Augenarzt, der Teile seiner Ausbildung in Großbritannien absolvierte, war von der Ba'ath Partei nach dem Tod seines Vaters Hafiz im Jahr 2000 erfolgreich in die Pflicht genommen worden. Einerseits erwartete man von ihm, dass er das pluralistische und nationalistische Erbe seines Vaters weiterführen, aber andererseits auch wichtige Elemente der politischen und wirtschaftlichen Reformen vorantreiben würde.

Präsident Hafiz al-Assad hatte nach den Tumulten der 1960er Jahre drei Jahrzehnte Stabilität für Syrien geschaffen. Dies ermöglichte ihm, wichtige soziale Fortschritte zu erzielen. Die sozialen Unterschiede wurden durch einen hohen Druck, sich als Syrer zu fühlen, aufgeweicht, ohne dass Religion oder gesellschaftliche Gruppenzugehörigkeit eine Rolle spielten. Es gab substantielle Verbesserungen in der Bildung und in der Gesundheitsversorgung, darunter waren auch allgemeine Impfprogramme und eine Reduzierung des Analphabetentums unter Frauen. Zwischen 1970 und 2010 fiel die Kindersterblichkeit von 132 auf 14 (pro 100.000), während Kindbettsterblichkeit von 482 auf 45 (pro 100.000) fiel. Dies waren besonders gute Ergebnisse für ein Land mit einem sehr bescheidenen Bruttoinlandsprodukt (Sen, Al-Faisal and Al-Saleh 2012: 196) Die Elektrizitätsversorgung für die ländliche Bevölkerung stieg von 2% im Jahr 1963 auf 95% im Jahr 1992 (Hinnebusch 2012: 2). Traditionen eines sozialen Pluralismus, gemeinsam mit Fortschritten in der Bildung, ließen die Entwicklung der Gesellschaft über die anderer, reicherer Staaten der Region wachsen.

Obwohl jedoch das System, das Hafiz al-Assad erschaffen hatte, sozial integrativ war, so blieb es doch auch ein autoritäres Ein-Parteien-System, beeinflusst durch den Krieg mit Israel und von immer wieder aufflammenden gewalttätigen Aufständen durch die Moslembruderschaft geprägt. US-Geheimdienste beobachteten, dass die Zerschlagung des Aufstandes der Moslembruderschaft Anfang der 1980er Jahre von den meisten Syrern begrüßt worden war (DIA 1992, vii). Nach diesen Aufständen wurde jedoch der Kritik an der Regierung mit großem Misstrauen begegnet. Sektiererische Gruppen wurden verboten, ebenso wie die Benutzung von ausländischen Geldern für politische Zwecke. In diesem Klima erklärten einige Oppositionelle, dass Syrer sich hilflos fühlten, und *„nicht wissen, wie sie die Initiative ergreifen sollen, ihre Ideen zu entwickeln"* (Wikas 2007: 6) Die gefürchtete Geheimpolizei (Mukhabarat) war stets gegenüber zionistischen Spionen und neuen Verschwörungen der Moslembruderschaft wachsam, was mit sich brachte, dass sie auch einen größeren Kreis von

Regierungskritikern verfolgte. (Seale 1988: 335). Von der säkularen Seite der Opposition war die syrische Sozial-Nationalistische Partei unzufrieden mit dem verfehlten Kompromiss, den Hafiz al-Assad hinterlassen hatte: die Verfassung verlangte, dass der syrische Präsident ein Moslem sein müsse (al Akhbar, 22 Feb 2012).

Hinzu kam Unmut gegen die Korruption, die sich auf Vetternwirtschaft aufgebaut hatte, welche die Netzwerke der Ba'ath Partei durchzogen. Bashar al-Assad war sich dessen bewusst, als er die Führung übernahm.

Dieses Kapitel bewertet die politische Reformbewegung seit der Zeit, als Bashar al-Assad Präsident wurde, bis zum islamistischen Aufstand von 2011. Darauf folgt eine Untersuchung der wichtigsten Belege für das Ausmaß der Unterstützung für den Präsidenten im Inland.

5.1 Die Reformbewegung

Nach der Jahrtausendwende war Bashar al-Assad der offizielle Kandidat für Reformen, aber es gab auch eine ziemlich große, wenn auch zerstrittene politische Opposition als Gegner der Ba'ath Partei. Viele sahen die Chance einer Reform durch den jugendlich wirkenden neuen Präsidenten, während andere, besonders die verbotene Moslembruderschaft, den säkularen Staat vernichten wollte, und an seiner Stelle eine Art Theokratie errichten wollte. Aber schon alleine die einfache Tatsache, dass die Führung einem jugendlichen und im Westen gebildeten Mann zugefallen war, erweckte die Idee eines ‚Damaskus-Frühlings' im Jahr 2000.

Bashar wurde allgemein als ein Vertreter von Reformen angesehen, aber sein Aufstieg war kometenhaft, und hing von den Netzwerken der herrschenden Ba'ath Partei ab, die ihn rekrutiert hatten. Es gab keine dramatischen politischen Reformen, trotz der weit verbreiteten Beschwerden über Korruption (Otrakji 2012). Seine Sozial- und Wirtschaftsreformen jedoch gaben der Massenbildung und den Bürgerrechten neue Impulse durch eine kontrollierte wirtschaftliche Liberalisierung, durch die er neue Märkte eröffnete, ohne aber die Fehler der Privatisierung aus den osteuropäischen Ländern zu wiederholen. Er entließ mehrere tausend politische Gefangene, hauptsächlich Islamisten und ihre Sympathisanten (Landis and Pace 2007: 47). Er hatte möglicherweise in den ersten Jahren wenig

Spielraum für politische Reformen, da er außerhalb der Ba'ath Partei keine organisierte Wählerschaft besaß. Vielleicht teilweise, um dies zu kompensieren, baute er Verbindungen mit Geschäftsleuten auf und initiierte verschiedene von der Regierung gesponserte Nichtregierungsorganisationen unter Jugendlichen, Studenten, in anderen Bereichen der ‚Zivilgesellschaft' und bei Landarbeitern.

Zu diesen Gruppen gehörte der *‚Syrian Trust for Development*' und der *‚Fund for Integrated Rural Development of Syria (FIRDOS)*'. Die First Lady Asma al-Assad spielte eine wichtige Rolle in einigen dieser Gruppen, besonders dort, wo es um Jugend und Kinder ging. Die Organisationen zogen einige internationale Partner an, z.B. die UNDP und UNICEF (Kawakibi 2013). Ein US-Politikeobachter sagte, dass der ‚Damaskus-Frühling' im Jahre 2005 *„ein Aufblühen von Meinungen, Versammlungen und politischen Aktionen sah, das es seit den 1950er Jahren nicht mehr gegeben hatte*" (Wikas 2007: 4). Trotz der Marktreformen behielt Syrien sein praktisch kostenloses Gesundheitssystem und Bildungswesen. Staatliche Universitäten blieben bis heute kostenfrei, mit Hunderttausenden eingeschriebener Studenten. Diese Art der Bildung der Massen ist entscheidend als Grundlage für die soziale Selbstbestimmung.

In dieser Periode wurde eine Anzahl kritischer politischer Diskussionsgruppen eingerichtet, darunter das *‚Kawakibi*' Forum, das *‚Atassi*' Forum und das *‚National Dialogue*' Forum. Diese begannen Stellungnahmen mit Forderungen an die Regierung zu verfassen. Eine davon hatte 1000 Unterzeichner. (Landis and Pace 2007: 47). *‚Notstandsgesetze*' waren weiterhin in Kraft, und der militärische Geheimdienst sah in einigen dieser Gruppen Verschwörer, was zu Verhaftungen im so genannten ‚Damaskus-Winter' führte. Einige der Gefangenen wurden Berichten zufolge gefoltert und getötet. (Ghadry 2005; Ulutas 2011: 89-90). Trotzdem sagten gut informierte US-Politikberater, dass der *‚Damaskus-Frühling*' einige *„anhaltende, wenn auch moderate Verbesserungen*" gebracht hätte. Es gab keine vereinte Opposition, aber zum ersten Mal in vielen Jahren konnten *„Einzelpersonen ihre kritischen Ansichten über das Regime in die Öffentlichkeit bringen*". Einige Diskussionsgruppen überlebten für Jahre, darunter das ‚*Committee for the revival of Civil Society*' und das ‚*Attasi Forum for Democratic Dialogue*' (Landis and Pace 2007: 48-49).

Mit der Invasion des Irak im Jahr 2003 wurde Syrien jedoch gefangen zwischen zwei mächtigen Besatzungsarmeen, denen Israels und der USA, beide dem syrischen Staat gegenüber feindlich eingestellt.

Mehr als eine Million Flüchtlinge aus dem Irak flohen nach Syrien, um dem Blutbad zu entkommen. Syriens Großzügigkeit gegenüber irakischen Flüchtlingen wurde mit Beschuldigungen der USA beantwortet, dass Syrien den irakischen Widerstand unterstützen würde, worauf Sanktionen gegen das Land verhängt wurden. Und so war Syriens abrupter Abzug aus dem Libanon im Jahr 2005, nach 30 Jahren der Besatzung, und die folgende ‚*Zedern-Revolution*', eine Hilfe für eine neue Periode oppositioneller Aktivität. Auch wenn die libanesische ‚*Zedern-Revolution*' mit großer Skepsis bewertet wurde (Narwani 2015), so half sie doch ein Bild außenordentlicher Einheit unter syrischen Oppositionsgruppen hervorzurufen. Die Deklaration der Charta aus dieser Zeit bleibt ein taugliches Dokument über die Prinzipien, auf die sich all diese Gruppen verständigen konnten.

Die Versammlung des Jahres 2005, in der die ‚*Damascus Declaration*' verabschiedet wurde, fordert eine demokratische Reform, und es wird von ihr gesagt, dass sie die ‚größte Versammlung der Opposition in der Geschichte der Baa'ath Partei-Herrschaft', also seit 1963, war. Teilnehmer waren Islamisten, Liberale, Marxisten ebenso wie arabische und kurdische Nationalisten (Rasas 2013).

Die Deklaration erwähnt Prinzipien wie Pluralismus, Gewaltlosigkeit, Einheit der Opposition und demokratischer Wechsel. (Ulutas 2011: 90). Die Stellungnahme begann mit der Feststellung, dass die Herrschaft der Ba'ath Partei den Menschen die Selbstbestimmung genommen hätte. Mit der Erklärung, dass „*das Monopol der Behörden seit über 30 Jahren ein autoritäres, totalitäres und klüngelhaftes Regime erzeugt hat, was zu einem Mangel an Interesse für Politik in der Gesellschaft führte, mit Menschen, die das Interesse an öffentlichen Angelegenheiten verloren hatten*". Die Deklaration ruft auf zur „*Schaffung einer demokratischen nationalen Regierung … friedlich, schrittweise, basierend auf Vereinbarungen und*

Dialog sowie auf der Anerkennung des Anderen." Sie weist Gewalt und Ausgrenzung zurück, unterstützte den Islam als *„das am meisten verbreitete kulturelle Element im Leben der Nation"* und verweigerte sich der Idee eines Ein-Parteien-Staates. Notstandsgesetze, Kriegsrecht, und spezielle Gerichte müssten abgeschafft werden, mit *„einer Stärkung der nationalen Armee"*, die aber *„außerhalb des politischen Konflikts und des demokratischen Spiels"* gehalten werden sollte.

Volkstümliche Organisationen, Gewerkschaften und andere Körperschaften müssten von „der Vormundschaft des Staates und von der Vorherrschaft der [Ba'ath]Partei sowie der staatlichen Sicherheitsorgane befreit" werden. Es handelte sich um eine vorwiegend weltliche Erklärung. Das neue System sollte *„Syriens Zugehörigkeit zur arabischen Ordnung bestärken"* mit dem Ausblick auf eine arabische Einheit. Es gab eine *„Zurückweisung von Veränderung, die vom Ausland eingebracht wird"* und einen Aufruf für eine *„gerechte demokratische Lösung für die Angelegenheit der Kurdenfrage in Syrien"*. Das Dokument endet mit dem Aufruf zu einer *‚nationalen Konferenz'*, die zur Wahl einer *‚Verfassunggebenden Versammlung'* führen sollte, und zu einer neuen Verfassung auf der Grundlage einer politischen Mehrheit. (Damascus Declaration 2005).

Dieser Grad der Einheit der Opposition brach an möglicherweise vorhersehbaren Bruchlinien ziemlich schnell auseinander. Wie Landis und Pace (2007: 46) beschreiben, *„kämpften Führer der marxistischen Linken und islamistische Rechte darum, eine gemeinsame Basis zu finden"* während Liberale, Exilanten, Kurden und Assyrer auch teilnahmen (Uutas 2011: 90).

Zunächst gründete die Moslembruderschaft (zusammen mit dem übergewechselten Ba'ath-Politiker Abdel-Halim Khaddam) ihre eigene islamistische *‚Salvation Front'* im Jahr 2006. Dann auf dem Treffen des Nationalen Rats für die Damaskus-Deklaration im Dezember 2007 lehnten die Parteien der ‚Socialist Union' und der *‚Communist Action'* Bestrebungen der liberalen Kurden-Parteien zugunsten eines *‚externen Faktors'* ab, der helfen sollte, den Wechsel herbeizuführen. Die sozialistischen und kommunistischen Parteien, zusammen mit der linken kurdischen Partei (und später einer zweiten kurdischen Partei, angeführt von Nasreddin Ibrahim) begannen nach einem *‚Dritten Weg‘* zwischen der Damaskus-Deklaration und der Regierung der Ba'ath Partei zu suchen.

Die Moslembruderschaft sagte sich Anfang 2009 vollständig los, während Ende 2009 die kurdischen Gruppen (ohne die PYD) den *‚Kurdish Political Council‘* gründeten (Rasas 2013). Die Regierung ging zudem gegen einige der Unterzeichner vor. Das Atassai Forum wurde geschlossen (Ulutas 2011: 91) Im März 2005 wurden die Lizenzen für zwei aus den USA finanzierten Sender (Al Hurra und Radio Sawa) zurückgezogen (Landis and Pace 2007: 57). Diese Zersplitterung zerstörte jede Möglichkeit einer vereinten Opposition.

Die gemeinsame Grundlage für eine Kooperation von Islamisten mit Pluralisten, säkularen Nationalisten und linken Parteien war immer sehr dünn, und basierte im Wesentlichen auf Beschwerden über die Korruption der Ba'ath Partei und der Unterdrückung durch die Regierung. Aber zeitweise hatten sie einige rhetorischen Elemente gemeinsam. Wie Kawakibi (2007: 3) deutlich macht, *„führt die Bruderschaft oft Menschenrechte als Opfer des repressiven Systems“* an, während sie aber sehr selektiv *„jene Aspekte betonten, die ihrer Sache dienten“*. Ihre eigene Vergangenheit in Bezug auf Menschenrechte ist erschreckend. Sie war in den 1950er Jahren im Parlament von Syrien vertreten, aber seit damals hatte ein großer Teil des autoritären Vorgehens mit ihren sektiererischen Aufständen zu tun, die auch mit Morden und Massakern verbunden waren.

Nach der Deklaration von Damaskus sah ein US-Bericht die *‚säkulare Opposition‘* als *‚alles andere als machtlos‘* an, während die Unterdrückung der sektiererischen Islamisten *‚die Taktik und Politik der derzeitigen Regierung geformt hat‘* (Wikas 2007: 12, 22). Ungebrochen aber war der arabische Nationalismus und die regionale Solidarität, während der junge Präsident in der Region wie in Syrien beliebt blieb. Eine Umfrage von 2009 in sechs Ländern, in der Israel und die USA als größte Bedrohungen der Region genannt wurden (mit 88% und 77%), ermittelte im gleichen Atemzug Bashar al-Assad als den populärsten arabischen Führer im Mittleren Osten (MESI 2009). Diese regionale Sicht sollte sich nach dem Ausbruch der Gewalt in 2011 wandeln, anders als die Meinung innerhalb Syriens.

Mit den Demonstrationen vom Februar und März 2011 gab es einen weiteren Ausbruch politischer Aktivitäten, hauptsächlich in regionalen Städten, weniger in Damaskus und Aleppo (Ulutas 2011: 99-100). Diesmal aber waren die Vorzeichen anders. Die meisten der inländischen Oppositionsgruppen unterstützten weder bewaffnete Angriffe auf den Staat, noch die Einmischung ausländischer Mächte, wie sie es in der Deklaration von 2005 bekundet hatten. Die meisten blieben in Syrien und einige, wie die ‚*Syrian Social National Party*‘ demonstrierten mit der Regierung. Andere, die nicht die Regierung unterstützten, stellten sich hinter Staat und Armee. Syrien hatte schon früher Bekanntschaft mit sektiererischem Islamismus machen müssen.

Bei jenen Personen, die in westlichen Kreisen als ‚*die Opposition*‘ bekannt wurden, handelte es sich meist um Syrer im Exil und um jene Islamisten, die die Gewalt ausgelöst hatten. Die Treffen der Exilerten begannen in Paris, der Türkei und in Brüssel. Eine Reihe von Gruppen und Einzelpersonen nahmen an diesen ersten Treffen teil, aber sie waren schlecht koordiniert, kamen schnell unter den Einfluss von Ausländern, und die Moslembruderschaft übernahm sehr schnell ‚*die führende Rolle*‘ (Ulutas 2011: 91-94). Westliche Berichte über die islamistische Führerschaft waren oft äußerst wohlwollend, da die Moslembruderschaft besser organisiert war, und daher wahrscheinlichster Partner bei einer ‚Regimewechsel‘-Operation der Großmächte

Hassan Mneimneh wies für das in Washington ansässige ‚*Brussels Forum*‘, auf die realistischen Befürchtungen in der Region vor einem ‚*islamischen Winter*‘ hin, da der arabische Frühling den Islamisten „*einen unerwarteten, vielleicht unverdienten Sieg verschafft hatte*“. Dabei fährt er fort, den Rückhalt für die Moslembruderschaft und andere salafistische Gruppen zu übertreiben, indem er behauptete, die Salafisten würden „*auf einen nicht unerheblichen Teil der Wählerschaft eine Anziehungskraft ausüben*“, während sich die Moslembruderschaft „*eines Stimmenvorsprungs, oder sogar einer knappen Mehrheit*“ erfreuen könne. (Mneimneh 2012: 1-4) Das passt weder zu Syriens starker pluralistischer Vergangenheit, und es lässt sich auch nicht durch regionale Umfragen erhärten. Zum Beispiel zeigte eine Umfrage unter Palästinensern im Jahre 1984, obwohl über die

Hälfte der Bevölkerung streng religiös war (d.h. fünfmal am Tag betete), viel religiöser als Syrer im Allgemeinen, so genoss doch die säkulare nationalistische Politik der PLO eine Unterstützung von 90%. Das wirkte sich nachteilig auf die Strategie der Bruderschaft aus, säkulare nationalistische Palästinenser vor der Besatzungsmacht anzugreifen. Israel andererseits erkannte, dass *„jeder Erfolg der Bruderschaft zulasten der Nationalisten gehen würde"*, und so *„wurde die Bruderschaft weniger hart* [durch die Israelis] *behandelt als die Nationalisten"* (Shadid 1988: 663, 674-675, 679). Unterstützung des Islam sollte nicht verwechselt werden mit der Unterstützung für sektiererische Islamisten. Ein hoher Beamter in Damaskus erklärte mir, dass gegen Ende 2013, als die Moslembruderschaft die größte und bestorganisierte Oppositionsgruppe des Landes war, sie zu ihren besten Zeiten, wenn es keine Gewalt gab, maximal die Unterstützung von 15% der Bevölkerung genoss. Diese Unterstützung würde aber sofort wegfallen, wenn die Bruderschaft in sektiererische Gewalt verwickelt ist.

Im Klima der Ereignisse in Ägypten und Tunesien, aber zwei Monate, bevor die Gewalt in Syrien ausbrach, sagte Präsident Assad, dass er mehr Reformen voranbringen würde. *„Wenn man die Notwendigkeit von Reformen unter dem Eindruck dessen, was man in Ägypten und Tunesien sieht, nicht erkennt, ist es zu spät für irgendeine Reform"*, sagte er. Kennzeichnend für seine Agenda waren Kommunalwahlen, ein größerer Einfluss für Nichtregierungsorganisationen, und neue Mediengesetze. Seine Regierung hatte bereits die Zuschüsse für Heizöl erhöht (Solomon and Spindle 2011). Ein Gesetzentwurf zu allgemeinen Wahlen folgte kurz darauf, wurde jedoch von Exilsyrern mit Hohn quittiert (Hatem 2011). Andere Beobachter stellten fest, dass sich Syrien stark von Ägypten unterschied, weil die Regierung Verbesserungen im Sozialbereich und im Bildungswesen vorantrieb, keine Auslandsschulden hatte, Minderheitenrechte garantierte und eine Außenpolitik verfolgte, die unabhängig von den Absichten der USA und Israels war. *„Wenn Bashar al-Assad sagt, dass er politische Reform unterstützt, glauben ihm viele Syrer ... Syrer haben in den letzten Jahren eine größere religiöse Freiheit genossen, was auch für die sunnitische Mehrheit galt"* (Hetou 2011). Syrien war nicht Ägypten.

Eine Vielfalt von zivilgesellschaftlichen ‚*Komitees*' war im sozialen Aufruhr des Jahres 2011 entstanden, viele veränderten ihren Charakter, mit einer mehr oder weniger starken Bindung an politische Parteien. Dies betraf die ‚*Local Coordination Committees (LCC)*', die ‚*Federation of Coordination Committees of the Syrian revolution (FCC)*' und das ‚*National Action Committee*'. Während eine Anzahl von ihnen als Nachbarschaftsgruppen begonnen hatte, wurden viele „*stärker in die Medien-Koordination einbezogen als in die Führung der Protestbewegung*" (Asi Abu Najm 2011). Die LCCs riefen Mitte 2011 zwar zum ‚*Sturz des Regimes*' auf, wiesen aber die Forderung „*die Waffen zu ergreifen oder eine militärische Intervention zu verlangen*" zurück, indem sie feststellten, dass eine „*Militarisierung der Revolution die Unterstützung und Beteiligung der Öffentlichkeit verringern würde*" (LCC 2011)[10]. Was bis 2013 von den LCCs übrig geblieben war, schien jedoch in bewaffnete islamistische Gruppen gut eingebettet zu sein, und war die Hauptquelle von Berichten über deren Verluste. (LCC 2013).

Mit dem islamistischen Aufstand begannen sich die Unterschiede zwischen den Oppositionsgruppen zu verhärten, aber es gab weiterhin Ansätze, eine gemeinsame Basis zu finden. Es wurde gesagt, dass ein Paris-Damaskus-Papier, das den Oppositionsgruppen, ohne die Moslembruderschaft vorgestellt wurde, „*zwischen Reform und Veränderung schwankte, ohne aber zum Sturz der Regierung aufzurufen*". Dies war die Basis für die Schaffung des ‚*National Coordination Committee for Democratic Change in Syria (NCC)*', eine Gruppe des ‚*dritten Weges*', die im Juni 2011 gegründet wurde. Sie beinhaltete die ‚*Socialist Union Party*', die ‚*Marxist Left*', vier der kurdischen Parteien, einschließlich der PYD und

NCC - Juni 2011

10 Dies ist eine Erklärung der Quellenangabe. Aber es gibt Erklärungen von externen Funktionären und Geldgebern des LCC, die doch schon früh für eine militärische „Lösung" eingetreten waren. Z.B. Ferhad Ehme in einem Interview mit dem Deutschlandradio am 3. Dezember 2012. Er ist in Deutschland in Organisationen aktiv, die die indirekte finanzielle Unterstützung der Bundesregierung für die LCC organisieren. Ehme ist in Deutschland einer der wichtigen Vertreter von „Adopt a Revolution" (https://nocheinparteibuch.wordpress.com/2012/12/12/betrifft-neuaufguss-einer-alten-spende-fur-den-krieg-kampagne-von-adopt-a-revolution/) Hozan Ibrahim, der als Vertreter von LCC in Deutschland agierte, erklärte gegenüber der Financial Times Deutschland im März 2012, dass „die politischen Möglichkeiten erschöpft sind". Ein Beitrag im Freitag (https://www.freitag.de/autoren/berlino1010/eine-lawine-aus-dem-nichts) beschreibt den unglaublichen medialen Erfolg von „Adopt a Revolution".

einige Unabhängige. Man sagte, sie würden die Arabisten[11], Kurden und marxistische Linke repräsentieren' (Rasas 2013).

Im folgenden Monat, im Juli 2011, gab es den Versuch, einen syrischen Nationalrat (SNC) zu gründen, der das NCC mit den Elementen, die von der ‚Damascus Declaration' und der Moslembruderschaft übrig geblieben war, zusammenzubringen. Jedoch schlug dieser Plan fehl, weil die Bruderschaft und die Gruppe der Deklaration der Forderungen der NCC widersprachen, dass es ‚*eine Zurückweisung einer externen militärischen Intervention*' geben müsse, sowie ‚*eine gerechte Lösung für die Kurdenfrage*'. Das Ergebnis war, dass die Bruderschaft und der Rumpf der Deklarations-Gruppe, der aus der meist vom Ausland finanzierten SNC bestand, im Oktober 2011 in Istanbul zusammengeführt wurde (Rasas 2013)

Aber ausländische Finanzierung hat ihren Preis. Ende 2011 war die SCN im Exil von westlichen Regierungen und den Golfmonarchien als ‚*legitime Vertreter*' des syrischen Volkes anerkannt worden, wurde dann aber weniger als ein Jahr später zugunsten einer neuen Exilformation, genannt die ‚*Nationale Koalition für Syriens Kräfte der Revolution und Opposition*' oder einfach ‚*Syrien National Coalition*' in aller Stille begraben (Al Arabiya 2012). Diese Entscheidung war in Washington gefällt worden.

Die ‚*Syrian Social Nationalist Party (SSNP)*', die zweitgrößte säkulare Partei nach der ‚*Arab Socialist Ba'ath Party*' (Syrien), mit ihrer eigenen Miliz und mit Zweigstellen im Libanon, blieb der ‚*Stabilität des Staates verpflichtet*'. Sie war im Jahr 2005 wieder in das syrische Parlament eingezogen, und sah sich selbst als das Zentrum der Reformbewegung (Haidar, Ali 2013). Kommentatoren nahmen an, dass es auf unteren Ebenen Streitigkeiten wegen der Unterstützung der Regierung gab, aber der Vizepräsident der SSNP für Syrien, Safawan Salman, sagte:

> „*Wir fühlen uns eins mit der Stabilität des syrischen Staates und dem Zusammenhalt der syrischen Gesellschaft, und zwar mit tiefgreifenden und umfassenden Reformen. Wir glauben, dass die Stabilität der syrischen Gesellschaft notwendig für erfolgreiche Reformen ist.*" (Francis 2011)

[11] Arabisten = Menschen, die eine große arabische aber säkulare Ordnung vertreten.

Zum Zeitpunkt der Verfassungsänderungen und der Parlamentswahlen Anfang 2012 blieb die SSNP kritisch gegenüber den Änderungen (und erklärte, dass eine Nationalversammlung notwendig sei, um die Verfassung neu zu schreiben), und sie beschwerte sich über die Durchführung der Wahlen, aber sie boykottierte sie nicht (al Akhbar 22 Feb 2012; al Akhbar 15 May 2012). Ebenso wenig tat dies die kommunistische Gruppe, die von Qadri Jamil geführt wurde. Nach den Wahlen wurden mehrere, nicht der Ba'ath-Partei angehörende Politiker in die Regierung aufgenommen, wie der SSNP Präsident Ali Haidar, der eine Berufung von Präsident Assad, als Minister für Versöhnung annahm, und den Dialog sowohl mit der zivilen Opposition als auch bewaffneten Gruppen aufnahm.

5.2 Bashar al-Assad, im Ausland dämonisiert, beliebt in Syrien

Die Popularität des syrischen Präsidenten im Inland durchkreuzt Versuche, ihn als Monster darzustellen. Zumindest innerhalb Syriens. Die Ölmonarchie von Katar ist ein offener Feind Syriens, und hat regelrecht Milliarden in bewaffnete islamistische Gruppen investiert (Khalaf and Smith 2013). Trotzdem haben ihre eigenen Medien und Umfragen Bashar al-Assads Beliebtheit bestätigt. Im Januar 2011 schloss der wichtigste Medien-Kanal in Katar, Al Jazeera, dass eine Revolution in Syrien auf Grund der Beliebtheit Assads ‚*unwahrscheinlich*' wäre.

Obwohl dort eine autoritäre Herrschaft bestand, machten „*Faktoren wie ein relativ populärer Präsident und die religiöse Vielfalt einen Aufstand in dem Land unwahrscheinlich*" (Wikistrom 2011). Bashar war unter jungen Leuten populär, sagte der amerikanische Politologe Joshua Landis: „*Sie lieben vielleicht nicht das Regime, sie hassen die Korruption, ... aber sie neigen dazu, das den Menschen um ihn herum, der alten Garde, zuzuschreiben*". Die Menschen wollten Veränderung, aufgrund der Armut, Korruption und der politischen Polizei, aber die Syrer schätzten Assads Unterstützung des Pluralismus und seine Reformen zur Modernisierung (Wikistrom 2011).

Die Beliebtheit des Präsidenten wurde in den frühen Tagen [der Krise] durch die riesigen regierungsfreundlichen Demonstrationen bewiesen, die als Antwort auf die Demonstrationen der Opposition stattfanden. Robert

Fisk, einer der wenigen westlichen Journalisten mit einem starken Gespür für arabische Geschichte und einem Auge für Details, aber oft zynisch was die syrische Regierung angeht, machte diese Beobachtungen:

> *„Eine weitere Demonstration für Assad begann... sie mag eine Teilnehmerzahl von 200.000 bis zum Mittag erreicht haben ... Es wurden keine Leute wie bei Saddam Hussein herangekarrt zum Omayad Platz [Damaskus], ... die einzigen Soldaten standen bei ihren Familien. Wie berichtet man über eine regierungsfreundliche Demonstration während des arabischen Erwachens? Dort waren verschleierte Frauen, alte Männer, tausende von Kindern ... wurden sie gezwungen? Ich glaube nicht“* (Fisk 2011).

Informierte Kritiker haben beobachtet, dass der gewalttätige Konflikt in Syrien immer zwischen dem pluralistischen Staat und sektiererischen Islamisten, unterstützt von Großmächten, stattfand. Der irakisch-britische Analyst Sami Ramadani, ein Kritiker der Regierung, beharrt darauf, dass Syrien durch ein ‚*ruchloses, korruptes Regime*‘ mit einem ‚*gefürchteten Sicherheitsapparat*‘ beherrscht wird. Jedoch sagt er auch, dass die ‚*reaktionären Kräfte*‘ die durch Saudi-Arabien und Katar unterstützt werden, sehr schnell den ‚*demokratischen Widerstand*‘ übernahmen, worauf sich die öffentliche Unterstützung wieder zurück zur Regierung verschob (Ramadani 2012). Er sagt, dass die Vorstellung, Syrien sei ein sektiererisches alawitisches Regime, ‚*hochgradig übertrieben*‘ ist. Die Regierung verfügte über ‚*einen wesentlich größeren Unterstützerkreis*‘, darunter einflussreiche Sunnitische Gruppen, und ‚*Millionen Frauen*‘ die die Salafisten fürchten.

Darüber hinaus wurden viele ‚*Arme, Arbeit suchende und Studenten*‘ die zunächst die Protestbewegung unterstützt hatten, durch Gruppen im Exil, wie der ‚*Syrian National Council*‘ und die ‚*Freie Syrische Armee*‘, die durch die ‚*Bruderschaft dominiert werden*‘ abgestoßen (Ramadi 2012).

Der syrische Analyst Camille Otrakji denkt, dass Präsident Assad „*viele Unterstützer im ersten Jahr der Gewalt verloren hatte*“ weil er als „*schwacher Führer angesehen wurde, der seinen Willen nicht beim Sicherheitsapparat durchsetzen konnte. Andere dachten, dass er nicht effektiv genug in der Kommunikation mit den Massen wäre … [während] wieder andere ihn persönlich für die hohen Opferzahlen verantwortlich machten"*. Auf jeden Fall waren die meisten Syrer weit weniger begeistert von dem gewalttätigen Aufstand. Eine türkische Umfrage von Ende 2011 zeigte, dass die Syrer diejenigen waren, die *'am wenigsten positiv'* über die Ereignisse des *'Arabischen Frühlings'* in diesem Jahr dachten. Nur 22% der Syrer glaubten, dass solche Ereignisse einen positiven Effekt auf ihr Land gehabt hätten und 91% lehnten gewalttätige Proteste ab (und 5% unterstützten sie) (TELSEV 2012). Ramadani bringt die beiden Trends wieder unter einen Hut, indem er vermutet, dass nach der anfänglichen Bewegung weg von der Regierung im Jahr 2011 *'die öffentliche Unterstützung zurückkam'* als die Syrer die Sektierer und die Verschwörung Saudi-Arabiens hinter der Gewalt, erkannten (Ramadani 2012).

In einem vorläufigen Resümee schrieb Otrakji, dass der Präsident *„schlechte Noten dafür verdient, die Korruption nicht ausreichend bekämpft zu haben, und dem Reformprozess von Syriens autoritärem System, das er geerbt hatte, nicht ausreichend Aufmerksamkeit geschenkt zu haben"*. Es gäbe *'gemischte Noten'* für die Wirtschaft, mit Vorteilen für die Städte, aber mit Rückschritten in den ländlichen Gebieten. Auf der anderen Seite muss man Bashar al-Assad zugutehalten, dass er Syrien als eine Insel der Stabilität bewahrt hatte in einer Region in Flammen, dass er Frauen einen Status verschafft hatte, der höher ist als in den meisten Ländern der Region, der eine populäre unabhängige Außenpolitik betreibt, und eine angenehme *'bescheidene und zugängliche Persönlichkeit'* ist. Obwohl er kein so genügsames Leben wie sein Vater führt, waren Behauptungen von riesiger Korruption [zu seinen persönlichen Gunsten] einfach *'hanebüchen'* (Otrakji 2012).

Eine Meinungsumfrage gegen Ende 2011, finanziert von Assads Feinden in Katar, und von daher sicher voreingenommen, zeigte, dass die Mehrheit außerhalb Syriens wünschte, dass der syrische Präsident *'wegen der brutalen Behandlung von Demonstranten'* zurücktreten solle. Jedoch was wichtiger war: die Umfrage zeigte auch, dass 51% der Syrer Assads Rücktritt nicht wünschten (Doha Debates 2011). Wir sollten aufhorchen, wenn eine feindliche Umfrage zu solchen Befunden kommt. Islamistische

Kämpfer in Aleppo wurden noch deutlicher. Drei Anführer der Freien Syrischen Armee (sie alle hatten mit der Al-Kaida kooperiert) sagten, dass der syrische Präsident mindestens *'70%'* Unterstützung in dieser vornehmlich sunnitischen Stadt hätte (Bayoumy 2013), *„sie sind alle Informanten ... sie hassen uns. Sie machen uns für die Zerstörung verantwortlich“* (Ghaith 2012). Fehlende Popularität ist fatal für eine Revolution, für einen religiösen Fanatiker ist es dagegen eher nur unangenehm. Eine internationale NATO-Studie aus dem Jahr 2013 schätzt ebenfalls, dass 70% der Syrer ihren Präsidenten unterstützten, 20% waren neutral und 10% unterstützten die *'Rebellen'* (World Tribune 2013, BIN 2013). Diese Schätzungen waren nicht weit entfernt von dem Ausgang der Präsidentenwahlen von 2014.

Außerhalb von Syrien war die Dämonisierung von Assad machtvoll. Der syrische Präsident, so wurde gesagt, hätte eine Serie von schrecklichen Massakern angeordnet. Zum Beispiel das Massaker an mehr als einhundert meist regierungsfreundlichen Dorfbewohnern in Hula (in der Nähe von Homs). Es wurde als Grund genutzt, um syrische Diplomaten außer Landes zu verweisen, und drakonische Sanktionen über das Land zu verhängen. Das Massaker war sehr wahrscheinlich ein 'False Flag'-Ereignis (siehe Kapitel acht). Ungeachtet ihrer Befangenheit gegenüber Syrien deckten einige westliche Medien andere *'False Flag'*-Aktionen auf. Zum Beispiel wurde das Massaker an 245 Menschen in Daraya im August 2012, das zunächst als Massaker durch die *'Armee Assads'* bezeichnet wurde (Oweis 2012), von Robert Fisk entlarvt: nämlich als Mord an entführten Zivilisten und Soldaten außer Dienst durch die FSA, nachdem ein Gefangenenaustausch gescheitert war (Fisk 2012). In ähnlicher Weise wurde ein Massaker an über 100 Dorfbewohnern in Aqrab zunächst der syrischen Regierung zugeordnet (Stack and Mourtada 2012.

Der britische Journalist Alex Thompson (2012) fand später jedoch heraus, dass die FSA 500 alawitische Dorfbewohner für neun Tage gefangen gehalten und viele von ihnen ermordet hatte. Als die Armee näher rückte, musste die Gang flüchten. Der Chemiewaffenvorfall vom August 2013 in Ost-Ghuta wurde weitgehend der Regierung Assad angelastet. Jedoch zeigen alle unabhängigen Beweise auf einen weiteren Fall von *'False*

Flag'. Ich dokumentierte die Propaganda um diese Kriegsgräuel in den Kapiteln acht und neun.

Eine ganze Reihe von Syrern hat mir gegenüber Präsident Assad kritisiert. Aber nicht in der Art wie die westlichen Medien. Sie sagten, sie wünschten sich, dass er so standfest wäre wie sein Vater. Viele in Syrien, zumindest zu Beginn der Krise, sahen ihn als zu weich an, was ihm den Spitznamen ‚*Mr. Weichherz*' einbrachte. Gegen Ende 2013 erzählten mir Soldaten in Damaskus, dass es einen Armeebefehl gäbe, besondere Anstrengungen zu unternehmen, um syrische Kämpfer lebend zu fangen. Dies ist umstritten, denn viele sehen syrische Terroristen als Verräter an, nicht weniger schuldig als ausländische Terroristen. Was mit Letzteren geschieht, ist eine andere Geschichte. Während es keinerlei glaubwürdigen und unabhängigen Beweise für Angriffe auf Zivilisten durch die syrische Armee gibt, existieren Videobeweise und Erlebnisberichte, dass die Armee gefangene Terroristen exekutiert hat. Das ist sicher ein Kriegsverbrechen, aber vermutlich sehr populär in Syrien, da die meisten Familien Mitglieder haben, die Terrorangriffen zum Opfer gefallen sind.

Tatsächlich ist ein zentrales Problem bei der Dämonisierung von Assad durch Geschichten von ‚*Angriffen auf Zivilisten*', dass solche Beschuldigungen sich auch auf die Syrische Arabische Armee auswirken, und dass diese Armee extrem populär ist, auch innerhalb der zivilen Opposition. Syriens stärkste säkulare Traditionen sind verbunden mit der Armee. Mit ungefähr einer halben Million Mitgliedern, sowohl Berufssoldaten als auch Wehrpflichtigen, besteht die Armee aus allen Gemeinschaften des Landes (Sunniten, Alawiten, Schiiten, Christen, Drusen, Kurden, Armenier, Assyrer usw.), die sich alle als ‚*Syrer*' betrachten. Man sollte sich erinnern, dass die Damaskus-Deklaration von 2005 eine starke Unterstützung für die ‚*nationale Armee*' zum Ausdruck gebracht hatte, die Kontrolle durch das Monopol der Ba'ath Partei beenden wollte, aber ‚*den professionellen Geist der Armee, zum Schutz der Unabhängigkeit des Landes und dem Schutz des verfassungsmäßigen Systems, der Verteidigung der Heimat und seiner Menschen*', erhalten wollte.

Das bedeutet: die gesamte, gegen die Ba'ath Partei gerichtete Reformbewegung von 2005 stellte sich gegen Angriffe auf die Armee.

Den ersten Bruch mit dieser Position vollzog natürlich die Moslembruderschaft. Sie kehrte zurück zum traditionellen Ziel einer Abschaffung des säkularen Staates (Al-Shaqfa 2011). Ein zentrales Ziel des Aufstandes der Bruderschaft war, die Armee entlang sektiererischer Linien zu spalten. Und tatsächlich liefen einige Armeeoffiziere über, darunter viele, die familiäre Beziehungen zur Bruderschaft hatten. Islamistische Gräueltaten gegen Alawiten und Christen erhöhten zweifellos die Spannungen in den Gemeinden. Trotzdem gab gegen Ende 2011 der englischsprechende Vertreter der FSA, Rami Abdel Rahman zu, dass weniger als 1.000 Soldaten desertiert seien (Atassai 2011). Die syrische Armee, durch westliche Medien oft als ‚Assad-Loyale' bespöttelt, blieb als nationale Institution geeint. Die Bruderschaft und andere salafistische Gruppen dagegen verließen sich auf Sektierertum. Sie und ihre ausländischen, mit Al-Kaida verbundenen Mitstreiter waren die Hauptursache der im Westen übernommenen Idee einer Assad-Regierung als *‚Alawitisches Regime*', und sie ermordeten alawitische und schiitische Zivilisten, um den Konflikt weiter anzuheizen.

Die Armee ist so groß, dass die meisten syrischen Gemeinden starke Familienbande zu ihr unterhalten, und damit auch Gefallene im Krieg zu beklagen hat. Während des Konfliktes gab es regelmäßig Demonstrationen und von der Regierung unterstützte Zeremonien für Familien der Märtyrer, mit tausenden Menschen, die stolz die Fotos ihrer geliebten getöteten Familienmitglieder hoch hielten (IIT 2012; Sana 2015). Darüber hinaus haben mehrere Millionen Syrer, durch den Konflikt aus ihren Wohnungen vertrieben, nicht das Land verlassen, sondern Schutz gesucht bei der Armee. Das ist nicht wirklich erklärbar, wenn die Armee tatsächlich ‚willkürliche' Angriffe gegen Zivilisten führen würde. Eine repressive Armee erzeugt Angst und Hass in der Bevölkerung. In Damaskus kann man aber Menschen sehen, die sich nicht ducken, wenn sie durch Straßensperren der Armee gehen, die eingerichtet wurden, um sie vor den Autobomben der ‚Rebellen' zu beschützen.

Geschichten von ‚Bashar dem Monster' haben wenig Anziehungskraft innerhalb Syriens, außer als Losung für die verhärteten Regierungsgegner, denn diese Losung ist auch auf die Armee gemünzt, aber die Menschen haben ihre eigene persönliche Erfahrung mit der Armee, jeden Tag. Solche Geschichten scheinen für ein ausländisches Publikum gemacht zu sein. Syrer wissen, dass ihre Armee das pluralistische Syrien repräsentiert, und Sektierertum und vom Ausland unterstützten Terrorismus bekämpft. Diese Armee zerbrach nicht an den Bruchlinien der Sekten, wie die sektiererischen Banden gehofft hatten, und Überläufer waren selten, ihre Zahl lag sicher bei weniger als 2%. Der Berater der Europäischen Union, Kamal Alam, drückt es so aus: *„Die Syrische Arabische Armee arbeitet seit ihrer Gründung mit dem Vertrauen auf die eigenen Menschen … es gibt keinen Ersatz für den Rückhalt durch das eigene Volk“* (Alam 2015).

Was verraten uns dann die Meinungsumfragen über die Unterstützung für Bashar al-Assad innerhalb Syriens? Das ist natürlich die Kernfrage, wenn es um die Diskussion der demokratischen Legitimität geht. Wir haben verschiedene Meinungsumfragen, Schätzungen von syrischen und ausländischen Beobachtern, und die Präsidentenwahlen vom Juni 2014. Im Zusammenhang eines Krieges, bei dem Legitimität ein Haupt-Schlachtfeld wurde, müssen Umfragen mit großer Vorsicht bewertet werden. Wie ich in Kapitel drei erläuterte, bedeutet die übliche konventionelle ethische Voraussetzung, um Interessenkonflikte zu vermeiden, dass man nach unabhängigen Beweisen sucht, und sich selbst dienende Behauptungen von Kriegsparteien in einem großen Teil der Debatte über Syrien ignoriert. Gleichzeitig muss man eine breite Quellenbasis berücksichtigen.

Einige Meinungsumfragen sollten ganz klar ausgeschlossen werden. Wie zum Beispiel die Umfrage des *‚International Republican Institute‘*, das mit *‚Pechter Polls‘* gemeinsam durchgeführt, und durch den US Kongress finanziert wurde (IRI 2012). Diese Untersuchung konzentriert sich auf ausländische Intervention. Sie stellt fest, dass *‚Mitglieder der syrischen Opposition eine internationale bewaffnete Intervention in ihrem Land, auch die Einrichtung einer Flugverbotszone, humanitärer Korridore und die Ausbildung von Kämpfern der Freien Syrischen Armee, befürworten, aber keine internationale Präsenz vor Ort‘* (Dougherty 2012).

Diese Umfrage ist beweistechnisch gesehen wertlos, da es die Ansichten der syrischen Opposition berücksichtigt, und eine allgemeine Umfrage verwirft zugunsten eines ‚*Schneeballprinzips*'.[12] Wenigstens legen IRI/Pechter die Voreingenommenheit der Methode zur Genüge klar:

> *„Zentrale Informanten (oder Kanäle) werden genutzt, um eine Bezugskette aufzubauen, durch die schließlich 1.168 Mitglieder der Opposition, davon etwa 315 Personen innerhalb Syriens, erreicht werden. Eine Fehlergrenze ist nicht anwendbar, weil diese Untersuchung nicht auf dem Zufälligkeitsprinzip beruht"* (IRI 2012).

Mit anderen Worten: die politischen Verbündeten der IRI hatten ihre Freunde gefragt, die haben wiederum ihre eigenen Freunde gefragt, und 73% der Befragten lebten gar nicht in Syrien. Wir haben keine Ahnung, welche Fraktion der ‚*syrischen Opposition*' dies repräsentieren könnte. Noch wichtiger aber ist, dass es absolut nichts über die öffentliche Meinung in Syrien aussagt.

Die syrischen Wahlprozesse während der Krise und die öffentliche Teilnahme daran waren wichtig. Präsident Assad hatte einige der wichtigsten Reformforderungen aufgegriffen, als er das Gesetz 101 im August 2011 unterzeichnete, mit dem das Wahlrecht geändert wurde. Sodann bereitete seine Regierung Verfassungsänderungen vor, die die enge Verwobenheit der sozialistischen Baa'ath Partei mit dem Staat auflösen, und die bei Präsidentschaftswahlen mehrere Kandidaten zulassen würden. Dies wurde durch ein Referendum Ende Februar 2012 bestätigt. Gruppen der zivilen Opposition wie die SSNP und die Kommunisten wandten sich sowohl gegen die Vorgehensweise (sie wollten eine gewählte Verfassungsversammlung, die die Änderungen vorschlagen sollte) als auch gegen einige Elemente der Änderung, aber sie boykottierten die Abstimmung nicht (al Akhbar 22 Feb 2012; al Akhbar 15 May 2012). Die bewaffneten islamistischen Gruppen boykottierten das Referendum und auch die Wahlen zur Nationalversammlung Anfang 2012 und drohten damit, jeden anzugreifen, der daran teilnehmen würde.

---

[12] Das Schneeballprinzip führt zu so gen. „geklumpten Stichproben" und kann nicht als repräsentativ angesehen werden.

Diese Wahlreform führte zur Registrierung von sechs neuen Parteien, die sich zu den bereits existierenden acht Parteien hinzugesellten, und zur Beseitigung des Monopols der Baa'ath Partei (As Safir 2012).

Die Wahlbeteiligung an den syrischen Parlamentswahlen von Mai 2012 war gering und lag bei 51,26%, das waren weniger als jene 56% im Jahr 2007 (International IDEA 2015). Dies war teilweise verursacht durch die Drohungen von bewaffneten Gruppen. Die Farouq-Brigade (FSA), die zu diesem Zeitpunkt durch die syrische Armee aus der Stadt Homs vertrieben worden war, stellte die größte Gruppe, die Drohungen aussprach. Farouq wurde später von vielen Zeugen verantwortlich gemacht für die Ermordung von Zivilisten in dem Dorf Hula, 18 Tage nach den Wahlen. Einige Bewohner von Hula hatten an jenen Wahlen teilgenommen (siehe Kapitel acht). Eine weitere Ursache für die niedrige Wahlbeteiligung ist in der relativ geringen Bedeutung zu sehen, die der Wahl in einem Präsidialsystem beigemessen wird.

Der Ausgang der Wahlen zur Nationalversammlung im Jahr 2012 ergab 150 Sitze für die Baa'th Partei und 90 für unabhängige Abgeordnete, im Parlament mit 250 Abgeordneten. Prominent unter den Abgeordneten, die nicht zur Ba'ath Partei gehören, war Ahme Kousa von der *‚Syrian Democratic Party'*, Qadri Jamil und Ali Haidar von der *‚Front for Change and Liberation'*, und Amro Osi von der *‚Initiative of Syrian Kurds'* (Landis 2012). Die Zusammensetzung des Parlaments war zudem wichtig, weil eine neue verfassungsmäßige Bedingung für die Präsidentschaftswahlen verlangte, dass jeder Kandidat die Unterstützung von 35 Abgeordneten sicherstellen muss, und jeder Abgeordnete nur einen Präsidentschaftskandidaten unterstützen kann. Präsidentschaftskandidaten müssen darüber hinaus die letzten 10 Jahre in Syrien gelebt haben, was Kandidaten aus dem Exil ausschließt (As Safir 2012).

Die Präsidentschaftswahlen von 2014 ließen den Kandidaten der Ba'ath Partei zum ersten Mal seit Jahrzehnten gegen einen Mitbewerber antreten. Frühere Wahlen waren eher ein Plebiszit über den offiziellen Kandidaten. Und natürlich hatten 40 Jahre Herrschaft der Ba'ath Partei bedeutet, dass Bashar al-Assad einen außerordentlichen Vorteil hatte. Er war weit bekannter, er wurde mit dem Staat identifiziert, und er war zudem wirklich beliebt. Im Vorfeld der Präsidentschaftswahlen stimmte der Politologe Dr. Taleb Ibrahim mit dem zuvor schon genannten NATO-Berater überein, dass Bashars Unterstützung bei etwa 70% liegen würde (Ibrahim 2014).

Die Tatsache, dass viele westliche Nationen Syriens Wahlen für *‚bereits festgelegt‘* erklärten, bevor sie überhaupt stattgefunden hatten, macht diese Behauptung auch nicht gerade glaubwürdiger. Es handelte sich ja um die gleichen Regierungen, die die syrische Regierung stürzen wollten (Herring 2014). Die von Washington betriebene Radiostation *‚Voice of America‘* behauptete wider besseres Wissen, *‚Syrien lasse keine internationalen Beobachter‘* zu (VOA 2014). In Wirklichkeit kamen über hundert Wahlbeobachter aus Indien, Brasilien, Russland, China, Süd-Afrika, dem Iran und Latein Amerika, gemeinsam mit nicht offiziellen Wahlbeobachtern aus den USA und Kanada (KNN 2014; Bartlett 2014).

Während sieben Kandidaten nominiert wurden, waren nur drei qualifiziert, offensichtlich weil nicht alle die Unterstützung von 35 Abgeordneten erhalten konnten. Der Geschäftsmann Hassan al-Nouri (ein ehemaliger Minister in der Regierung Assad) und der kommunistische Abgeordnete aus Aleppo, Maher Hajjar, standen gegen Assad zur Wahl (al Saadi 2014; Harbi 2014). Sie stimmten mit dem Amtsinhaber in Fragen der Nationalen Einheit, der Unterstützung für die Armee und dem Kampf gegen Terrorismus überein, und unterschieden sich hauptsächlich in der Wirtschaftspolitik (Harbi 2014; Baker 2014). Die zweitgrößte säkulare Partei, die SSNP, unterstützte Assad.

Die internationalen Medien stellten eine große Wahlbeteiligung fest, sowohl in Syrien als auch unter den Flüchtlingen im Libanon, wobei einige Quellen widerwillig zugaben, *„die Wähler in so großen Zahlen zur Wahl zu motivieren, besonders außerhalb von Syrien, sei ein überwältigender Sieg“* (Dark 2014). Associated Press berichtete von Zehntausenden von Teilnehmern, in einer *‚Atmosphäre wie im Karneval‘* in Damaskus und Latakia, mit *‚langen Schlangen‘* von Wählern in Homs (FNA 2014a). AP notierte tausende von Exil-Wählern, ‚die die Zufahrtsstraßen in die libanesische Hauptstadt verstopften‘. Auch in Schweden ergab sich eine Mehrheit der Wähler für Assad. Ihre Schlussfolgerung: Präsident Assad konnte *„eine signifikante Unterstützung unter großen Teilen der Bevölkerung auf-*

recherhalten“ (FNA 2014b). Und wirklich war die Wahlbeteiligung in Syrien im Jahr 2014 viel höher als bei jeder Wahl in den USA in den vergangenen Jahrzehnten, wo die Wahlbeteiligung zwischen 52 und 50% lag (Idea International 2015a, 2015b).

Bashar al-Assad gewann diese Wahl überzeugend mit 88,7% der Stimmen (AP 2014). Hassan al Nouri und Maher Hajjar erhielten 4,3% bzw. 3,2% (Aji 2014). Bei einer Wahlbeteiligung von 73,4% (oder 11,6 Millionen von 15,8 Millionen Wahlberechtigten) bedeutete dies, dass Assad 10,3 Millionen Stimmen, oder 64% der Wähler auf sich vereinte. Selbst wenn jeder einzelne Wähler, der nicht zur Wahl gegangen ist, gegen ihn gewesen sein sollte, wäre dies ein überzeugendes Mandat. Washington reklamierte in diesem Falle, das die Wahlen unter Kriegsbedingungen stattfanden, hatte aber nichts einzuwenden gegen die Wahlen in Afghanistan und in der Ukraine, die beide überschattet waren von Krieg und Korruption, und erkannte sie ohne weiteres an. Associated Press stellte vernünftigerweise fest, dass die Unterstützung für Assad nicht nur von Minderheiten stammte, sondern seiner Leistung geschuldet war, die Wirtschaft geöffnet zu haben; die Frauenrechte gefördert zu haben, wirkliche Vorteile in der Bildung, im Gesundheitswesen, bei der Elektrifizierung erreicht zu haben, und nicht zuletzt der Fähigkeit des Präsidenten, entschieden gegen Sektierer und bewaffnete Gruppen vorzugehen. (AP 2014).

Die Präsidentschaftswahlen vom Juni 2014 waren die verlässlichsten Hinweise eines Rückhalts für Bashar al-Assad. Auch wenn der beträchtliche Amtsbonus des Präsidenten dieses Ereignis eher zu einer Mischung aus Plebiszit und Wahl machte, so war der Rückhalt in der ersten Präsidentschaftswahl mit mehreren Kandidaten seit Jahrzehnten eindeutig und stimmte mit anderen Schätzungen überein. Dies zeigt sich in der folgenden Tabelle. Ich habe auch Schätzungen von Assads Feinden in Katar und der NATO eingefügt.

Tabelle 1: Relevante Umfragen zur syrischen Regierung 2011-2014			
Fragestellung	**Datum**	**%**	**Umfrageinstitut**
Revolution in Syrien "unwahrscheinlich aufgrund von Assads Popularität"	Feb 2011	na	Wikstrom Feb 2011 in Al Jazeera (Katar)
91% widersprachen gewalttätigen Protesten gegen die Regierung (5% unterstützten sie)	Ende 2011	91%	TESEV (2012) Umfrage (Türkei) von Syrern
Soll Assad bleiben?	Dec 2011	51%	Doha Debates poll (Katar)
Umfrage zur Verfassungsänderung	Feb 2012	Durchgeführt	Syrische Regierung
Parlamentswahlen (Ba'ath Party Ergebnis) bei 51% Wahlbeteiligung	May 2012	60%	Syrische Regierung
Bashar Unterstützung in Aleppo?	Mitte 2012	70%+	3 FSA Anführer in Aleppo
Nationale Unterstützung von Bashar?	2013	70%	NATO Berater
Nationale Unterstützung von Bashar?	2014	70%	Syrien Dr Taleb Ibrahim
Präsidentschaftswahlen (Bashar Stimmen) bei 73.4% Wahlbeteiligung (aller Berechtigten)	Jun 2014	88% (64%)	Syrische Regierung

Wir erkennen eine signifikante Übereinstimmung zwischen den Agenturen der [syrischen] Partei und den Quellen der Feinde, zwischen Schätzungen der bewaffneten Regierungsfeinde und dem syrischen Wahlprozess. Die Wahlergebnisse waren relativ übereinstimmend mit den Umfrageergebnissen während der Krise.

Der syrische Präsident genießt die Unterstützung von mehr als zwei Drittel der Bevölkerung in seinem Land. Diese Realität wird durch den Amtsbonus nicht wirklich in Frage gestellt. Die Unterstützung für die syrische Armee ist vielleicht höher als die für den Präsidenten, während die Unterstützung für die Ba'ath Partei niedriger ist. Die Daten zusammengenommen bestätigen die Ansicht, dass eine Anzahl nicht der Ba'ath Partei verbundener Menschen und Teile der Zivilgesellschaft während der Krise den Präsidenten unterstützen.

Wir können uns aus früheren Verlautbarungen der Reformisten (besonders der Damaskus Deklaration von 2005) erklären, warum der größte Teil der inländischen Opposition nicht an bewaffneten Angriffen gegen den Staat teilgenommen hatte. Die meisten unterstützen den Staat gegen den vom Ausland unterstützten sektiererischen Terrorismus. Die wichtigste Ausnahme bildeten die Moslembruderschaft und einige kleinere Salafisten-Gruppen. Ihnen ging es nicht um irgendeine Form der Demokratie, sie wollten ihre eigene Version eines religiösen Staates realisieren. Hierfür suchten und fanden sie, wieder einmal, ausländische militärische Unterstützung.

Quelle:

Abouzeid, Rania (2012) 'Aleppo's Deadly Stalemate: A Visit to Syria's Divided Metropolis', Time, 14 November, online: http://world.time.com/2012/11/14/aleppos-deadly-stalemate-a-visit-to-syrias-divided-metropolis/

Aji, Albert (2014) 'Bashar Al-Assad wins landslide victory in Syria election despite three-year fight to oust him', National Post, 4 June, online: http://news.nationalpost.com/news/bashar-al-assad-wins-landslide-victory-in-syria-election-despite-three-year-fight-to-oust-him

Alam, Kamal (2015) 'Endless Predictions of the Syrian Regime's Collapse, but Why Hasn't it Happened?' Levant Report, 6 July, online: http://levantreport.com/2015/07/06/endless-predictions-of-the-syrian-regimes-collapse-but-why-hasnt-it-happened-an-interview-with-kamal-alam-of-the-uk-based-institute-for-statecraft/

Akhbar al (22 Feb 2012) 'Disputes grow over new Syria constitution ahead of vote', online: http://english.al-akhbar.com/node/4440

al Akhbar (15 May 2012) 'Opposition Disputes Syria Election results', online: http://english.al-akhbar.com/node/7372

Al Akhbar (2014) 'Four new candidates enter Syrian presidential race', 27 April, online: http://english.al-akhbar.com/node/19565

Al Arabiya (2012) 'Arab League recognizes Syria's new opposition bloc', 12 November, online: http://english.alarabiya.net/articles/2012/11/12/249215.html

al Saadi, Yazan (2014) 'Syrian Presidential elections: three candidates, one face', Al Akhbar, 2 June, online: http://english.al-akhbar.com/node/20000

Al-Shaqfa, Muhammad Riyad (2011) 'Muslim Brotherhood Statement about the so-called 'Syrian Revolution'', General supervisor for the Syrian Muslim Brotherhood, statement of 28 March, online at: http://truthsyria.wordpress.com/2012/02/12/muslim-brotherhood-statement-about-the-so-called-syrian-revolution/

AP (2014) 'Syrian election shows depth of popular support for Assad, even among Sunni majority', Fox News, 4 June, online: http://www.foxnews.com/world/2014/06/04/syrian-election-shows-depth-popular-support-for-assad-even-among-sunni-majority/

Asi Abu Najm (2011) 'Syria's Coordination Committees: a Brief History', Al Akhbar, 1 October, online: http://english.al-akhbar.com/node/764

As Safir (2012) 'Contents of Proposed Amendments to the Syrian Constitution Revealed', Al Monitor, 17 February, online: http://www.al-monitor.com/pulse/politics/2012/02/washington-mocks-while-moscow-we.html

Atassi, Basma (2011) 'Free Syrian Army grows in influence', Al Jazeera, 16 November, online: http://www.aljazeera.com/indepth/features/2011/11/20111116154829885782.html

Baker, Aryn (2014) 'Meet The Two Candidates Taking on Assad For Syria's Presidency', Time, 9 May, online: http://time.com/93656/assads-rivals-for-the-presidency/

Barnard, Anne (2014a) 'Syrians in Lebanon flood polling place, choosing Assad out of Fervor or Fear', New York Times, 28 May, online: http://www.nytimes.com/2014/05/29/world/middleeast/syrian-exiles-in-lebanon-vote-in-advance-of-national-ballot.html?_r=0

Barnard, Anne (2014b) 'Assad's win is assured, but limits are exposed', New York Times, 3 June, online: http://www.nytimes.com/2014/06/04/world/middleeast/amid-fear-and-pressure-syrians-vote-for-president.html

Bartlett, Eva (2014) 'International Observers Endorse Syrian elections', Oriental Review, 3 June, online: http://orientalreview.org/2014/06/03/international-observers-endorse-syrian-elections/

Bayoumy, Yara (2013) 'Insight: Aleppo misery eats at Syrian rebel support', Reuters, 9 January, online: http://www.reuters.com/article/2013/01/09/us-syria-crisis-rebels-idUSBRE9070VV20130109

BIN (2013) 'Poll: 70% of Syrians Support Assad, says NATO', Before its News, 13 June, online: http://beforeitsnews.com/middle-east/2013/06/poll-70-of-syrians-support-assad-says-nato-2452134.html

Damascus Declaration (2005) 'The Damascus Declaration for Democratic National Change', English version in Joshua Landis blog 'Syria Comment', 1 November, online: http://faculty-staff.ou.edu/L/Joshua.M.Landis-1/syriablog/2005/11/damascus-declaration-in-english.htm

Dark, Edward (2014) 'Rebels shell Aleppo as Syria votes', Al Monitor, 3 June, online: http://www.al-monitor.com/pulse/originals/2014/06/syria-aleppo-elections-rebels-strike-shell-assad.html

DIA (1982) 'Syria: Muslim Brotherhood Pressure Intensifies', Defence Intelligence Agency (USA), May, online: https://syria360.files.wordpress.com/2013/11/dia-syria-muslimbrotherhoodpressureintensifies-2.pdf

Doha Debates (2011) 'This House believes President Assad must resign', 27 November, online: http://www.thedohadebates.com/debates/item/index46d6.html?d=112&s=8&mode=opinions

Dougherty, Jill (2012) 'Survey: Syrian opposition want 'no-fly' zone', CNN Security Clearance, 17 August, online: http://security.blogs.cnn.com/2012/08/17/survey-syrian-opposition-want-no-fly-zone/

Fisk, Robert (2011) 'Syria is slipping uncontrollably towards a bitter sectarian war', The Independent, 27 October, online: http://www.independent.ie/opinion/analysis/robert-fisk-syria-is-slipping-uncontrollably-towards-a-bitter-sectarian-war-26786116.html

FNA (2014a) 'World Media acknowledge massive turnout in Syria's Presidential election', Fars News Agency, 4 June, online: http://english.farsnews.com/newstext.aspx?nn=13930314000436

FNA (2014b) 'World Media admits massive turnout in Syrian Presidential elections abroad', Fars News Agency, 29 May, online: http://english.farsnews.com/newstext.aspx?nn=13930308000580

Francis, Ghadi (2011) 'The Syrian Social Nationalists: in the hurricane of the revolt', Al Akhbar, 26 August, online: http://english.al-akhbar.com/node/136

Ghadry, Farid (2005) 'Syria reform: what lies beneath', The Middle East Quarterly, Winter, 61-70, online: http://www.meforum.org/683/syrian-reform-what-lies-beneath

Ghaith, Abdul-Ahad (2012) 'The people of Aleppo needed someone to drag them into the revolution', The Guardian, 28 December, online: http://www.theguardian.com/world/2012/dec/28/aleppo-revolution-abu-ali-sulaibi

Haidar, Ali (2013) Interview with this writer, Damascus, 29 December

Haidar, Ziad (2012) 'Contents of Proposed Amendments to the Syrian Constitution Revealed', Al Monitor, 17 February, online: http://www.al-monitor.com/pulse/politics/2012/02/washington-mocks-while-moscow-we.html#

Haidar, Ziad (2014) 'The other candidates in Syria's election', Al Monitor, 14 May, online: http://www.al-monitor.com/pulse/politics/2014/05/syria-presidential-elections-assad-candidates.html#

Harbi, Rana (2014) 'Syrians vote in presidential election', Al Akhbar, 3 June, online: http://english.al-akhbar.com/node/20010

Hatem al, Fadwa (2011) 'Syrians are Tired of Assad's 'reforms'', UK Guardian, 1 June, online: http://www.theguardian.com/commentisfree/2011/may/31/syrians-assad-bill-fair-elections

Herring, Jessica Michele (2014) 'Syria Holds Presidential Election, President al-Assad's Likely Election Considered Unfair by Western Nations', Latin Post, 3 June, online: http://www.latinpost.com/articles/14097/20140603/syria-holds-presidential-election-president-al-assads-likely-election-considered-unfair-by-western-nations.htm

Hetou, Ghaidaa (2011) 'Syria: the art of 'branding' political reform', The New Middle East, 31 March, online: http://new-middle-east.blogspot.com.au/2011/03/syria-art-of-branding-political-reform.html

Hinnebusch, Raymond (2009) 'Syria under the Ba'th: the political economy of populist authoritarianism' in Raymond Hinnebusch and Søren Schmidt (2009) The State and the Political Economy of Reform in Syria, University of St Andrews Centre for Syrian Studies, Fife Scotland

Hinnebusch, Raymond (2012) 'Syria: from authoritarian upgrading to revolution?' International Affairs 88, 95-113

Ibrahim, Taleb (2014) 'Over 70% of Syrians support Assad ahead of elections', Live Leak, 7 May, online: http://www.liveleak.com/view?i=a3a_1399500866

Idea International (2015a) 'Voter turnout data for Syrian Arab Republic', online: http://www.idea.int/vt/countryview.cfm?id=210#pres

Idea International (2015b) 'Voter turnout data for United States', online: http://www.idea.int/vt/countryview.cfm?id=231#pres

IIT (2012) 'Syria's Mufti Meets Scholars ... Honors Families of Syrian Army Martyrs in Lattakia' Islamic Invitation Turkey, 22 November, online: http://www.islamicinvitationturkey.com/2012/11/22/syrias-mufti-meets-scholars-honors-families-of-syrian-army-martyrs-in-lattakia/

IRI (2012) 'Survey of Syrian Opposition Reveals Desire for International Intervention', International Republican Institute, 17 August, online: http://www.iri.org/resource/survey-syrian-opposition-reveals-desire-international-intervention

Kawakibi, Salam (2007) 'Political Islam in Syria', CEPS Working Document No. 270/June, Centre for European Policy Studies, Brussels, online: http://aei.pitt.edu/11726/

Kawakibi, Salam (2013) 'What Might have Been: a decade of civil activism in Syria', Open Democracy, London, 11 March, online: https://www.opendemocracy.net/salam-kawakibi/what-might-have-been-decade-of-civil-activism-in-syria

Khalaf, Roula and Abigail Fielding Smith (2013) 'Qatar bankrolls Syrian revolt with cash and arms', Financial Times, 16 May, online: http://www.ft.com/cms/s/0/86e3f28e-be3a-11e2-bb35-00144feab7de.html#axzz3oW3SeESu

KNN (2014) 'Indian delegation to monitor Syria election on June 3', Kohram, 2 June, online: http://www.kohraam.com/international/indian-delegation-to-monitor-syria-election-on-june-3/

Landis, Joshua (2012) 'Election Results of the May 7, 2012 Syrian Elections', Syria Comment, 20 May, online: http://www.joshualandis.com/blog/election-results-of-the-may-7-2012-syrian-elections/

Landis, Joshua and Joe Pace (2007) 'The Syrian Opposition', The Washington Quarterly, Vol 30 No 1, Winter 2006-2007, 45-68

LCC (2011) 'Syrian Local Coordination Committees on Taking up Arms and Foreign Intervention', Local Coordination Committees of Syria in Jadaliyya reports, 29 August, online: http://www.jadaliyya.com/pages/index/2539/syrian-local-coordinating-committees-on-taking-up-

LCC (2013) 'Dignity Strike ... We make our revolution by our own hands', Local Coordination Committees of Syria, December, online: http://www.lccsyria.org/3528

MESI (2009) 'Assad is most popular Arab leader, according to poll', Middle East Strategic Information [citing the University of Maryland and Al-Zughbi International Foundation for Polls], 22 May, online: http://mesi.org.uk/ViewNews.aspx?ArticleId=2461

Mneimneh, Hassan (2012) 'The Arab Spring: a Victory for Islamism?' Brussels Forum Paper Series, Washington, March, online: http://www.gmfus.org/publications/arab-spring-victory-islamism

Mroue, Bassem and John Heilprin (2012) 'Syria Elections: Opposition Boycotts, US Says Vote 'Borders On Ludicrous'', The Huffington Post, 8 May, online: http://www.huffingtonpost.com/2012/05/08/syria-elections-ballots-tallied-parliament_n_1499094.html?ir=Australia

Mufti, Malik (1996) Sovereign Creation: pan-Arabism and Political Order in Syria and Iraq, Cornell University Press, London

Narwani, Sharmine (2015) 'Ten years on, Lebanon's 'Cedar Revolution'', RT, 13 March, online: http://rt.com/op-edge/240365-lebanon-revolution-anniversary-cedar-2005/

Otrakji, Camille (2011) 'No Revolution in Syria: an interview with Camille Otrakji by Elias Muhanna', MRZine, Monthly Review, 3 May, online: http://mrzine.monthlyreview.org/2011/otrakji030511.html

Otrakji, Camille (2012) 'The real Bashar al-Assad', Conflicts Forum, 2 April, online: http://www.conflictsforum.org/2012/the-real-bashar-al-assad/

Pechter Polls (c2013) 'Survey: Syrian opposition want 'no-fly' zone', online: http://www.pechterpolls.com/survey-syrian-opposition-want-no-fly-zone/

Perthes, Volker (2004) Syria Under Bashar al-Assad: Modernisation and the limits of Change, Adelphi Papers, Oxford University Press, London

Pew Research Centre (2013) 'The World's Muslims: religion, politics and society', Pew Forum on Religion and Public Life, April 30, online: http://www.pewforum.org/Muslim/the-worlds-muslims-religion-politics-society.aspx

Ramadani, Sami (2012) 'Between Imperialism and Repression', Information Clearing House, 13 June, online: http://www.informationclearinghouse.info/article31570.htm

Rasas, Mohammed Sayyed (2013) 'From 2005 to 2013: The Syrian Opposition's Many faces', Al Akhbar, 19 March, online: http://english.al-akhbar.com/node/15287

Reuters (2014) 'Islamic State appeals to only four percent of Syrians: Poll', 8 July, online: http://www.reuters.com/article/2014/07/09/us-syria-crisis-poll-idUSKBN0FE00720140709

Rosen, Nir (2012) 'Q&A: Nir Rosen on Syria's armed opposition', Al Jazeera, 13 Feb, online: http://www.aljazeera.com/indepth/features/2012/02/201221315020166516.html

SANA (2015) '500 Families of Working Class Martyrs Honoured in Damascus', 10 July, online: http://sana.sy/en/?p=47888

Seale, Patrick (1988) Asad: the struggle for the Middle East, University of California Press, Berkeley CA

Sen, Kasturi; Waleed Al-Faisal and Yaser Al-Saleh (2012) 'Syria: effects of conflict and sanctions on public health', Journal of Public Health, Vol. 35, No. 2, pp. 195–199

Shadid, Mohammed K. (1988) 'The Muslim Brotherhood Movement in the West Bank and Gaza', Third World Quarterly, Vol 10 No 2, April pp.658-682

Solomon, Jay and Bill Spindle (2011) 'Syria Strongman: Time for Reform', Wall Street Journal, 31 January, online: http://www.wsj.com/articles/SB10001424052748704832704576114340735033236

TESEV (2012) 'The perception of Turkey in the Middle East 2011', Türkiye Ekonomik ve Sosyal Etüdler Vakfi, Istanbul, February, online: http://www.tesev.org.tr/the-perception-of-turkey-in-the-middle-east-2011/Content/236.html

Ulutas, Ufuk (2011) 'The Syrian Opposition in the making: capabilities and limits', Insight Turkey, Vol 13 No 3, 87-106, online: http://insightturkey.com/insight-turkey-volume-13-no-3/issues/29

Veldkamp, Joel (2014) 'Resurgence of the SSNP in Syria: an ideological opponent of the regime gets a boost from the conflict', Syria Comment, 19 December, online: http://www.joshualandis.com/blog/resurgence-of-the-ssnp-in-syria-an-ideological-opponent-of-the-regime-gets-a-boost-from-the-conflict/

VOA (2014) 'Assad: No Syrian Elections with Foreign Observers', Voice of America, online: http://www.voanews.com/content/assad-rules-out-syrian-elections-with-foreign-observers/2932940.html

Wikas, Seth (2007) 'Battling the Lion of Damascus', Washington Institute for Near East Policy, Policy Focus #69, May, online: http://www.washingtoninstitute.org/policy-analysis/view/battling-the-lion-of-damascus-syrias-domestic-opposition-and-the-asad-regim

Wikstrom, Cajsa (2011) 'Syria: A Kingdom of Silence', Al Jazeera, 9 February, online: http://www.aljazeera.com/indepth/features/2011/02/201129103121562395.html

World Tribune (2013) 'NATO data: Assad winning the war for Syrian's hearts and minds', 31 May, online http://www.worldtribune.com/2013/05/31/nato-data-assad-winning-the-war-for-syrians-hearts-and-minds/

6. Die Dschihadisten des Imperiums

Ein intelligenter Beobachter könnte sich fragen, woher diese teuflischen und sektiererischen, kopfabschlagenden Fanatiker herkommen, die sich scheinbar auf einer Art islamistischen Mission befinden, aber häufig auf der gleichen Seite wie die Großmächte stehen? Die Antwort findet man nicht im Islam, sondern in zwei besonderen historischen Phänomenen: Saudi-Arabiens Wahhabismus und den weiter verbreiteten und gut organisierten Moslembruderschaften. Lassen Sie uns in die Geschichte schauen.

Wahhabismus basiert auf dem feudalen Netzwerk der Golfmonarchien, angeführt durch Saudi-Arabien, während die Moslembruderschaft, die in Ägypten ihren Anfang nahm, eine eigene Geschichte des verbissenen Wettbewerbs mit dem säkularen Nationalismus hat. Diese ‚Bruderschaft' hat salafistisch-sektiererische Ansichten entwickelt, die Ähnlichkeiten mit denen der wahabitischen Staaten aufweisen, von denen sie oft finanziert werden. Solche Ansichten schränken ihre Popularität in der generell toleranten arabischen und moslemischen Welt ein. Diese Schwäche wird noch verstärkt durch die Tatsache, dass sowohl Wahhabiten als auch die Bruderschaft eine lange Geschichte der Zusammenarbeit mit den Großmächten und gegen ihre einheimischen Gegner vorzuweisen haben. Sie pervertierten die Idee des ‚Dschihad', ein eigentlich respektables Konzept des gerechten und spirituellen Kampfes, in die Vision des hässlichen ‚Dschihadisten', der monströse Gräueltaten verübt. Sie sind es, die öffentlich furchtbare Verbrechen begehen, und behaupten, sie repräsentierten orthodoxe sunnitische Moslems. Tatsächlich repräsentieren sie so wenig die sunnitischen Moslems wie die rassistischen Mörder Nordamerikas vom Klu Klux Klan die Christenheit.

Die fanatisierte sektiererische Geschichte des Wahhabismus und der Moslembruderschaften schließt jede Option aus, dass diese Art von politischem Islam zu einer nationalen Demokratie, regionaler Stabilität, nachbarschaftlicher Kooperation oder gesellschaftlicher Entwicklung, beitragen könnte.

Die zwei Strömungen des Wahhabismus und der Moslembruderschaft arbeiten zusammen, haben aber auch wichtige Elemente, in denen sie im Konkurrenzverhältnis zueinander stehen. Zum Beispiel fing zu Beginn des Aufstandes in Syrien die kleine Petro-Monarchie von Katar an, als Geldgeber der Moslembruderschaft aufzutreten, die mit der Freien Syrischen Armee verbunden ist.

Die königliche Familie von Saudi-Arabien hatte aber der Bruderschaft nie getraut, da deren breite Organisation einen potentiellen Konkurrenten darstellt, weshalb sie als Bedrohung der Macht der Golf-Monarchien angesehen wird (Zambelis 2013; Yigit 2014). Die Saudis haben es daher vorgezogen, eine Reihe von zerstrittenen und abhängigen internationalisierten salafistischen Gruppierungen zu unterstützen (d.h. jene mit wenig lokaler Unterstützung in der Gesellschaft), und die in einer Distanz zur Bruderschaft stehen, wie die Al-Kaida Gruppen ‚Jabhat al-Nusra', der ‚Islamic State of Iraq and the Levant (ISIL-Daesh)' und die ‚Islamic Front'. Katar als der kleinere Partner wurde schlussendlich auf Linie gebracht (Pandey 2014). Im Jahr 2015 gaben dann die Saudis und die türkische Regierung von Recep Tayyip Erdogan Einigen dieser Gruppen neue Namen. So wurde Jabhat al-Nusra, in ‚Army of Conquest' umbenannt. (Jaysh al Fateh) (Mezzofiore 2015; MEC 2015) Derweil haben sich kleinere Gruppen stark vermehrt, die auf der Suche nach Geld und Waffen von ausländischen Sponsoren sind.

Dieses Kapitel schildert die sektiererische Geschichte des Wahhabismus und der Moslembruderschaft im Mittleren Osten, und wie es dazu kam, dass sie so eng mit den Großmächten kooperieren. Dann werden kurz ihre Aufstände in Syrien aufgelistet.

6.1 Imperialismus, Wahhabismus und die Bruderschaft

Der Islam ist stark auf die Gemeinschaft ausgerichtet und sozial integrierend, erkennt Pluralität an und fordert Toleranz. Die Heilige Schrift, der Koran, betont Barmherzigkeit und entsagt der Misshandlung anderer Gruppen (Koran 49:11), während er die Zusammenarbeit zwischen den verschiedenen Gruppen von Gläubigen fordert (Koran 5:69, 5:48). Jedoch gibt es keine zentralisierte Autorität. Stattdessen haben sich kleine aber einflussreiche konfessionelle Spielarten über die Jahrhunderte entwickelt. Trotzdem waren Toleranz und ‚Säkularismus', im Sinne von politischer Führung, die nicht verbunden ist mit einer religiösen Doktrin, im Mittleren Osten weit verbreitet. Baktiari und Norton (2005) zitieren zeitgenössische und einflussreiche ägyptische, syrische und iranische Schriftsteller, die auf unterschiedliche Art und Weise Toleranz und Vielfalt propagieren, ohne die islamische Identität zu verleugnen.

Doch der syrische Autor Mohammed Shahrur setzt das Kalifat des Osmanischen Reiches gleich mit ‚Despotismus', den Mustafa Kemal Ataturk beenden konnte (Baktiari and Norton 2005: 39). Jenes Reich war ein politisches Phänomen, kein religiöses Projekt.

Despotismus und Sektierertum sind in einer überwältigenden Zahl von Fällen eher politische Schöpfungen als Ausdruck religiöser Werte. Carroll betonte: während der Islam eine der mächtigsten Quellen arabischer politischer Identität ist, hängt sein Einfluss auf die politische Gemeinschaftsbildung stark von bestimmten ‚geopolitischen Bedingungen' ab. (Carroll 1986: 186) In ähnlicher Weise hat Ayoob den Islamismus beschrieben als ‚eine politische Ideologie, und keineswegs als ein theologisches Konstrukt'. Islamismus variiert von Region zu Region, hängt ab von den sozialen Bedingungen und von äußeren Kräften (Ayoob 1979: 535).

Während sich die historischen und sozialen Bedingungen des Islamismus beträchtlich unterscheiden, hat der Mittlere Osten einige gemeinsame „externe Kräfte". Als erste unter diesen ist die Rolle der hegemonialen Mächte zu nennen, einschließlich der ehemaligen Kolonialmächte. Das vergangene Jahrhundert hat fortwährende Einmischungen durch diese Mächte gesehen, um durch abgestimmte Maßnahmen die an Öl und Gas reiche Region zu beherrschen. Die Unterstützung der Großmächte für den Staat Israel ist ein weiterer konditionierender Faktor. Ayoob weist darauf hin: „Wenn man nicht den Beitrag dieser entscheidenden externen Faktoren auf die Zunahme der Anziehungskraft des Islamismus in der Öffentlichkeit in Betracht zieht, wird man dieses Phänomen niemals wirklich verstehen" (Ayoob 2005: 960-961).

Mit Ausnahme der iranischen Variante hat sich der ‚politische Islam' im Mittleren Osten immer um zwei einflussreiche Strömungen gedreht: um den Wahhabismus und um die Moslembruderschaft. Der Islamismus, der im zeitgenössischen Iran entwickelt wurde, hat zwei wichtige historische Unterschiede. Vor allem wurde Irans säkularer Nationalismus durch den von den USA unterstützten Putsch in den 1950er Jahren und in den danach folgenden Jahren durch die Repressionen unter dem Schah, einem diktatorischen Monarchen, erfolgreich zerschlagen.

Diese von den USA unterstützte Diktatur, angereichert mit Elementen westlicher Kultur, wurde so für eine ganze Generation zur Erfahrung. Der Widerstand dagegen wurde meist durch die Moscheen getragen und (trotz der kommunistischen Beiträge) war es das islamische Konzept, das entscheidend war für die Vertreibung des Schahs und des Einflusses der USA. Die Islamische Republik des Iran entwickelte sich deshalb als volkstümliche anti-imperialistische Kraft (siehe Ayoob 1979: 543). Ganz anders als die Moslembruderschaft, die ausländische Hilfe einwarb für ihre Versuche, den einheimischen säkularen Nationalismus zu entmachten.

Sowohl Ägypten als auch Syrien haben säkulare nationalistische Regime mit starken antiimperialistischen Traditionen aufgebaut, und bis heute bewahrt. Diese Achse wurde geschwächt, als eine Zusammenarbeit zwischen der ägyptischen Regierung und den USA mit Israel gegen Ende der 1970e Jahre begann. Syrien aber behielt seine außenpolitische Unabhängigkeit. Die derzeitige Allianz zwischen dem Iran und Syrien hat viel mit einem gemeinsamen Anti-Imperialismus zu tun. Es ist kaum ein Zufall, dass diese beiden die einzigen Länder in der Region sind, die keine Militärbasen der USA beherbergen. Weshalb beide das Ziel eines intensiven ‚Regimewechsel'-Drucks sind. Der zweite Unterschied besteht darin, dass im Iran die überwältigende Mehrheit der Bevölkerung (ca. 90%) der schiitischen Richtung des Islam angehört. Weil religiöse Abtrünnigkeit eine umstrittene Angelegenheit in der Islamischen Republik Iran ist, muss diese Republik fast wie eine religiöse Monokultur angesehen werden, während sie gleichzeitig empfindlich über die Stellung von schiitischen Minderheiten in Nachbarländern wie Pakistan, Afghanistan, dem Libanon, Syrien und Ägypten wacht. Mit der Ausnahme der Mitglieder der Bahai-

Religion, die als fünfte Kolonne Israels angesehen werden, werden Minderheiten im Iran im Allgemeinen respektiert. Wichtig ist auch, dass es in der iranischen Shia keine Entsprechung zu der wahabitisch-salafistischen Doktrin des ‚Takfir'[13] gibt, durch die Menschen denunziert und angegriffen werden, nur weil sie einem anderen Glauben anhängen.

Aus den oben genannten Gründen schlage ich vor, andere Kriterien anzuwenden, wenn man den politischen Islam im Iran betrachtet. Dem steht ein gemeinsames salafistisches Netzwerk, das in Ägypten, Palästina, Jordanien, Syrien und vielen Golfstaaten aktiv ist, gegenüber, das seit fast einem Jahrhundert koordiniert wird von einer meistens im Untergrund agierenden Gruppe, die bekannt ist als Moslembruderschaft (Ikhwan: i.e. 'Die Brüder').

Weil dieses Netzwerk tatsächlich eine intolerante Strömung innerhalb des sunnitischen Islam repräsentiert, hängt es mit dem derzeitigen Wahhabismus Saudi-Arabiens zusammen, und war von Anfang an mit den Großmächten verbunden. Die Beziehung zwischen den westlichen Hegemonialbestrebungen und der intolerantesten aller islamischen Sekten leuchtet nicht unbedingt sofort ein. Deswegen ist ein geschichtlicher Rückgriff erforderlich.

Die Briten waren die modernen Experten der imperialen Herrschaft, aber sie hatten ihre Lektionen, Streit zwischen verschiedenen Kräften zu schüren, von den Römern gelernt und sie zunächst in Indien, dann im Mittleren Osten angewandt. „Divide et impera [teile und herrsche] war das alte römische Motto", schrieb Lord William Elphinstone im Jahr 1859 an einen Untersuchungsausschuss, der eingesetzt wurde, um eine bewaffnete Rebellion Mitte des neunzehnten Jahrhunderts zu erforschen, „...und Indien sollte uns gehören". (in Desai 1948: 354) Nach der Rebellion organisierte Sir John Lawrence die Bengalische Armee in eine Vielzahl von ethnisch unterschiedliche Regimenter um (Mehta und Patwardhan 19142: 57) Ähnlich schrieb der britische Außenminister Charles Wood im Jahr 1862 in einem Brief an den Generalgouverneur von Indien, Lord Elgin: „Wir haben

[13] „Takfiri" ist die Bezeichnung für jene islamischen Fundamentalisten, die Mitglieder nicht-sunnitischer islamischer Konfessionen zu Ungläubigen erklären und bekämpfen.

unsere Macht in Indien erhalten, indem wir einen Teil gegen den anderen ausgespielt haben, und wir müssen so weitermachen. Tun Sie deshalb alles was Sie können, um zu verhindern, dass ein Gefühl der Gemeinsamkeit entsteht", befahl er. (Wood 1892; Pande 1987). Diese Kampagne von teile und herrsche sollte dann ausgedehnt werden auf die Betonung ethnischer Unterschiede in den Lehrinhalten an Schulen. Außenminister Viscount Cross schrieb dem kolonialen Vizekönig Dufferin im Jahr 1887: „Diese Aufteilung in verschiedene religiöse Gefühle ist zum großen Teil zu unserem Vorteil, und ich erwarte einige Fortschritte als Ergebnis Ihres Komitees zur Untersuchung der indischen Bildung und des Lehrmaterials" (in Pande 1987).

Nach dem Zusammenschluss einer vereinten anti-kolonialen Front, dem Indischen Nationalkongress, suchten Verwalter der Briten nach Möglichkeiten, sie zu spalten. Deshalb schrieb Außenminister George Francis Hamilton an Gouverneur General Lord Curzon: „Wenn wir die gebildete Hindu Partei [‚Congress'] in zwei Abteilungen mit ziemlich unterschiedlichen Ansichten spalten könnten, würden wir durch diese Teilung unsere Position stärken, um den subtilen und dauernden Angriffen, die die Verbreitung von Bildung auf unser Regierungssystem erzeugt, zu begegnen" (Hamilton in Curzon 1899: Sept 20).

Er wusste zu gut, dass das britische Empire gegenüber einem vereinten Volk nicht überlebensfähig war.

Im frühen 20. Jahrhundert stellte K.B. Krishna (1939) fest, dass ‚teile und herrsche' im ganzen britischen Imperium weit verbreitet war: darunter fielen Ceylon, Irland, Palästina und Kenia. Er beschrieb die Erzeugung einer ‚Kommunalisierung' als Kernelement der britischen Verwaltungspolitik gegenüber Indien. Und er argumentierte, dass der Kampf für nationale Unabhängigkeit eine vollständige Gegnerschaft gegen die Kommunalisierung erfordert (Desai 1948).

Nach dem Ersten Weltkrieg und dem Zusammenbruch des Osmanischen Reiches suchten britische Verwalter nach möglichen Kollaborateuren in der arabischen Welt. Die ersten, die ihnen ins Visier gerieten, waren die Mitglieder der Saud-Sippe mit ihrer hochgradig sektiererischen Doktrin des Wahhabismus. Die Saudis erschreckten und faszinierten die Briten. Winston Churchill schrieb über die Wahhabiten von König Ibn Saud:

„Sie halten es für eine Verpflichtung des Gesetzes und des Glaubens, alle zu töten, die nicht ihrer Meinung sind, und deren Frauen und Kinder zu ihren Sklaven zu machen. Frauen wurden in wahhabitischen Dörfern getötet, einfach weil sie auf der Straße aufgetaucht waren“ (Churchill 1921).

Trotzdem sollte Churchill später schreiben: „meine Bewunderung für [Ibn Saud] war tief, auf Grund seiner zuverlässigen Loyalität uns gegenüber“ (Churchill 1953). Ein Memorandum der britischen Regierung aus der Mitte der 1940er Jahre stellte fest, dass „Ibn Sauds Einfluss im Mittleren Osten sehr groß ist, und er war immer wieder seit einer Reihe von Jahren zur Unterstützung unserer Politik benutzt worden“ (Wikeley 1945; siehe auch Sheikh 2007: 47). Als Ägyptens Präsident Nasser in den 1950er Jahren zum Helden der arabischen Nationalisten aufstieg - nachdem er den Suezkanal verstaatlicht, und die geplante britische und französische Invasion geschlagen hatte - begann Washington Interesse an der saudischen Königsfamilie zu entwickeln. US-Präsident Eisenhower, so wurde überliefert, suchte nach „einem hochklassigen machiavellistischen Plan, um die Araber zu spalten und die Ziele unserer Feinde [der Sowjet-Union] zu zerstören … um König Saud als Gegengewicht zu Nasser aufzubauen“.

Eisenhower sagte: „Der König könnte möglicherweise als spiritueller Führer aufgebaut werden. Wenn das erreicht ist, könnten wir sein Recht auf politische Führung einfordern“ (in Curtis 2012, 62, 68). Die enge Beziehung zwischen Saudi-Arabien und den USA bis zum heutigen Tag ist nicht so sehr die Beziehung zwischen einer Weltmacht und einem Ölmonarchen, sondern eher die einer Großmacht mit einem vornehmlich politischen Kollaborateur in der Region, mit einer langen Tradition in der Erzeugung von Spaltungen.

Die anderen regionalen Kollaborateure waren weniger verlässlich, aber sie verfügten über ein feiner gesponnenes Netzwerk in der Bevölkerung. Die Moslembruderschaft war von Hassan al Banna in den 1920er Jahren in Ägypten gegründet worden. Zunächst widersetzte sich die Bruderschaft dem Einfluss Großbritanniens. Sie wünschte Unabhängigkeit, aber ihre engstirnigen salafistischen Ansichten trieben sie in den Wettbewerb mit dem arabischen Nationalismus, der viel integrativer und weitaus populärer war. Aus dieser Konkurrenz heraus war schnell zu erkennen, dass die Anhänger von al-Banna „statt sich gegen die nicht-moslemischen und westlichen Kolonialmächte oder imperialistischen Mächte zu stellen" „die moslemischen Herrscher anzugreifen" begannen (Butterworth 1992: 35). Die Briten versuchten anfänglich, die Bruderschaft während des Zweiten Weltkriegs zu unterdrücken, aber der briten-freundliche Monarch König Farouk begann 1940 die Bruderschaft zu finanzieren. Farouk, so wird berichtet, sah die Bruderschaft als „nützliches Gegengewicht gegen die Macht der säkularen, nationalistischen Wafd Partei" (Curtis 2012: 24).

Im Jahr 1941 betrachtete der britische Geheimdienst die Moslembruderschaft als „die größte und ernsthafteste Gefahr für die öffentliche Sicherheit" in Ägypten. (in Lia 1998: 181); trotzdem begann 1942 „Großbritannien definitiv die Bruderschaft zu finanzieren" (Curtis 2012:24). Man versuchte weiterhin, die Gruppe zu spalten. Die Briten stimmten zu, „den Versuch zu unternehmen, die Partei zu spalten, indem jeder Unterschied, der zwischen Hassan al Banna und Ahmed al-Sukkari besteht, ausgenutzt wird" (Britisch Embassy Cairo, 1942).

Von der CIA wird behauptet, dass sie die Moslembruderschaft unterstützten, während die Saudis sie seit Ende der 1950er Jahre finanzierten. Die Saudis schätzten die „ultra-konservative Politik der Bruderschaft und ihren giftigen Hass auf arabische Kommunisten" (Draitser 2012)

Die beiden Strömungen waren zwar unterschiedlich, fanden aber viele übereinstimmende Positionen. Während der Wahhabismus offen sektiererisch begann, startete die Moslembruderschaft als Reaktion auf die europäische Dominanz und kulturelle Invasion (Commins 2009: 140-141). Beide versuchten, eine Gemeinschaft von Gläubigen aufzubauen. Verdeckte Beziehungen zwischen den ausländischen Mächten, den Wahhabiten und der Bruderschaft steckten den Rahmen ab für Kollaborationen in der gesamten Region. Die Moslembruderschaft in Ägypten hat eine Entwicklungsgeschichte, die von politischen Verhandlungen bis zu Morden und sektiererischen Angriffen reicht. Fast unter allen Regimen wurde die Gruppe verboten und viele Mitglieder inhaftiert. Gegen Ende der 1970er

Jahre, als Militante, die mit der Bruderschaft verbunden waren, Ägyptens Präsidenten Anwar al-Sadat ermordet hatten, wurde erhöhte Repression gegen die Gruppe ausgeübt, und eine öffentliche Debatte über die Legitimität von Angriffen auf ‚Abtrünnige' begann. Eine Rechtfertigung des Attentats war von Abd al-Salam Faraj verfasst worden, der argumentierte, dass Moslems ‚auf eigene Gefahr' die Gebote des Heiligen Krieges (Dschihad) und des Kampfes gegen den Abfall vom Glauben vernachlässigen. In der salafistisch-takfirischen Tradition argumentierte er, dass der gewalttätige Sturz eines abtrünnigen Regimes „der einzige Pfad zur Sicherung der Errichtung eines wirklich islamischen Staates war" (Akhavi 1992: 95). In einer darauf folgenden Denunziation und Fatwa gegen diesen Text erkannte Ägyptens führender Kleriker, Mufti Ali Jadd al-Haqq die Koran-Bezüge, die Faraj aufgeführt hatte, zwar an, verschob aber den Schwerpunkt auf 124 andere Verse, die „Geduld predigen oder die Ablehnung von bewaffneten Konflikten mit Nicht-Moslems im Geist einer friedlichen Überzeugung" (Akhavi 1992: 95-97). Nichts davon scheint großen Einfluss auf die Taktik der Bruderschaft zu haben, noch weniger auf die Vorgehensweise ausländischer Mächte.

Bis Mitte der 1980er Jahre finanzierten Washington und London in ihrem Bemühen, die Sowjet-Truppen aus Afghanistan zu vertreiben, die übelsten sektiererischen Islamisten, darunter viele, die sehr bekannt für Gräueltaten gegen Zivilisten waren. Die afghanischen und pakistanischen Sektierer kamen von der Deobandi Sekte, mit ähnlicher Doktrin und Intoleranz wie die Salafisten vom Golf.

Hadji Abdul Haq, der zugegeben hatte, 1984 ein ziviles Flugzeug mit einer Bombe zum Absturz gebracht zu haben, wurde 1986 von Margaret Thatcher und Ronald Reagan als ‚Freiheitskämpfer' empfangen (Curtis 2012: 145). Millionen Dollar an US-Hilfe gingen an Gulbuddin Hekmatyar, berüchtigt dafür, Säure ins Gesicht von Frauen geschüttet zu haben, seine Gegner bei lebendigem Leib gehäutet zu haben und rivalisierende Gruppen zu massakrieren. Hekmatyar arbeitete eng mit Osama bin Laden zusammen und besuchte britische Beamte 1986 und 1988 in London (Keddie 2006: 118; Curtis 2012: 146). Er bleibt dem von den USA gestützten Regime in Afghanistan verbunden. Der saudische Staatsbürger Osama bin Laden genoss in den 1980er Jahren US-Unterstützung, fiel aber wegen [von ihm abgelehnten] US-Militärbasen in Saudi-Arabien in Ungnade. Er organisierte verschiedene Angriffe auf US-Ziele in der Region und wurde verdächtigt (aber niemals angeklagt), der Kopf der Terrorangriffe vom 11. September 2001 in New York zu sein, bei dem dreitausend Menschen getötet wurden. Bin Ladens Nachruf 2011 in der New York Times enthält den Satz: „Freiheitskämpfer Osama bin Laden im Jahre 1989 ... baute sein Terrornetzwerk mit amerikanischer Hilfe auf" (Zernike and Kaufmann 2011).

Die Moslembruderschaft hatte auf der praktischen Ebene eine breite Basis in der Gesellschaft, jedoch ihr wirtschaftspolitisches Programm blieb weit entfernt von der Mischung aus demokratischen und sozialistischen Ideen, die von den meisten arabischen Nationalisten vertreten wurde. Die Bruderschaft wurde von Händlern aus dem Mittelstand und von Landeigentümern geprägt, und verband Wohltätigkeitsbeziehungen, die sich über die verschiedenen Klassen erstreckten. Es funktionierte „wie eine Parallelgesellschaft: reichere Mitglieder versorgten durch ihre Spenden ärmere mit Essen, Medizin und Bekleidung" (Hansen 2012). In Ägypten wie in Syrien verstärkte die Bruderschaft Privateigentum und Beziehungen zu Unternehmen, in Übereinstimmung mit der wirtschaftlichen Agenda ihrer westlichen Förderer. Madga Kandil vom Ägyptischen Zentrum für wirtschaftliche Studien sagte über die ägyptische Bruderschaft: „Man kann ihre Wirtschaftsplattform leicht mit der früherer (Militär)Regime verwechseln: privat betriebenes Wachstum, freie Marktwirtschaft, schlanker Staat, Stärkung des privaten Sektors. Der große Unterschied ist, von welchem privaten Sektor man redet" (Hansen 2012).

Die Bruderschaft behauptet, alle sunnitischen Moslems zu vertreten, tut das aber sicher nicht. In den 1980er Jahren bestand die politische Strategie der Bruderschaft im sunnitisch dominierten Palästina zum Beispiel (wie auch in Ägypten) zunächst in der Umwandlung der palästinensischen Gesellschaft in eine islamistische Gesellschaft, um im zweiten Schritt den heiligen Kampf gegen Israel zu führen. Dies bedeutete: der Kampf gegen nationalistische Palästinenser genoss Vorrang vor der Bekämpfung der Besatzungsmacht. Obwohl die palästinensische Gesellschaft sehr religiös ist, zeigten doch Umfragen, dass 90% der palästinensischen Bevölkerung die Ziele der vereinenden nationalistischen PLO bevorzugen (Shadid 1988: 677-680). Andere sunnitische islamische Gruppen, wie der Islamische Dschihad, blieben innerhalb der PLO und unterhielten starke Beziehungen über sunnitisch-schiitische Grenzen hinweg, darunter auch mit der Hisbollah und dem Iran (Shadid 1988: 677). Israel wiederum war sich im Klaren über die Strategie der Bruderschaft und betrachtete solche internen Spaltungen als Vorteil. Israel erkannte, dass „jeder Erfolg der Bruderschaft zu Lasten der Nationalisten [PLO] gehen würde, was letztere logischerweise schwächen wird“. Ein Ergebnis war, dass „die Bruderschaft weniger grob [von den Israelis] behandelt wurde, als die Nationalisten“ (Shadid 1988: 674-675).

Islamisten können auf Umfrageergebnisse verweisen, die eine starke Unterstützung für das Gesetz des Islam in der Region aufzeigt. Große Mehrheiten in vielen Ländern (z.B. 74% in Ägypten, 89% in den palästinensischen Territorien) unterstützen die Forderung nach der Scharia als „dem offiziellen Gesetz des Landes“. Die gleichen Umfragen zeigen aber auch ähnlich große Mehrheiten zur Unterstützung der freien Religionsausübung für Menschen anderen Glaubens. Das steht im Widerspruch mit der teuflischen und sektiererischen ‘Takfir‘-Idee der Salafisten. Dieser faktische Anti-Salafismus wird teilweise darin begründet, dass die Scharia nur für Moslems angewandt werden sollte, teilweise darin, dass es eine breit gefächerte Meinung darüber gibt, was Scharia-Gesetze bedeuten und teilweise auch auf Grund von Differenzen hinsichtlich der Rolle, die religiöse Führer in der Politik spielen sollen (Pew Research Centre 2013:9). Eine große Mehrheit der Moslems in den meisten Ländern (z.B. 67% in Ägypten, 67% in Tunesien, 68% im Irak) ist besorgt über extremistische Gruppen, und ganz besonders über Islamistische Extremisten (Pew Research Centre 2013: 11).

Eine Meinungsumfrage aus dem Jahre 2015 zeigt auf, dass wenige Palästinenser Sympathien für die salafistische Bewegungen (einschließlich ISIS) hegen, die im Gaza-Gebiet entstanden sind. Die Umfrage des JMCC zeigt, dass 3,8% der Palästinenser „sehr sympathisierend“ gegenüber diesen extremen Sekten gegenüber eingestellt waren, 17,8% „gemäßigt sympathisierend und 64,9% ablehnend“ (71,1% ablehnend in Gaza) (JMCC 2015). Das zeigt, dass Angriffe der Salafisten auf Ungläubige wenig Unterstützung unter Moslems finden.

Dennoch hat das Sektierertum der Bruderschaft von Anfang an Minderheiten besorgt gemacht - also alle nicht salafistischen Moslems (die meisten davon Sunniten, ebenso wie Schiiten und Alawiten), Christen, Drusen und andere Gruppen. Minderheiten fühlen sich schon länger in einer ‚prekären‘ Situation in Anbetracht der diskriminierenden und bedrohlichen Ansätze der Moslembruderschaft (Hourani 1947: 21-25).

Die imperialen Mächte haben den Einfluss dieses Sektierertums anerkannt, indem sie gelegentliche Bündnisse mit der Bruderschaft eingegangen sind, da sie „die älteste, größte und einflussreichste Islamisten-Organisation ist“. Natürlich ist ihnen klar, dass die Bruderschaft Teile des hässlichsten Sektierertums beinhaltet. Es kommt jedoch aus Sicht der USA darauf an, dass „es eine Strömung innerhalb der Bruderschaft gibt, die gewillt ist, sich mit den Vereinten Staaten zu verbünden“. Um möglicherweise die Beziehung appetitlicher zu machen, wird argumentiert oder erfunden, dass „diese Strömung einen großen Teil der Bruderschaft in Richtung auf eine Mäßigung gelenkt hat“ (Leiken and Brooke 2007: 107). „Politiker sollten anerkennen, dass die Moslembruderschaft eine bemerkenswerte Gelegenheit darstellt“. Dieser Ansatz entspricht dem ‚teile und herrsche‘-Prinzip und wendet einen ‚von Fall zu Fall‘-Ansatz für das Engagement mit den Islamisten der Bruderschaft an (Leiken and Brooke 2007: 121). Der Ansatz demonstriert auch die anhaltende Anziehungskraft der Bruderschaft für eine hegemoniale Strategie.

6.2 Die Dschihadisten des Imperiums in Syrien

Als der ‚Arabische Frühling‘ in Tunesien ausbrach, dann in Ägypten und Libyen, profitierten salafistische Gruppen und die Moslembruderschaft von diesen Veränderungen. Syrien erlebte daraufhin einen weiteren bewaffneten islamistischen Aufstand, getarnt unter politischen Reformprotesten.

Der Gedanke an eine ‚moderate‘ Moslembruderschaft, die uneins ist mit den gewalttätigen Dschihadisten, findet Anklang in einigen westlichen Aufsätzen (z.B. Leiken and Brooke 2007: 107), wird aber wenig bestätigt durch die syrischen Erfahrungen. Tatsächlich waren die extremen 'Takfir'-Ideen, nach denen Andersgläubige angegriffen und getötet werden dürfen (al-Amin 2012) von Anfang an Teil der Doktrin der Bruderschaft in Syrien, mindestens aber seit den späten 1970er Jahren. Diese Ideen waren durch die saudisch-wahabitischen Sponsoren des Aufstandes im Jahr 2011 gefördert worden, und scheinen im größten Teil der bewaffneten Gruppen stark verwurzelt zu sein. Trotz einiger Umbesetzungen war die Führung sowohl der Exilpolitik der ‚Revolution' als auch des Obersten Militärrates der ‚Freien Syrischen Armee' fest in den Händen von Salafisten-Gruppen, dominiert von der Bruderschaft (Barkan 2013: 5).

Was ist typisch für die Moslembruderschaft Syriens? Sie hat ihre eigene Geschichte und Charakteristik. Dennoch waren sämtliche veröffentlichten Positionen eng mit denen der ägyptischen Bruderschaft verbunden, auch während der kurzen Zeit der Regierungsführung der Bruderschaft in Kairo (Draitser 2012). Die Bruderschaft kam aus Ägypten nach Syrien und entwickelte sich in den späten 1940er Jahren zu einer parlamentarischen Bewegung, begann dann aber in den 1960er Jahren die alawitischen Führer der Ba'ath-Partei als Ketzer anzugreifen, die Moslems nicht repräsentieren könnten. Von da an begann die Bruderschaft Kämpfe mit der säkularen Regierung zu führen. (Teitelbaum 2004: 135; 154). Die Bruderschaft präsentiert ihre Vertreter als „die natürlichen Sprecher der sunnitischen Gemeinschaft" und versucht, ihre Konflikte mit der Regierung der Ba'ath Partei als „einen Konflikt zwischen Sunniten und Alawiten" darzustellen. Aber nach Meinung von Batatu war es nie der religiöse Glaube der Sunniten, der durch die Ba'ath-Partei in Gefahr war, sondern es waren die „sozialen Interessen der oberen und mittleren Elemente der Klasse der Landbesitzer, Händler und Produzenten" … die sich Vorteile durch die Bruderschaft versprachen (Batatu 1982: 13).

Das Programm der Bruderschaft, wie das in der Mutterpartei in Ägypten, betont [wirtschaftliche] Freiheiten und den Transfer von Staatsunternehmen in private Hand, was zusammenpasst mit „der Aussicht und den Interessen der urbanen Klasse der sunnitischen Händler und Produzenten" (Batatu 1982: 13-14). Arabische und syrische säkulare Politiker bevorzugen einen starken staatlichen Sektor.

Die Bruderschaft war in den frühen 1960er Jahren unbedeutend geworden, als es eine kurze Union zwischen Ägypten und Syrien gab (die Vereinten Arabischen Republiken - UAR)); eine Gemeinschaft mit einer Verfassung, die „eine erstaunliche Kombination von ... [Ideen] zusätzlich zu nationalistischen und religiösen Elementen enthielt - Marxistischer Sozialismus, Seite an Seite mit Ägyptens Revolution, arabischer Nationalismus mit Internationalismus, säkulare Politik mit islamischen Regeln“ (Najjar 1968: 184). Jedoch war der Islam in der UAR nicht zur Staatsreligion erklärt worden (Parker 1962: 19), und sollte auch nicht in die syrische Verfassung einfließen. Die UAR brach nach kurzer Zeit auseinander. Hafiz al-Assad, der 1971 syrischer Präsident wurde, hielt den Islam aus der syrischen Verfassung fern, stimmte aber einem Kompromiss mit den Führern der Bruderschaft zu, dass der Staatschef ein Moslem sein müsse. Im Jahr 1972 erreichte er, dass ein hoher irakischer Kleriker Alawiten als einen Zweig der Schiitischen Gemeinschaft anerkannte. Trotzdem sieht die Bruderschaft Hafiz und die Alawiten weiterhin als Ungläubige an (Talhamy 2009: 566-7). Die Ba'ath-Regierung fügte eine Art ökumenischen Pluralismus in die Verfassung ein, wodurch alle Religionen anerkannt wurden, d.h. alle Arten von Moslems, Christen, Drusen und weitere Richtungen. Dieses System wurde durch einen Großmufti überwacht, einen führenden und respektierten islamischen Schriftgelehrten, sowie durch einen Minister für das religiöse Erbe.

Die Opposition der Bruderschaft gegen die Regierung der Ba'ath-Partei und ihren religiösen Pluralismus nahm Ende der 1970er Jahre an Gewalttätigkeit zu (Batatu 1982: 19-20). Trotz ihrer engstirnigen Doktrin nimmt man an, dass sie durch die iranische Islamische Revolution von 1979 inspiriert worden war, auch wenn diese von Schiiten ausgegangen war, und dass der Iran gegen das säkulare Syrien helfen würde.

Die Bruderschaft erhielt jedoch keinerlei Antwort vom iranischen Führer Ayatollah Ruhullah al-Khomeini (Batatu 1982: 13). Kurz darauf betonte Sa'id Hawwa, der Chef-Ideologe der Bruderschaft „dass die Sunniten die wahren Moslems sind, was die Spaltung zwischen den moslemischen Brüdern und dem Iran vergrößerte“ (Talkhamy 2009: 570); Batatu 1982: 13). Diese anti-schiitische Haltung verband sich mit der wahhabitischen

Theorie einer Bedrohung durch Iran, Syrien, Hisbollah und durch Schiiten im Allgemeinen, worin ein Versuch zu erkennen war, „die Ängste vor einer möglichen schiitischen Übernahme durch Syrien und durch andere sunnitische Staaten zu schüren“ (Talhamy 2009: 579).

Aufgrund des tief in der Bevölkerung verankerten [säkularen] Ba'ath-Systems, und eines Verbots der Bruderschaft wegen ihrer gewalttätigen Angriffe und aufgrund der Haltung des Präsidenten Hafiz al-Assad, der wenig zusätzliche Konzessionen machte, begann das sektiererische Netzwerk sodann eine Serie von blutigen Aufständen. Das ‚Takfir‘-Denken der Gruppe wurde 1979 demonstriert, als sie eine Serie von Angriffen auf Alawiten und Regierungsbeamte begann. So unternahmen sie z.B. ein Massaker an mehreren Dutzend jungen alawitischen Kadetten in einer Militärschule in Aleppo (Seale 1988: 325). Die Regierung inhaftierte und exekutierte viele Mitglieder der Bruderschaft, und beschuldigte die Gruppe, im Sinne von Israel und den USA zu agieren. Im April 1980 starben mehr als tausend Menschen während bewaffneter Zusammenstöße in Aleppo (Seale 1988: 328; Talhamy 2009: 567). In Kapitel 4 hatte ich über den gescheiterten letzten Aufstand in Hama berichtet.

Der Aufstieg einer ‚Freien Syrischen Armee (FSA)‘ im Jahr 2011 - die nie eine Armee mit einem Zentralkommando war, sondern eher eine lose von Geldgebern und Waffenlieferanten koordinierte Gruppe - wurde in den meisten westlichen Berichten unzutreffend dargestellt als eine logische Weiterentwicklung aus den zivilen Protestmärschen in Kombination mit lokalen Selbstverteidigungseinheiten. Tatsächlich war es aber in vielerlei Hinsicht das Wiederaufleben der Kämpfe der Bruderschaft nach ihrer großen Niederlage in Hama vor neunundzwanzig Jahren. Im Jahr 2011 wurde jedoch die salafistisch-dschihadistische Komponente außerhalb von Syrien heruntergespielt, und wenn diese Einflüsse doch zugegeben wurden, versuchte man, das Sektierertum der Regierung in die Schuhe zu schieben. Ein US-Politikberater gestand ein: „Der syrische Konflikt begann als eine säkulare Revolte gegen die Autokratie. Seit der Konflikt sich jedoch in die Länge zieht ... gibt es eine kleine aber wachsende Dschihadisten-Präsenz in Syrien ... [Präsident] Assad hat die Bedrohung durch

Dschihadisten innerhalb der Opposition genutzt, um Unterstützung für das Regime aufzubauen" (O'Bagy 2012).

In ähnlicher Weise behauptet ein anderer US-Bericht aus dem Jahre 2012: „Der größte Teil der oppositionellen Kämpfer sind legitime Nationalisten, die für die Freiheit und die Errichtung eines Demokratischen Staates kämpfen ... die meisten Mitglieder der FSA sind eher fromm als Islamisten und nicht durch Sektierertum motiviert" (Benotman and Naseraldin 2012: 1). Trotzdem stuft dieser Bericht die folgenden Gruppen der FSA auf Grund ihres Versuchs, einen Islamischen Staat zu errichten, als Dschihadisten ein: Jabhat al-Nusra (al-Nusra Front), Liwaa' al-Ummah (Brigade der Nation), Sukur al-Sham (Falken des Levante), al-Dawla al Islamiyya (der Islamische Staat) und Ahrar al-Sham (Benotman and Naseraldin 2012:2).

Wo war diese ‚große Mehrheit' von säkularen Nationalisten? Die mit den USA verbundene ‚International Crisis Group (ICG)' (ICG 2012) stellte fest, „die Präsenz einer mächtigen salafistischen Basis in Syriens Rebellenkreisen ist unstrittig vorhanden". Die ICG sprach von einer ‚moderaten islamischen Tradition' und vermutete, dass zwei Gruppen, die „noch eine feste Ideologie entwickeln müssen", säkular sein könnten: die ‚Farouq' Brigade und die ‚Khalid bin Walid' Brigade, beide aus Homs (ICG 2012: i, 6; auch Abouzeid 2012). Sie waren allerdings die Hauptkräfte, die Teile des alten Zentrums von Homs zwischen 2011 und 2012 besetzt hatten. Die Farouq-Brigade wuchs zu diesem Zeitpunkt des Konfliktes zur größten einzelnen Rebellengruppe (Holliday 2012: 21-22). Das Wall Street Journal nannte die Farouq-Brigade „fromme Sunniten", statt Islamisten (Malas 2013). In ihren englischsprachigen Presseerklärungen distanzierten sie sich von mit Al-Kaida verbundenen Gruppen, um nicht die westliche Unterstützung zu verlieren, aber in Syrien trugen sie die schwarzen shahada-Stirnbänder im Al-Kaida-Stil, und oft Bärte wie die Salafisten (Channel4News 2012). Die BBC nannte Farouq „moderate Islamisten", und vermutete, dass sie ihren Islamismus übertrieben, „um finanzielle Unterstützung aus den Golfstaaten zu erhalten" (Marcus 2013).

Dieses moderate Image war vielleicht Wunschdenken. Mortada beobachtet, dass „der größte Teil der Mitglieder des al-Farouq-Bataillons Salafisten waren, bewaffnet und bezahlt durch Saudi-Arabien, während das „Khalid Ibn al Walid Bataillon der Moslembruderschaft gegenüber loyal ist, und von ihr unterstützt wird" (Mortada 2012). Anfang April wurde das Farouq-Battalion beschuldigt ‚Dschizya'[14] einzusammeln, also eine Art Steuer von ‚Ungläubigen' in den christlichen Gebieten der Provinz Homs zu erheben, die unter moslemischer Herrschaft leben (Al-Haqiqah 2012; Holliday 2012:27) Anwohner von Homs hörten, wie die Farouq Schlachtrufe skandierten, die einen Genozid befürchten ließen wie „Christen nach Beirut, Alawiten ins Grab" (Blanford 2011). Quellen in der Christlich-Orthodoxen Kirche beschuldigten die Farouq-Gruppe Anfang 2012 großangelegter ethnischer Säuberungen von zehntausenden Christen in Homs (Agenzia Fides 2012). Farouq wurde von ausländischen Sympathisanten verteidigt, und einige behaupteten, dass die Christen Homs lediglich wegen der Kämpfe verlassen hätten (Al Tamimi 2012). Das wäre glaubhafter gewesen, wenn die moslemische Bevölkerung in gleichen Größenordnungen das Gebiet verlassen hätte, was aber nicht der Fall war. Farouq wird bewiesenermaßen beschuldigt, ein Krankenhaus in Kusseir gesprengt, und dabei islamistische Gesänge wie: „Allahu Akhbar" skandiert zu haben (0xnevvg3n22 2012). Unterstützer stellten die Videoaufnehmen ins Internet und beschuldigten ‚das Regime', das Krankenhaus bombardiert zu haben (SyrianDaysOfRage 2012). Die syrische Armee ist aber eher weniger bekannt dafür, islamistische Schlachtrufe zu skandieren. Es war der ehemalige Farouk-Kommandeur, Khalid al Hamad, der in einem Video bei dem obszönen Versuch gezeigt wurde, das Herz eines toten syrischen Soldaten zu essen (Greenfield 2013b). Die Gruppe von Khalid Ibn al-Walid ist vermutlich auch verantwortlich für den Missbrauch eines Kindes, das gezwungen wurde, Gefangene in Homs zu enthaupten (HRI 2012). Diese Leute kann man schwerlich als ‚moderate Rebellen' bezeichnen.

Es gab in den ersten Monaten eine ganze Reihe anderer salafistisch-dschihadistischer Gruppen wie Umar al-Khattab, Ali Ibn bi-Taleb, Abu Bakr al-Siddiq Rijal Allah, die Ali Ibn Abi-Taleb Brigade, Reef Dimashq Märtyrer, al-Radeef al-Thawri (Mortada 2012), und verschiedene auslän-

---

14 Die Erhebung dieser Steuer von der unterworfenen nicht-muslimischen Bevölkerung.

dische Salafisten und Deobandi-Gruppen, darunter die ‚Libyan Islamic Fighting Group' und die pakistanischen Taliban.

Es ist bemerkenswert, dass keiner der Vertreter einer ‚säkularen FSA'-Theorie in der Lage ist, irgendwelche dieser Gruppen beim Namen zu nennen. Im Jahr 2013 gab die New York Times zu, dass „es nirgendwo im von Rebellen kontrollierten Syrien eine säkulare Kampfgruppe gibt, die erwähnenswert wäre" (Hubbard 2013).

Eine bemerkenswerte Eigenschaft des syrischen Konfliktes war die groß angelegte Beteiligung ausländischer salafistischer Dschihadisten, besonders von 2012 an, die aus einer Reihe von Ländern kamen, wie z.B. Saudi-Arabien, Libyen, Tunesien, dem Jemen, Irak, Tschetschenien, Pakistan und aus verschiedenen Teilen Europas (Komireddi 2012, Gertz 2013, Kern 2013). Dieser Faktor unterstreicht die Tatsache, dass der Konflikt nicht einfach eine nationale Auseinandersetzung, oder ein ‚Bürgerkrieg' war. Die salafistischen Kräfte und die der Bruderschaft waren in der Lage, ihre Angriffe auszudehnen, weil sie über die Unterstützung von tausenden von ausländischen Kämpfern verfügten, die meisten bezahlt von Katar und Saudi-Arabien, trainiert in Jordanien und in der Türkei (Draitser 2013). Eigentlich waren die syrischen Islamisten Anfang 2012 besiegt, aber sie wurden von vielen tausenden ausländischen Dschihadisten erneut verstärkt, die meisten von ihnen über die Türkei ins Land geschleust.

In diesem schmutzigen Krieg waren die ausländischen Mächte nicht direkt Kriegsteilnehmer; die meisten agierten als Geldgeber, Ausbilder oder Waffenlieferanten für ihre islamistischen Stellvertreterarmeen. Die USA, die britische und die französische Regierung versuchten, die syrische Regierung zu isolieren und sukzessive nicht gewählte Exilgruppen als ‚legitime Vertreter' des syrischen Volkes aufzubauen (Barkan 2013).[15] Und gemeinsam mit regionalen Kollaborateuren, besonders der Türkei, Katar und Saudi-Arabien, finanzierten und bewaffneten sie verschiedene Gruppen. Die Türkei stellte Ausbildungslager zur Verfügung und einen Stützpunkt für Angriffe gegen das nördliche Syrien (Edmonds 2013). Katar finanzierte

[15] Auch die deutsche Regierung war daran beteiligt. http://www.ag-friedensforschung.de/regionen/Syrien/berlin.html

die Bruderschaft und stellte über die Türkei Waffen zur Verfügung, rekrutierte ausländische Kämpfer, zum Beispiel aus dem Jemen, die von US-Spezialkräften in Katar ausgebildet werden, bevor sie nach Syrien geschickt wurden (Al Alam 2013a).

Saudi-Arabien, das den Aufstand von Beginn an im März 2011 mit Waffen versorgt hat, unterstützte verschiedene ausländische Gruppen, einschließlich der pakistanischen Taliban (Press TV 2013). Die Rolle Israels war kryptisch, zumindest bis 2013, als der zionistische Staat mehrere Raketenangriffe gegen Syrien durchführte (Gordon 2013). Anschließend lieferte Israel medizinische Versorgung und Ausrüstung für islamistische Kämpfer über die Golan-Grenze (Israel Today 2013). Es ist klar, dass Israel den Sturz von Präsident Bashar al-Assad unterstützt. Im Jahr 2012 verwies Generalmajor Yair Golan, Befehlshaber von Israels nördlichem Kommando auf Syriens hervorragenden Verbündeten im Süd-Libanon, die Hisbollah: „Ich wäre sehr glücklich, wenn Assad abdanken würde“ (Hayom 2012). Der zionistische Staat hat Mitteilungen veröffentlicht, die man als „Nebelkerzen“ ansehen kann, indem er behauptete, Assad den Islamisten vorzuziehen (Times of Israel 2013). Aber das stimmt nicht überein mit der weiter verbreiteten Befürchtung einer ‚Achse des Bösen‘ zwischen dem Iran, Syrien und der Hisbollah (Hayom 2013). Hochgestellte israelische Beamte aus dem Sicherheitsbereich schufen Klarheit, indem sie sagten, dass „eine Kontrolle von Al-Kaida über Syrien einem Sieg Assads über die Rebellen vorzuziehen wäre“ (Pontz 2013; BICOM 2013). Es gibt Berichte, dass Israel Waffen an Saudi-Arabien verkauft zur Weiterverwendung durch ihre Hilfstruppen in Syrien (Alalam 2013b). Auch wenn sowohl die Gruppen vom Typ Al-Kaida als auch das säkulare Syrien von Israel als Feinde angesehen werden, so betrachte man die untereinander zerstrittenen sektiererischen Extremisten dennoch als das geringere Risiko gegenüber einem organisierten und disziplinierten Block, der sich vom Libanon über Syrien zum Iran hin zieht. Israel ist besessen davon, diese Verbindung zu zerschlagen.

Im November 2012, nur wenig mehr als sechs Monate nachdem die von den USA gesteuerte Gruppe ‚Freunde Syriens‘ den ‚Syrischen Nationalrat (SNC)‘ im Exil als legitimen Vertreter des syrischen Volkes anerkannt hatte, war diese Gruppe degradiert worden zu einem bloßen Bestandteil der ‚National Coalition of Syrian Revolutionary and Opposition Forces' (Barkan 2013: 1, 4). Eines der Ziele der ausländischen Mächte war angeblich, die Vorherrschaft der Moslembruderschaft einzuschränken. Aber die Bruderschaft erreichte trotzdem die Vorherrschaft sowohl in dieser neuen Koalition als auch im ‚Supreme Military Command (SMC)' der FSA (Draitser 2012).

Die SMC sollte Einfluss gewinnen, indem sie zum Hauptkanal für Waffenlieferungen gemacht wurde. Zwei Drittel der 30 Mitglieder dieses ‚Militärkommandos' waren angeblich mit der Bruderschaft verbunden, und agierten gemeinsam mit anderen unabhängigen salafistischen Islamisten (Barkan 2013: 5). Diese FSA-SMC Gruppierung beinhaltete nicht Jabhat al-Nusra, die Salafistengruppe, von der gesagt wird, dass sie der ‚offizielle' Al-Kaida-Ableger in Syrien sei. Es gibt eindeutig eine beträchtliche Unterstützung unter den FSA-Gruppen für al-Nusra. Als die USA im Jahr 2012 al-Nusra zur Terrororganisation erklärten, kamen FSA-Kämpfer ihr zu Hilfe: neunundzwanzig Gruppen erklärten: ‚wir sind alle al-Nusra' (Cockburn 2012). Es gibt deshalb lose und manchmal zerstrittene Allianzen zwischen den salafistischen Kämpfern. Im Gegensatz hierzu erklärte die libanesische schiitische Partei Hisbollah, nachdem sie in den Krieg in Kusseir eingestiegen war, dass praktisch alle diese islamistischen Gruppen 'dem ‚Takfir'-Grundsatz anhingen oder sektiererische Mörder seien (Daily Star 2013).

Im Jahr 2013 wurde der General Salim Idriss an die Spitze der SMC berufen. Er war der Führer der FSA, in den Washington bereit war, etwas Vertrauen zu investieren (Greenfield 2013a). Idriss machte einige schwache Versuche, sich selbst von al Nusra zu distanzieren, gab aber zu, dass [mindestens] 50% der Rebellen Islamisten seien, und dass er ‚an der Seite' von al-Nusra arbeiten könnte (Greenfield 2013a). Trotz Vermutungen über Machtkämpfe zwischen ‚moderaten' FSA Kämpfern und Extremisten hat doch eine Reihe von Berichten festgestellt, dass erstens die islamistischen Kämpfer dominieren, und dass zweitens die Moslembruderschaft zur ‚führenden, vom Westen gebilligten Kraft' in der Region aufgestiegen war, und auf diese Weise sowohl den SCN als auch den SMC unter Kontrolle hat (Draitser 2012; Barkan 2013).

Die Trennung von Jabhat al-Nusra und seinem expansionistischen Flügel aus dem Irak, den Islamischen Staat im Irak und der Levante (ISIS, ISIL oder DAESH), schien eine Spaltung zwischen der FSA und der ISIS anzudeuten. Diese Entwicklung lässt sich jedoch besser verstehen als ein gescheiterter Versuch, sich zu vereinen. Vielleicht scheiterte der Versuch an lokalen Rivalitäten, aber auch an dem Wunsch Saudi-Arabiens, die Macht jeder einzelnen Gruppe zu beschränken.

Die Übernahme von Teilen des Irak durch ISIS und das Umschwenken Washingtons in Richtung auf eine ‚Intervention zum Schutz', zog die Aufmerksam auf diese ‚neue' Gruppe vom Typ der Super-Dschihadisten. Tatsächlich hatte ISIS ihr schmutziges Geschäft schon seit 2006 im Irak betrieben. Die Extremistengruppe ersetzte al-Nusra und die Reste der FSA in Teilen Syriens. Trotz des Machtgerangels arbeiteten die Gruppen jedoch eng zusammen, um gegen die Syrische Armee zu kämpfen. So kämpften Mitte bis Ende 2013 Gruppen der FSA, angeführt von Oberst Abdul Jabbar al-Okaidi und ISIS-Truppen, geführt von dem Ägypter Abu Jandal und dem durch die USA ausgebildeten Georgier Abu Omar al-Shishani über Monate zusammen gegen die Syrische Arabische Armee, bevor sie die Luftwaffenbasis Menagh in Aleppo einnahmen (EretzZen 2014, Hoff 2015). Die Rivalität zwischen den Gruppen bestand wohl eher aus lokalen Machtkämpfen als aus ideologischen Unterschieden.

Als Mitte 2014 Washington mit dem Einverständnis der Regierung des Irak seine ‚Anti-ISIS' Koalition gründete (Drennan 2014), gelang es ihr, mit dem Militär einen ‚Fuß in die Tür' des östlichen Syrien zu setzen, ohne dafür das Einverständnis der Regierung Syriens zu erhalten. Aber schon bald wurde klar, dass es nur einen sehr begrenzten Willen gab, ISIS in Syrien oder dem Irak anzugreifen. Die Luftwaffe der USA und ihrer Partner wurden zwar gegen ISIS im nördlichen Teil beider Länder eingesetzt, die kurdisch besiedelt sind, aber in keiner Weise, als ISIS in Richtung der Syrischen Armee marschierte, wie im Fall von Deir eZorr und Palmyra. Es handelte sich um eine ‚Viehtreiber'-Operation, mit der die Fanatiker weggetrieben wurden von Gebieten, in denen die USA Vereinbarungen über eine Zusammenarbeit geschlossen hatten (insbesondere mit Elementen der kurdischen Führung); die den Fanatikern aber freie Hand ließen, im Osten Syriens Boden zu erobern und Basen zu errichten. Ein syrisch-amerikanischer Analyst beobachtete: „Während ISIS keine der kurdischen Kräfte oder Rebellen angreifen konnte, ohne dass die ‚Anti-ISIS Koalition' sich eingemischt hätte, konnte ISIS vollkommen unbehelligt in die von der Armee Syriens kontrollierten Gebiete einmarschieren, ohne dass ihre Konvois von einem einzigen ‚Anti-ISIS-Koalitions'-Flugzeug angegriffen wurden, und ohne dass die syrische Luftwaffe vor der Bedrohung durch die ISIS informiert worden wäre" (Fadel 2015b).

Zusätzlich scheint es eine Koordination mit der Folge von gleichzeitigen Offensiven zwischen der ISIS im Osten (gegen Palmyra, Ost Homs und Deir eZorr) und der Jabhat al-Nusra geführten ‚Army of Conquest' im Westen gegeben zu haben (Fadel 2015b). Die zuletzt erwähnte Gruppe drang von der Türkei aus ein und besetzte Mitte 2015 in mehreren aufeinander folgenden Wellen den größten Teil von Idlib. Solche Zweifrontenkriege mit US-Waffen erreichten, dass die Armee Syriens sich aufteilen musste.

Wie ich in Kapitel 12 ausführe, liefen die meisten FSA-Gruppen zu al-Nusra oder ISIS über, vermutlich auf Grund besserer Soldangebote. Bereits im Jahr 2013 hatte ein anti-syrisch eingestellter britischer Journalist beobachtet, dass die ‚Freie Syrische Armee' „zu einem weitgehend kriminellen Unternehmen geworden war. Die Anführer wurden so gut bezahlt, dass einige kein Interesse am Ende des Krieges hatten" (Scherlock 2013). Das lässt die Frage aufkommen, bis zu welchem Grad diese ‚Dschihadisten' einfach nur Söldner waren, und nicht so sehr religiöse Fanatiker. Ich fragte Ende 2013 in Syriens Ministerium für Versöhnung (Musalaha) einen hochgestellten syrischen Beamten nach der Motivation von Söldnern. Er sagte mir, dass einige der Anführer der Dschihadisten religiös eingestellt seien, andere nicht. Jedoch auch wenn die Motivation, Söldner zu werden hoch sei, so meinte er dennoch: „wir können den Einfluss von im wahrsten Sinne des Wortes hunderten von [Fernseh- und Radio] Sendern am Golf, die diese [dschihadistisch-extremistischen] Ideen verbreiten, nicht außer Acht lassen". Es scheint als ob religiöse Ideologie, wie barbarisch sie auch sein mag, wichtig bleibt, viele Männer als Fußsoldaten für das Imperium zu rekrutieren.

Quellen:

Abouzeid, Rania (2012) 'Syria's Up-and-Coming Rebels: Who Are the Farouq Brigades?' Time, 5 October, online: http://world.time.com/2012/10/05/syrias-up-and-coming-rebels-who-are-the-farouq-brigades-2/

AFP (2014) 'ISIS, Syria rebel group sign pact of 'non-aggression', Al Arabiya, 13 September, online: http://english.alarabiya.net/en/News/middle-east/2014/09/13/ISIS-signs-non-aggression-pact-with-Syrian-group.html

Agenzia Fides (2012) 'Abuse of the opposition forces, "ethnic cleansing" of Christians in Homs, where Jesuits remains', 21 March, online: http://www.fides.org/en/news/31228?idnews=31228&lan=eng#.Ufjy7qz4l64

Akhavi, Shahrough (1992) 'The Clergy's Concept of Rule in Egypt and Iran', Annals of the American Academy of Political and Social Science, Vol. 524, Political Islam, November, 92-102

Al Alam (2013a) 'Qatar intelligence chief dies of wounds in Somalia', 7 May: http://en.alalam.ir/news/1472130

Al Alam (2013b) 'Israel, Saudi Arabia ink deal to arm Syria militants', 25 July, online: http://en.alalam.ir/news/1498344

al-Amin, Ibrahim (2012) 'The Age of the New Takfiris', Al Akhbar, 21 August, online: http://english.al-akhbar.com/node/11321

Al Hamadee, Mousab and Roy Gutman (2014) '1,000 Syrian rebels defect to Islamic State in sign it's still strengthening', McClatchy DC, 8 July, online: http://www.mcclatchydc.com/news/nation-world/world/middle-east/article24770164.html

Al-Haqiqah (2012) 'Farouq Battalion imposes Islamic Tax on villages in "Nasserite Valley"; Muslims in Baba Amr take refuge with Christians', Al-Haqiqah Website in Arabic, April 9, 2012. http://www.syriatruth.info

Al-Shaqfa, Muhammad Riyad (2011) 'Muslim Brotherhood Statement about the so-called 'Syrian Revolution'', General supervisor for the Syrian Muslim Brotherhood, statement of 28 March, online at: http://truthsyria.wordpress.com/2012/02/12/muslim-brotherhood-statement-about-the-so-called-syrian-revolution/

Al Tamimi, Aymenn (2012) 'Christians in Syria: Separating Fact from Fiction', The Henry Jackson Society, Middle East Forum, November, online: http://www.meforum.org/3377/christians-in-syria

Ayoob, Mohammed (1979) 'Two faces of Political Islam: Iran and Pakistan Compared', Asian Survey, Vol. 19, No. 6, June, 535-546

Ayoob, Mohammed (2005) 'The future of political Islam: the importance of external variables', International Affairs (Royal Institute of International Affairs 1944-), Vol 81, No 5, October, 951-961

Baktiari, Bahman and Augustus Richard Norton (2005) 'Voices within Islam: four perspectives on tolerance and diversity', Current History, January, 37-45

Barkan, L. (2013) 'Syrian Opposition Forms Political Coalition, Joint Military Council Following Foreign Pressure', Middle East Media Research Institute (MEMRI), Inquiry & Analysis Series Report No. 919, January 14, online: http://www.memri.org/report/en/print6931.htm

Batatu, Hanna (1982) 'Syria's Muslim Brethren', MERIP Reports, Middle East Research and Information project (MERIP), No 110, Syria's troubles, Nov-Dec, 12-20, 34, 36

Benotman, Noman and Emad Naseraldin (2012) 'The Jihadist Network in the Syrian Revolution, A Strategic Briefing', Quilliam Institute, 20 September, online: http://www.quilliamfoundation.org/press-releases/quilliam-releases-concept-paper-the-jihadist-network-in-the-syrian-revolution/

BICOM (2013) 'Amos Gilad: Al-Qaeda threat not as serious as Syria-Iran-Hezbollah axis', 2 April, online: http://www.bicom.org.uk/news-article/13169/

Blanford, Nicholas (2011) 'Assad regime may be gaining upper hand in Syria', Christian Science Monitor, 13 may, online: http://www.csmonitor.com/World/Middle-East/2011/0513/Assad-regime-may-be-gaining-upper-hand-in-Syria

British Embassy Cairo (1942) 'First Fortnightly Meeting with Amin Osman Pacha', 18 May, FO 141/838 (in Curtis 2012: 24)

Bulos, Nabih (2015) 'US-trained Division 30 rebels 'betray US and hand weapons over to al-Qaeda's affiliate in Syria', Telegraph, 22 September, online: http://www.telegraph.co.uk/news/worldnews/middleeast/syria/11882195/US-trained-Division-30-rebels-betrayed-US-and-hand-weapons-over-to-al-Qaedas-affiliate-in-Syria.html

Butterworth, Charles (1992) 'Political Islam: the origins', Annals of the American Academy of Political and Social Science, Vol 524, November, 26-37

Carroll, Terrance G. (1986) 'Islam and Political Community in the Arab World', International Journal of Middle East Studies, Vol. 18, No. 2 (May), pp. 185-204

Channel4News (2012) 'Inside Syria's Farouk Brigade', YouTube, 11 September, online: http://www.youtube.com/watch?v=2krSHc02MIY

Churchill, W.S. (1921) Speeches: House of Commons: Speech notes, source material and Hansard, Reference code: CHAR 9/63, speech to the House of Commons, June 14, 1921

Churchill, W.S. (1953) Triumph and Tragedy, Houghton Mifflin Harcourt, Boston

Cockburn, Patrick (2012) 'Syria: The descent into Holy War', The Independent, 16 December, online: http://www.independent.co.uk/voices/comment/syria-the-descent-into-holy-war-8420309.html

Commins, David (2006) The Wahhabi Mission and Saudi Arabia, I.B. Tauris, London

Curtis, Mark (2012) Secret Affairs: Britain's collusion with radical Islam, Serpent's Tail, London

Curzon, George Nathaniel (1899) Curzon, India and Empire: the Papers of Lord Curzon (1859-1925) from the Oriental and India Office Collections at the British Library, London

Daily Star (2013) 'Takfiri groups predominate ranks of Syrian rebels: Hezbollah', May 25, online: http://www.dailystar.com.lb/News/Politics/2013/May-25/218353-takfiri-groups-predominate-ranks-of-syrian-rebels-hezbollah.ashx#axzz2aa6nupor

Debka (2014) 'Syrian rebel Yarmouk Brigades ditch US and Israel allies, defect to ISIS', 17 December, online: http://www.debka.com/article/24301/Syrian-rebel-Yarmouk-Brigades-ditch-US-and-Israel-allies-defect-to-ISIS

Desai, Akshayakumar Ramanlal (1948) Social Background of Indian Nationalism, Popular Book Depot, Bombay

DIA (1982) 'Syria: Muslim Brotherhood Pressure Intensifies', Defence Intelligence Agency (USA), May, online: http://www.foreignpolicy.com/files/fp_uploaded_documents/DIA-Syria-MuslimBrotherhoodPressureIntensifies.pdf

Draitser, Eric (2012) 'Unmasking the Muslim Brotherhood: Syria, Egypt and beyond', Global Research, 12 December, online: http://www.globalresearch.ca/unmasking-the-muslim-brotherhood-syria-egypt-and-beyond/5315406

Draitser, Eric (2013) Saudi Arabia, Qatar and the Struggle for Influence in Syria', Global research, 9 July, online: http://www.globalresearch.ca/saudi-arabia-qatar-and-the-struggle-for-influence-in-syria/5342223

Drennan, Justine (2014) 'Who Has Contributed What in the Coalition Against the Islamic State?' Foreign Policy, 12 November, online: http://foreignpolicy.com/2014/11/12/who-has-contributed-what-in-the-coalition-against-the-islamic-state/

Edmonds, Sibel (2013) 'Uber-Neocons: The Main Architects of Post-Assad Syria at Work', Boiling Frogs, 5 May, http://www.boilingfrogspost.com/2013/05/05/uber-neocons-the-main-architects-of-post-assad-syria-at-work/

Eretz Zen (2014) 'US Key Man in Syria Worked Closely with ISIL and Jabhat al-Nusra', YouTube, 17 August, online: https://www.youtube.com/watch?v=piN_MNSis1E

Fadel, Leith (2015a) '3,000 FSA Fighters Defect to ISIS in the Qalamoun Mountains', Al Masdar, 9 January, online: http://www.almasdarnews.com/article/3000-fsa-fighters-defect-isis-qalamoun-mountains/

Fadel, Leith (2015b) 'Anti-ISIS coalition uses ISIS to Fight Assad in Favor of the Rebels', Al Masdar, 2 October, online: http://www.almasdarnews.com/article/anti-isis-coalition-uses-isis-to-fight-assad-in-favor-of-the-rebels/

Gertz, Bill (2013) 'Syria is jihad central: 6,000 terrorists flood new al Qaeda training ground', The Washington Times, 2 July, online: http://www.washingtontimes.com/news/2013/jul/2/syria-jihad-central-6000-terrorists-flood-new-al-q/?page=all

Gordon, Michael (2013) 'Israel Airstrike Targeted Advanced Missiles That Russia Sold to Syria, U.S. Says', New York Times, 13 July, online: http://www.nytimes.com/2013/07/14/world/middleeast/israel-airstrike-targeted-advanced-missiles-that-russia-sold-to-syria-us-says.html

Greenfield, Daniel (2013a) 'Obama to Rely on Syrian Leader Who Claims Al Qaeda Aren't Terrorists to Keep Weapons Out of Al Qaeda's Hands', Frontpage Mag, April 30, online: http://frontpagemag.com/2013/dgreenfield/obama-to-rely-on-syrian-leader-who-claims-al-qaeda-arent-terrorists-to-keep-our-weapons-out-of-al-qaedas-hands/

Greenfield, Daniel (2013b) 'Moderate Islamist Free Syrian Army Commander Who Ate Heart, Vows Genocide', Front Page Mag, 14 may, online: http://frontpagemag.com/2013/dgreenfield/moderate-islamist-free-syrian-army-commander-who-ate-heart-vows-mass-genocide/

Hansen, Suzy (2012) 'The Economic Vision of Egypt's Muslim Brotherhood Millionaires', Bloomberg Businessweek, 19 April, online: http://www.businessweek.com/articles/2012-04-19/the-economic-vision-of-egypts-muslim-brotherhood-millionaires

Hayom, Israel (2012) Iran, Hezbollah are 'up to their necks' in Syria, says Israeli general', Israel Hayom Blog, April 6, online: http://www.israelhayom.com/site/newsletter_article.php?id=3857

Hoff, Brad (2015) 'ISIS Leader Omar al-Shishani Fought Under U.S. Umbrella as Late as 2013', Levant report, 18 September, online: http://levantreport.com/tag/menagh-airbase/

Holliday, Joseph (2012) 'Syria's Maturing Insurgency', Middle East Security Report 5, Institute for the Study of War, June, Washington

Hourani, A.H. (1947) Minorities in the Arab World, Oxford University Press, London

HRI (2012) 'Syrian rebels use a child to behead a prisoner', Human Rights Investigations, 10 December, online: http://humanrightsinvestigations.org/2012/12/10/syrian-rebels-use-a-child-to-behead-a-prisoner/

Hubbard, Ben (2013) 'Islamist Rebels Create Dilemma on Syria Policy', New York Times, April 27, online: http://www.nytimes.com/2013/04/28/world/middleeast/islamist-rebels-gains-in-syria-create-dilemma-for-us.html?pagewanted=all&_r=0

ICG (2012) 'Tentative Jihad: Syria's Fundamentalist Opposition', International Crisis Group, 12 October, online: http://www.crisisgroup.org/~/media/Files/Middle%20East%20North%20Africa/Iraq%20Syria%20Lebanon/Syria/131-tentative-jihad-syrias-fundamentalist-opposition

Israel Today (2013) 'Israeli hospital treats Syrian rebel fighters', 17 February, online: http://www.israeltoday.co.il/NewsItem/tabid/178/nid/23683/Default.aspx

JMCC (2015) 'Poll No. 84 - August 2015 - No Presidential Successor, PNA Priorities', 1 September, online: http://www.jmcc.org/documentsandmaps.aspx?id=868

Keddie, Nikki R. (2006) Women in the Middle East: Past and Present, Princeton University Press

Kern, Soeren (2013) 'European Jihadists: The Latest Export', Gatestone Institute, 21 march, online: http://www.gatestoneinstitute.org/3634/european-jihadists

Komireddi, Kapil (2012) 'Takfiri militants from Pakistan are fighting in Syria with an anti-Semitic cause', 21 September, online: http://lubpak.com/archives/228501

Krishna, Katragadda Bala (1939) The Problem of Minorities or Communal Representation in India, George Allen And Unwin, London

Leiken, Robert S. and Steven Brooke (2007) 'The Moderate Muslim Brotherhood', Foreign Affairs, Vol. 86, No. 2 (Mar. - Apr.), 107-121

Lia, Brynjar (1998) The Society of Muslim Brothers in Egypt: the rise of an Islamic mass movement 1928-1942, Uthaca, p.181

Malas, Nour (2013) 'As Syrian Islamists Gain, It's Rebel Against Rebel', Wall Street Journal, 29 May, online: http://online.wsj.com/article/SB10001424127887323975004578499100684326558.html

Marcus, Jonathan (2013) Gruesome Syria video pinpoints West's dilemma, BBC, 14 May, online: http://www.bbc.co.uk/news/world-middle-east-22521161

MEC (2015) 'These are the Syrian rebels the West is crying for', Middle East Channel, YouTube, 10 October, online: https://www.youtube.com/watch?v=873cZakapxM

Mehta, Ashok and A. Patwardhan (1942) The Communal Triangle, Kitabistan, Allahabad

Mezzofiore, Gianluca (2015) 'Syria: Saudi-Turkish alliance backs 'Conquest Army' rebels to defeat Bashar al-Assad', 7 May, online: http://www.ibtimes.co.uk/syria-saudi-turkish-alliance-backs-conquest-army-rebels-defeat-bashar-al-assad-1500212

Mortada, Radwan (2012) Syria Alternatives (II): no homegrown solutions, Al Akhbar, 13 June, online: http://english.al-akhbar.com/content/syria-alternatives-ii-no-homegrown-solutions

Najjar, Fauzi M. (1968) 'Islam and Socialism in the United Arab Republic', Journal of Contemporary History, Vol. 3 No. 3, The Middle East, July, 183-199

O'Bagy, Elizabeth (2012) 'Jihad in Syria', Middle East Security Report 6, Institute for the Study of War, Washington, online: http://www.understandingwar.org/report/jihad-syria

0xnevvg3n22 (2012) 'Free Syrian Army Terrorist Savages Blow Up a Hospital filled with people in Homs/Syria', YouTube, 5 September, online: http://www.youtube.com/watch?v=yycouE-I7V4

Pande, B. N. (1987) 'History in the Service of Imperialism', (speech in the Indian Upper House of Parliament, the Rajya Sabha, made on 29 July 1977), online: http://www.cyberistan.org/islamic/pande.htm

Pandey, Avaneesh (2014) 'Qatar Buckles Under Pressure From Saudi Arabia, UAE; Expels Muslim Brotherhood Leaders', IBTimes, 13 September, online: http://www.ibtimes.com/qatar-buckles-under-pressure-saudi-arabia-uae-expels-muslim-brotherhood-leaders-1687906

Parker, J.S.F. (1962) 'The United Arab Republic', International Affairs (Royal Institute of International Affairs 1944-), Vol. 38 No. 1, January, 15-28

Pew Research Centre (2013) 'The World's Muslims: religion, politics and society', Pew Forum on Religion and Public Life, April 30, online: http://www.pewforum.org/Muslim/the-worlds-muslims-religion-politics-society.aspx

Pontz, Zach (2013) 'Israeli Officials: We'd Prefer Al-Qaeda-Run Syria to an Assad Victory', The Algemeiner, June 4, online: http://www.algemeiner.com/2013/06/04/israeli-officials-wed-prefer-al-qaeda-run-syria-to-an-assad-victory/

Press TV (2013) 'Pakistani Taliban set up base in Syria: Report, 31 July, online: http://www.presstv.com/detail/2013/07/12/313534/taliban-set-up-base-in-syria-report/

Roggio, Bill (2013) 'Free Syrian Army Arming Al Qaeda, ISIL Commander Claims', Transcend Media, 22 July, online: http://www.transcend.org/tms/2013/07/free-syrian-army-arming-al-qaeda-isil-commander-claims/

Seale, Patrick (1988) Asad: the struggle for the Middle East, University of California Press, Berkeley CA

Shadid, Mohammad K. (1988) 'The Muslim Brotherhood movement in the West Bank and Gaza', Third World Quarterly, Vol 10, No 2, April, 658-682

Sheikh, Naveed Shahzad (2007) The New Politics of Islam: Pan-Islamic Foreign Policy in a World of States, Routledge, Oxford

Sheikho, Youssef (2013) 'The Syrian Opposition's Muslim Brotherhood Problem', Al Akhbar English, April 10, online: http://english.al-akhbar.com/node/15492

Sherlock, Ruth (2013) 'How the Free Syrian Army became a largely criminal enterprise'. Business Insider, 30 November, online: http://www.businessinsider.com.au/how-the-free-syrian-army-became-a-largely-criminal-enterprise-2013-11

SyrianDaysOfRage (2012) (9-3-12) Qaseer | Homs | Regime Forces Bomb The Hospital', YouTube, 3 September, online: http://www.youtube.com/watch?v=fUisEPJaq9k

Talhamy, Yvette (2009) 'The Syrian Muslim Brothers and the Syrian-Iranian Relationship, Middle East Journal, Vol. 63 No. 4, Autumn, 561-580

Teitelbaum, Joshua (2004) 'The Muslim Brotherhood and the 'Struggle for Syria, 1947-1958. Between Accommodation and Ideology', Middle Eastern Studies, Vol 40, No 3, May, 134-158

Times of Israel (2013) 'Israel prefers Bashar Assad to Islamist rebels', May 18, online: http://www.timesofisrael.com/israel-prefers-assad-to-islamist-rebels/

Wikeley (1945) 'Memorandum: Anglo American Relations in Saudi Arabia', Public record office, 28 Dec 1945, FO 371/45543/E10148

Wood, Charles (1862) Wood Papers, India Office Library, MSS, Eur, F78, Charles Wood to Viceroy Lord Elgin (Governor General of India), March 3, 1862

Yigit, Dilek (2014) 'The Rivalry Between Saudi Arabia and Qatar And Its Reflections On The Middle East', Institute of Strategic Thinking, Ankara, 23 May, online: http://www.sde.org.tr/en/newsdetail/the-rivalry-between-saudi-arabia-and-qatar-and-its-reflections-on-the-middle-east/3739

Zambelis, Chris (2013) 'Royal Rivalry in the Levant: Saudi Arabia and Qatar Duel over Syria', The Jamestown Foundation, Washington, Terrorism Monitor Volume, 11 Issue: 16, online: http://www.jamestown.org/single/?tx_ttnews[tt_news]=41249&no_cache=1#.VhjFzyv9iF8

Zernike, Kate and Michael T. Kaufman (2011) 'Obituary: The Most Wanted Face of Terrorism', New York Times, May 2, online: http://www.nytimes.com/2011/05/02/world/02osama-bin-laden-obituary.html?pagewanted=all&_r=0

7. Eingebettete Medien, eingebettete Wächter

Eingebettete Massenmedien und so genannte *'Menschenrechtsorganisationen'* waren entscheidend für den Propagandakrieg gegen Syrien. Im 21. Jahrhundert ist es nicht möglich, einen anhaltenden Stellvertreterkrieg zu führen, der von der Unterstützung der Öffentlichen Meinung abhängt, ohne die Rückendeckung einer wahren Armee von Kollaborateuren zu besitzen. Aus diesem Grund hat die Pentagon-Doktrin in den letzten Jahren sehr ehrgeizige Ziele definiert, wie zum Beispiel *'Full Spectrum Dominance'*, was bedeutet, dass eine informationstechnische, wirtschaftliche, kulturelle und militärische Dominanz angestrebt wird (JCS 2000; Engdahl 2011). Medien von Mitbewerbern wurden als legitime militärische Ziele angesehen[16] (Norton-Taylor 1999) und eingebettete Kommunikationsmedien avancierten zu zentralen Verbündeten.

Während der Invasion des Irak im Jahr 2003, als westliche Journalisten in die Invasionstruppen integriert wurden, erhielt das Konzept der *'eingebetteten Journalisten'* einen größeren Bekanntheitsgrad. Sie wurden nicht nur physisch eingebettet, ihnen wurden täglich Hintergrundberichte geliefert, Sicherheitsgeleit und Kontrollen gegeben, sie wurden Regeln des Verhaltens unterworfen, und unterhielten täglich direkte Kontakte zu den imperialen Kräften. Diese Erfahrung half ihnen, die Probleme und das Leiden der Invasoren von einer menschlichen Seite zu sehen (Wells 2003). Die andere Seite konnte zu einer bloßen Zählung von Leichnamen mutieren, zur Karikatur, oder zum Feind in sicherem Abstand. Erst viel später sollten einige der Gräueltaten der Invasoren (Massaker, Vergewaltigungen, Folter) ans Tageslicht gelangen. Private Fernsehstationen begannen den Krieg in einer nie dagewesenen Weise realistisch darzustellen und zu vermenschlichen, allerdings in einer vollkommen einseitigen Art und Weise. In späteren Studien, als die betreffenden Journalisten zugaben, dass sie einen *'kleinen Ausschnitt des Konfliktes'* aufgezeigt hatten, bewahrten sie doch eine *'positive Sicht'* auf ihre Arbeit (Fahmy and Jonston 2005). Studien über die Unterschiede in der Berichterstattung von eingebetteten

[16] Mit deutscher Beteiligung wurde schon 1999 im Jugoslawienkrieg der Fernsehsender in Belgrad von der NATO bewusst bombardiert.

und nicht eingebetteten US-Journalisten zeigen, wenig überraschend, *„signifikante Unterschiede im allgemeinen Ton bezüglich des Militärs, des Vertrauens in das Militärpersonal, Rahmung der Berichte, Ansehen und Prestige des Militärs“* (Haigh et al 2006). Jenes Eingebettetsein avancierte zu einer festen Einrichtung in den Kriegen des Einundzwanzigsten Jahrhunderts. [17]

Was ist mit Vielfalt? Das Internetzeitalter eröffnete neue und potentiell vielfältige und unabhängige Informationskanäle, aber die Großmächte waren sich dessen bereits bewusst. Medienmonopole gewannen Macht durch ihre *‚dynamischen Verzahnungen‘* mit den anderen Investoren-Gruppen, um zu *„einer Koalition der Macht auf globaler Ebene“* zu werden (Bagdikian 2004: 136).

Diese Macht dehnte sich während der digitalen Ära durch *„aggressives digitales Marketing, interaktive Werbung und das Sammeln persönlicher Daten“* aus (Chester 2007). Auf diese Weise wurden *„Supermedien-Monopole“* erschaffen, die durch Webspace-Größe, Suchmaschinen und Inhalts-Interaktivität, dominieren. (Chester 2007: 145, 167-170), 182-183). Gleichzeitig erfolgte eine starke Vermehrung von Nichtregierungsorganisationen (NGO) im Internet, besonders zu Themen wie Menschenrechten und humanitären Fragen, mit einem gezielten Interesse an Missionen, die sich auf Menschenrechtsthemen bezogen. Einige dieser NGOs sind tatsächlich unabhängig, aber viele wurden gegründet, verbunden, ausgewählt und eingebettet in die Machtziele der Großmächte. Die Erschaffung von stark politisierten Stimmen der *‚Zivilgesellschaft‘* stand bereits im Zentrum der von der US-Regierung gegründeten *‚National Endowment for Democracy (NED)‘*, auf den Weg gebracht während des zweiten Kalten Krieges in den 1980er Jahren, um vordergründig unpolitische Gruppen in Zielländern zu finanzieren; sie wurde jedoch als *‚Trojanisches Pferd‘* für die politische Subversion der USA entlarvt (Blum 2000). Der erste Präsident der NED, Allen Weinstein, sagte im Jahr 1991, dass *„viel von dem was wir heute tun, vor 25 Jahren verdeckt von der CIA gemacht wurde“*

[17] Was Deutschland betrifft, siehe Verbindungen der wichtigsten, meinungsgestaltenden Redaktionen zu Nato-Organisationen, z.B. veröffentlicht durch die Satire-Sendung „Die Anstalt“ https://www.google.de/search?q=Die+Anstalt+youtube.com+NATO+Journalisten&ie=utf-8&oe=utf-8&gws_rd=cr&ei=y84fV93xEYbpUs2mhuAG

(Lefebvre 2013). Und tatsächlich war die NED in verschiedene Staatsstreiche in Lateinamerika und in der Karibik verwickelt, und ist nun in einer Reihe von Zielländern verboten, wie z.B. im Iran, Kuba und Venezuela.

Eingebettete Medien sind eine besonders wichtige Waffe in verdeckten Kriegen. Der jüngste islamistische Aufstand in Syrien hätte niemals so viel Unterstützung aus dem Ausland erfahren, wenn sein wahrer Charakter bekannt gewesen wäre. Deshalb war die Unterdrückung seines wahren Wesens, zusammen mit der traditionellen Dämonisierung des Feindes und einer damit verbundenen moralisierenden Panik, die zentrale Aufgabe für Syriens Feinde. Wegen der missionarischen Ansprüche des Projekts - die Unterstützung von Demokratie und Revolution, der Schutz von Kindern und so weiter - war es in vielen Fällen die liberale Seite der westlichen Politik, die *'mit fliegenden Fahnen'* für einen schärferen Krieg eintrat. Das gleiche traf auch auf die liberalen Medien und eine Anzahl von Nichtregierungs-*'Wächter'*-Gruppen, zu, von denen viele tief eingebettet in die *'Regimewechsel'*-Missionen der Großmächte waren.

Augenscheinlich avancierten *'liberale'* Medien wie Al Jazeera und der britische Guardian, die Washingtons Invasion des Irak im Jahr 2003 noch kritisiert hatten, zu den stärksten Verfechtern von Angriffen gegen Syrien. Anonyme Quellen, die mit einem Netzwerk mehrheitlich in den USA ansässiger Gruppen verbunden waren, wie Human Rights Watch, 'Avaaz' oder 'Purpose', und ihre Internet-Geschöpfe wie die 'White Helmets' und die 'The Syria Campaign'. Sie alle arbeiteten zusammen, um eine *'Flugverbotszone'* in Syrien zu erreichen (Sterling 2015a).

Es war nach der NATO-Bombardierung Libyens im Jahr 2011 klar, dass dies einen direkten militärischen Angriff gegen Syrien und massenhafte Tötungen bedeutet hätte mit dem Ziel, die Regierung zu stürzen. Dies zeigt den moralischen Verfall der westlichen Vertreter von *'Menschenrechten'*.

7.1 Die liberalen Kriegstrolle

Einige der etablierteren *'liberalen'* NGOs haben eine Schlüsselrolle in der Desinformationskampagne gegen Syrien gespielt. Yalla la Barra (2015) zeigt auf, dass Kenneth Roth, Direktor der in den USA ansässigen Organisation ‚Human Rights Watch' geradezu eine Besessenheit gegen Präsident Bashar al-Assad an den Tag legt. Der konventionellen Propagandapraxis endloser Wiederholungen entsprechend, hat Roth buchstäblich hunderte von Tweets über Assad verfasst. Wobei er immer wieder versuchte, ihn mit Gräueltaten gegen Zivilisten in Verbindung zu bringen, und dabei in wenig ehrenhafter Weise Fotos von Gaza und Kobane (nach der Bombardierung durch Israel bzw. die USA/ISIS) missbrauchte, um seine Behauptung einzuhämmern (Syrian Free Press 2015). Roth setzte den syrischen Präsidenten sogar mit dem Kernwaffenangriff der USA gegen Japan im Jahr 1945 gleich: *„Für die Planer der Hiroshima-Bombe (wie Assad heute) war das Ziel, Zivilisten zu töten"* (Roth 2015b). Das war vollkommen falsch. Anders als das Verbrechen Washingtons in Hiroshima, der Atombombenabwurf auf eine Stadt, die keinerlei militärische Anlagen besaß, gab es niemals glaubhafte Beweise dafür, dass Assad versucht hätte, Zivilisten zu töten. Noch verräterischer ist die Tatsache, dass Roth an keiner Stelle erwähnt, dass *‚die Vereinigten Staaten von Amerika und ihre Alliierten in Syrien extremistische Dschihadisten finanzieren und ausbilden, die das Ziel haben, die Regierung eines souveränen Mitgliedsstaates der Vereinten Nationen zu stürzen'* (La Barra 2015). Dies ist ein offensichtlicher Bruch der Charta der Vereinten Nationen, sowie von Artikel Eins der beiden *‚Abkommen zum Völkerrecht'*. Offensichtlich ist dies kein Problem für Human Rights Watch. Roth wurde zu einem der aggressivsten Vertreter der Außenpolitik der Vereinigten Staaten zugunsten einer Bombardierung Syriens durch die USA. Ende 2013 fragte er, ob die Idee der Obama-Regierung für eine ‚symbolische' Bombardierung Syriens genug wäre. Der Direktor des MIT *‚Centre for International Studies'* John Tirman nannte es die *„möglicherweise ignoranteste und unverantwortlichste Stellungnahme, die jemals von einem Menschenrechtsvertreter gemacht worden ist"* (Bhatt 2014).

Auch Amnesty International half bei der Regimewechsel-Mission Washingtons mit. Diese Nichtregierungsorganisation, gegründet 1961 in London, wurde bekannt aufgrund ihrer Briefe zur Unterstützung von Gefangenen aus Gewissensgründen.

In jüngster Zeit war die Organisation in Großmachtpolitik einbezogen worden. Indem sie sich auf parteiische Quellen bezog, die von bewaffneten islamistischen Gruppen stammten, hat Amnesty eine fast vollständig einseitige Erzählung des Krieges aggressiv in die Öffentlichkeit transportiert. So hat die Organisation zum Beispiel die Behauptungen bewaffneter Gruppen wiederholt, dass die Bombardierung der von Rebellen kontrollierten Gebiete durch die Syrische Armee zu katastrophalen ‚*Kollateralschäden*‘ unter den Zivilisten, mit täglich fast 100 Opfern pro getöteten ‚*Kämpfer*‘, geführt hätte (AI 2015) Wenn das zuträfe, würde das eine gewaltige Anklage gegen die Syrische Armee bedeuten. Aber es ist unwahr. Die ‚*Beweise*‘ waren von den parteiischen Quellen verfälscht, und widersprachen anderen Informationen. Amnesty erhält Zugang zu seinen ‚*Zeugen*‘ durch Gruppen, die starke Verbindungen zu bewaffneten islamistischen Einheiten aufweisen (darunter das ‚Violations Documentation Centre (VDC)‘, das syrische Netzwerk für Menschenrechte), finanziert durch die Türkei, die USA, Saudi-Arabien und Katar, die alle den Sturz der syrischen Regierung anstreben (Sterling 2015b).

Vom Anfang des Konfliktes an hatten die islamistischen Gruppen gefälschte Geschichten über Regierungs-Massaker verbreitet, und eigene Verluste als ‚*zivile Opfer*‘ dargestellt (z.B. Rosen 2012). Amnesty bezog sich auch auf eine Gruppe mit dem Namen ‚*Civil Defence*‘ oder die ‚*Weißen Helme*‘, die in den USA erfunden wurden, und die der international geächteten Terroristengruppe Jabhat al-Nusra Unterstützung liefert (Beeley 2015b).

Die Beweise von Amnesty waren nicht nur durch die parteiischen Quellen verfälscht, sondern Amnesty schaute auch nicht genau auf die eigenen Quellen. Die von VDC veröffentlichten Daten über Opfer in Idlib zählen „*Regime-Idlib-Opfer*“ für März bis April 2015 mit zwölf Personen, und „*Märtyrer-Idlib-Opfer*“ (Oppositionskämpfer und sie unterstützende Zivilisten) für März bis April 2015 mit 662 Personen. Zu der zuletzt erwähnten Gruppe gehörten ISIS und andere islamistische Kämpfer (Sterling 2015b) Dieser ‚*Datensatz*‘ für Idlib vermischt VDC-Kämpfer mit Zivilisten, so wie es übliche Praxis für die Islamisten seit Beginn des Konfliktes gewesen ist.

Diese beiden NGOs wurden nicht erst eingebettet während der Syrienkrise. Auch wenn keine von beiden direkt durch die US-Regierung finanziert wird, haben sie dennoch sehr starke Verbindungen aufgebaut. Human Rights Watch (HRW) erhielt seine Finanzierung in der Regel von einer Reihe hauptsächlich US-amerikanischer Stiftungen. Die Human Rights Watch-Abteilung *'Mittlerer Osten'* akzeptiert Zuschüsse von pro-israelischen Stiftungen. Gegründet als *'private'* amerikanische Organisation im Jahr 1987, damals mit der Sichtweise des Kalten Krieges auf die Sowjetunion, ist die Führung von HRW jetzt eng verwoben mit dem *'Council on Foreign Relations* (CFR)', der praktisch ein 'Who's Who' der US-Außenpolitik-Elite abbildet.

HRW hat auch seinen Fuß in der Tür des US-Außenministeriums und wurde zu einem der Hauptförderer der Idee einer US-Intervention auf Grund von Menschenrechten. Der Council on Foreign Relations präsentierte im Jahr 2000 Präsident Clinton einen Bericht über eine *'humanitäre Intervention'* mit *'drei Optionen'*. Die stärkste Forderung nach einer Intervention, nämlich der Verhinderung schwerer Verbrechen, stammte vom Außenministerium, und das Papier war vom ehemaligen Direktor von Human Rights Watch, Holly Burkhalter, geschrieben worden. Burkhalter argumentiert, dass es eine Notwendigkeit für eine 'moralische Führung' der USA gäbe, Interventionen überall auf der Welt durchzuführen, um *„Völkermord und Verbrechen gegen die Menschlichkeit"* zu unterdrücken. Diese Idee bezieht sich auf den Exzeptionalismus der USA, der davon ausgeht, dass das Land auf die eine oder andere Weise die moralische Führung der Welt innehabe. Beiträge vom Verteidigungsministerium und den Oberkommandierenden waren vorsichtiger, sie betonten die Notwendigkeit, jede Intervention mit US-Interessen zu verbinden (CFR 2000). Die zuletzt genannte Position steht in Übereinstimmung mit der traditionellen Militärdoktrin, Kriege ohne erkennbares Ziel zu vermeiden.

In Lateinamerika fasste Human Rights Watch Regime, die mit den USA kooperierten, mit Samthandschuhen an, wie zum Beispiel Kolumbien, ein Land mit den bei weitem schlimmsten Menschenrechtsverletzungen auf jenem Kontinent. Im Gegensatz dazu griffen sie wiederholt die Regierung des verstorbenen Hugo Chavez in Venezuela an. Human Rights Watch hatte schon immer eine politische Zielsetzung. José Miguel Vivanco zufolge, dem Direktor der Gruppe für beide Amerikas, wurde der Bericht über Venezuela im Dezember 2008 geschrieben (‚*Ein Jahrzehnt unter Chavez*‘), weil *„wir der Welt zeigen wollten, dass Venezuela für niemanden ein Modell ist“*. Dieser Bericht wurde dann von mehr als 100 Akademikern kritisiert, weil er nicht einmal die geringsten wissenschaftlichen Standards erfüllte, nämlich Unparteilichkeit, Genauigkeit und Glaubwürdigkeit. (Acuna et al 2008). Was ihren kompromittierten Status noch unterstreicht war die Tatsache, dass Human Rights Watch im Jahr 2010 100 Millionen Dollar vom Milliardär George Soros erhielt, der ein entschiedener Unterstützer Israels ist (HRW 2010). Ein solches Niveau an Unterstützung bedeutet immer ein quid pro quo, oder einfacher ausgedrückt: *„eine Hand wäscht die andere“*. Nachdem beobachtet wurde, dass eine Anzahl von Human Rights Watch-Direktoren und Beratern aus dem oder zum Außenministerium wechselten, beschuldigte eine Gruppe von Nobelpreisträgern Human Rights Watch, eine Drehtürpolitik (Revolving-Door) zwischen seinen Büros und denen der US-Regierung zu betreiben (Altemet 2014). Das schien die Gruppe nicht zu stören.

Wie Human Rights Watch, so stellt sich auch Amnesty International westlichen Interventionen auf Grund von Menschenrechten und internationalem Recht nicht in den Weg. Stattdessen berät die Organisation die Großmächte, wie solche Interventionen durchzuführen sind.

Wenn man *„die Lieferung von Waffen an nicht-staatliche Akteure oder bewaffnete Gruppen in Syrien in Erwägung zieht, muss man zunächst eine rigorose Menschenrechts-Bewertung vornehmen und einen robusten Beobachtungsprozess einrichten“* sagt Amnesty. Das ist Musik in imperialistischen Ohren. Auch wenn internationales Recht keine Lieferung von Waffen an nicht-staatliche Akteure erlaubt, insbesondere nicht, um einen anerkannten Staat anzugreifen (Sterling 2015b). Amnesty hat sich selbst zu einem Berater Washingtons gemacht, wie man seinen illegalen Interventionen einen Anstrich von Menschenrechten gibt.

Zu ihrer Schande muss gesagt werden, dass Amnesty in den vergangenen Jahren eine Geschichte gefälschter Vorwände für Krieg und militärische Besetzung vorzuweisen hat. Im Verlauf des ersten Golfkrieges (1990-1991) machte Amnesty die Geschichte einer Jugendlichen bekannt, die behauptete, irakische Truppen hätten Brutkästen gestohlen und hätten Babys im Krankenhaus von Kuwait zum Sterben auf dem Boden zurückgelassen. Es stellte sich heraus, dass die Geschichte erfunden, und dass das Mädchen die Tochter des Botschafters von Kuwait war (Stauber and Rampton 2002; Regan 2002). Vor der Bombardierung von Libyen durch die Nato im Jahr 2011 half Amnesty die Geschichten zu verbreiten, dass Präsident Gaddafi *‚schwarze Söldner‘* benutzen würde, um libysche Zivilisten abzuschlachten. Nachdem das Land in Ruinen lag, und Gaddafi ermordet war, gab die Präsidentin von Amnesty International in Frankreich, Geneviève Garrigos, zu, dass es keinerlei Beweise für solche Berichte gegeben hatte (Truth Syria 2012). Im Jahr 2012 zog Amnesty Kritik auf sich, weil sie mit einer Plakatkampagne Druck ausgeübt hatte: „NATO: hilf dem Fortschritt voran!“ in Afghanistan. Der Bezug auf *‚Fortschritt‘* war bezogen auf den angeblichen Fortschritt im Bereich der Frauenrechte unter der NATO-Besetzung. Aber tatsächlich verfügten auch ein Jahrzehnt nach der Invasion von 2001 afghanische Frauen über einen erschreckend niedrigen Bildungsgrad und Gesundheitszustand. Keine ausländische militärische Besetzung hatte jemals Gesundheit und Bildung, und schon gar nicht Demokratie gefördert.

Die Kampagne *„NATO: hilf dem Fortschritt voran“* war von Suzanne Nossel, der geschäftsführenden Direktorin von Amnesty (USA) vorangetrieben worden. Nossel war gerade eben aus dem US-Außenministerium, wo sie die Politik der Vereinigten Staaten von Amerika gegen Russland, den Iran, Libyen und Syrien vertreten hatte zu Amnesty gewechselt (Teil 2012: 146). Wright and Rowley (2012) erklärten, dass Amnesty ein *„Lockvogel für US-Kriege“* sei. Die Gruppe zerstörte ihren Ruf, indem sie die ‚Drehtürpolitik‘ zum Außenministerium von Human Rights Watch übernommen hatte.

Die *‚liberalen Medien‘* wurden in einer besonderen Weise in Kriegspläne einbezogen. Während Berichte der BBC, dem britischen Guardian und der New York Times wegen ihrer konsistenten anti-syrischen Haltung immer sorgfältig hinterfragt werden müssen, ist es nicht schwer, die Schande von

Al Jazeera zu begreifen. Der Haupteigentümer dieses Medienkanals, die Monarchie von Katar, hatte Gruppen vom Typ Al-Kaida in Libyen und Syrien finanziert und bewaffnet, besonders die Moslembruderschaft und mit ihr verbundene Gruppen (Kirkpatrick 2014). Ein britisch-irakischer Analyst beobachtet, *„die Herrscher von Katar … sahen in Al Jazeera ein Transportmittel um politischen Einfluss zu verbreiten … [als] Katar zum Hauptquartier der US-Militäroperationen im Mittleren Osten wurde"*. Al Jazeera bleibt eine der Hauptquellen für immer wiederkehrende Horrorgeschichten über eine angebliche sektiererische Bedrohung durch iranischen und ‚*schiitischen*' Einfluss in der Region (Ramadani 2012). Das bescheidene Maß an Unabhängigkeit, das die Fernsehstation einmal an den Tag gelegt hatte, als die USA 2003 den Irak angriffen, war längst vergessen.

Mit den Konflikten in Syrien und Ägypten begannen Journalisten von Al Jazeera in Scharen zu kündigen, wobei sie Eingriffe in ihre Arbeit durch das Management als Grund angaben. Der Büroleiter der Niederlassung in Beirut, Ghassan Ben Jeddo kündigte kurz nachdem der Konflikt in Syrien begann. Er erklärte, dass die Fernsehstation ausschließlich *Gäste „aus Amerika zulasse, die das Regime in Syrien kritisierten, das Regime in Bahrain unterstützten, und Personen, die eine NATO-Intervention rechtfertigten. Das ist nicht akzeptabel"*. Später kündigte der Geschäftsführer Hassan Shaaban, und erklärte, dass Al Jazeera sich geweigert hätte, Bilder von *„bewaffneten Kämpfern zu zeigen, die in Wadi Khaled mit der syrischen Armee zusammengestoßen waren"*. Die Station beschuldigte ihn, ein ‚*shabhia*' zu sein, ein Gangster des Regimes. Der Journalist Afshin Rattansi erklärte ebenfalls, dass Al Jazeera parteilich geworden war, während Ted Rall erklärte, dass seine Kolumnen regelmäßig abgelehnt worden wären (RT 2012). Der Korrespondent in Beirut, Ali Hashem kündigte ebenfalls. Im Jahr 2013 verlor Al Jazeera in Ägypten 22 Mitarbeiter wegen nicht akzeptierbarer Einmischung des Managements in die Berichterstattung. Der Belegschaft wurde befohlen, zugunsten des abgesetzten Regimes der Moslembruderschaft zu berichten. Als Konsequenz daraus erklärte die in Ägypten entstandene Militärregierung Al Jazeera zu ‚*einem Feind von Ägypten*' (Taylor 2013).

Als 2015 die westlichen Mächte und die Verbündeten der Golf-Monarchien darum kämpften, die angebliche Spaltung zwischen Terrorgruppen und *'moderaten Rebellen'* aufrechtzuerhalten, wurden die Mitarbeiter der englischsprachigen Al Jazeera angewiesen, Jabhat al-Nusra [der offizielle Zweig von Al Kaida in Syrien, eine geächtete Organisation in den meisten Teilen der Welt] nicht als 'Al-Kaida' zu bezeichnen.

Ein internes Memorandum der geschäftsführenden Produzentin Kelly Jarrett instruierte ihre Mitarbeiter: *„Bitte stellen Sie die al-Nusra-Front nicht als 'mit Al-Kaida verbunden' dar. Syriens Krieg ist komplex ... Die Wahrheit ist, dass Al-Kaida nicht die Organisation ist, die sie einmal war, und sie ist irrelevant in diesem Zusammenhang. Die Al-Nusra-Front ist Teil der Rebellen-Koalition in Syrien, die aus unterschiedlichen bewaffneten Gruppen besteht ... Unsere Zuschauer sollen verstehen, dass diese bewaffneten Gruppen die Haupt-Opposition gegen die Regierung von Präsident Assad darstellen*" (MEE 2015a).

Es wurde gesagt, dass es keinen Aufstand gegen diese Anweisung gegeben hätte, weil längst *„jeder, der sich Sorgen um die redaktionelle Linie des Fernsehkanals gemacht hatte, längst die Station verlassen hatte"* (5 Pillars 2015). Charlie Winter, ein Politikwissenschaftler an der *'Quilliam Foundation'* sagte, dass diese Veränderung *„Teil eines Normalisierungsprozesses war, den Al-Kaida in Syrien schon seit geraumer Zeit betrieben hatte ... Die Organisation möchte so dem Westen gegenüber appetitlicher erscheinen"* (MEE 2015a).

7.2 Techniken der Beeinflussung

Während fast alle westlichen Medien, staatliche wie private, auf einen neuen Krieg hin steuern, erwärmt sich die liberale Medienwelt im Besonderen für eine 'rettende' Rolle in einem missionarischen oder 'humanitären' Krieg. Viele ihrer Propagandatechniken sind ziemlich konventionell. Zuerst werden sie wild entschlossen einseitig, vermenschlichen die *'Freiheitskämpfer'* auf unserer Seite, dämonisieren die andere Seite, wobei sie kritische Stimmen energisch ausschließen, wie auch das Hinterfragen der offiziellen Kriegsgründe. Zweitens klammern sie sich an beliebte aber falsche Geschichten und wiederholen sie bis zum Überdruss. Gegen Ende 2015, fast vier Jahre nach Beginn des Krieges, wiederholte die BBC verschiedene der größten Lügen in einer zusammengeflickten Geschichte des Konfliktes. Zunächst behaupteten sie, der Konflikt hätte begonnen, weil die syrische Armee unbewaffnete Demonstranten getötet hätte, und *„Unterstützer der Opposition dann begannen, zu den Waffen zu greifen, zuerst um sich selbst zu verteidigen, und später um die Sicherheitskräfte aus den eigenen Gebieten zu vertreiben"* (BBC 2015b). Dabei hatte Saudi-Arabien vor Jahren längst zugegeben, dass sie den islamistischen Aufstand in Daraa mit Waffen ausgestattet hatten, und das schon zu Beginn der Krise im März 2011. Die ‚*Geschichte*' der BBC behauptet auch, dass *„die Türkei, Saudi-Arabien und Katar die moderate, sunnitisch dominierte Opposition unterstützten"* (BBC 2015b). Dabei hatte im vorangegangenen Jahr schon der US-Vizepräsident Joe Biden sowie der Chef der US-Streitkräfte General Martin Dempsey öffentlich zugegeben, dass ihre lokalen Verbündeten, die Türkei, Saudi-Arabien und Katar, alle Extremistengruppen finanziell unterstützten, darunter auch ISIS.

Das Gleichsetzen von Al-Kaida-Gruppen mit ‚*moderaten Rebellen*' war nicht einfach ein Vorurteil auf Seiten der BBC, es war bewusste Desinformation. Eine dritte, generell angewandte Technik war die direkte Beteiligung an, oder die Verbreitung von Fälschungen. Lassen Sie uns einige besonders hervorstechende Beispiele anschauen:

> In den ersten Monaten der Krise, im Jahr 2011, als die syrische Armee im Stadtzentrum von Homs gegen die islamistische Farouq Brigade (FSA) kämpfte, wurde den Geschichten eines jungen britisch-syrischen Manns mit Namen Danny Abdul Dayem auf CNN, Sky News und Al Arabiya breite Beachtung eingeräumt.
>
> Danny behauptete, dass Zivilisten willkürlich durch die Bombardierung von Homs getötet würden. Er war dort, behauptete er, und erzählte CNN, dass Hunderte in den Straßen getötet worden seien. Videobeweise belegen, dass Danny ein Scharlatan war, der diese Geschichten erfunden hatte, vervollständigt durch im Studio erzeugte Klangeffekte, koordiniert mit den bewaffneten Gruppen (Sy-

rians Worldwide 2012, Emassian, Kelanee, Kardous and al Kadri 2012).

Eine Reihe von westlichen Journalisten, denen gesagt wurde, dass die islamistischen Gruppen freundliche ‚Freiheitskämpfer' wären, reisten illegal nach Syrien ein, auf der Suche nach einer Story, und fanden sich *entführt* durch die Islamisten und unter Bombenhagel der syrischen Armee. Eine solche Gruppe von fünf Personen, angeführt durch den NBC-Journalisten Richard Engel, wurde im Dezember 2012 entführt. Die folgende Geschichte, die die NBC ausstrahlte war, dass er und seine Kollegen von einer schiitischen pro-Hisbollah-Miliz auf der Seite Assads entführt worden sei. Engel lieferte Details darüber, wie ‚*pro Assad*'-Entführer die Journalisten ‚brutal gefoltert' hätten, und ihr Fahrer von der Freien syrischen Armee getötet wurde, bevor sie durch regierungsgegnerische Rebellen gerettet wurden. Einige Jahre später sprach ein Team der New York Times zu einer Gruppe von Menschen und zog die Schlussfolgerung, dass das „*Team von Engel mit an Sicherheit grenzender Wahrscheinlichkeit durch kriminelle Elemente entführt worden war, die mit der Freien Syrischen Armee in Verbindung standen*" (Somaiya, Chivers and Shoumali 2015). Es stellte sich heraus, dass die Verantwortlichen von NBC all diese Tatsachen schon zu Zeiten von Engels Gefangenschaft gewusst hatten (Gharib 2015). Die Geschichte in der New York Times veranlasste Engel dazu, einen ‚*Nachbericht*' zu erstellen: er sei nunmehr zu der Schlussfolgerung gelangt, dass jene Gruppe, die ihn entführt hatte, ‚*sunnitische Rebellen*' gewesen wären, und behauptete, sie hätten ‚*eine raffinierte List angewandt*', um vorzugaukeln, sie seien ‚schiitische Shabiha Milizionäre'. (Somaiya, Chivers and Shoumali 2015). Die NBC beschrieb diese Wendung einfach als ‚*neues Detail*' und ‚*mehr zu der Geschichte*' (Engel 2015). In Begriffen der Kriegspropaganda jedoch war es eine Verdrehung der Geschichte um hundertachtzig Grad, und das auch nur, nachdem der Betrug enthüllt worden war.

Die BBC ist weiter gegangen, als lediglich gefälschte Geschichten zu wiederholen. Der Brite Robert Stuart hatte die BBC unter die Lupe genommen wegen einer Dokumentarsendung vom 30. September 2013 mit dem Titel *‚Rettung der Kinder von Syrien‘* und damit verbundenen Nachrichten, die behaupteten, dass die syrische Regierung einen *‚Brandbombenangriff auf eine Schule durchgeführt hatte‘*, bei dem Napalm oder chemische Waffen zum Einsatz kamen. Dieses stand im Zusammenhang mit einer Phase intensiven internationalen Drucks, in der die USA den falschen Eindruck zu erwecken versuchten, dass die syrische Regierung Angriffe mit Chemiewaffen ausführen würde (siehe Kapitel 9). Dieser Angriff, so wurde behauptet, hätte am 26. August 2013 in Urm Al-Kubra, Aleppo, stattgefunden. Die BBC benutzte den prominenten syrischen Arzt Doktor Rola Hallam, dessen Identität in dem Bericht nicht enthüllt wurde. Aber es handelte sich nicht einfach um das Fallbeispiel einer Story, die durch einseitige Quellen kompromittiert wurde. Das Video wurde vielmehr *„von BBC-Mitarbeitern in einem nahe liegenden Krankenhaus gefilmt“*. Stuart präsentiert Beweise, um zu zeigen, *„dass die Aufnahmen zum großen Teil, wenn nicht gar vollständig, gefälscht sind“*. Das zeigt, dass das BBC-Team eine aktive Rolle in der Fälschung von Beweisen gespielt hatte. Experten, die Stuart kontaktierte, untersuchten die Aufnahmen und erklärten, dass die dargestellten Verbrennungen an gezeigten Opfern keine Verbrennungen waren. Die Kommentare von Dr. Hallam auf der Audio-Spur (der eine chirurgische Maske trug) waren zwischen den verschiedenen Versionen des Videos bearbeitet worden. (Stuart (2013, 2015) Stuart hat einen Katalog von Beweisen über die Fälschungen ins Internet gestellt. Er erzwang widerwillige Eingeständnisse im Zuge eines BBC-internen Beschwerdeverfahrens, aber die Videos wurden nicht zurückgezogen (Stuart 2015).

Natürlich wiederholen in vielen Fällen die BBC und andere Medien einfach parteiische Quellen, und verstecken sich so hinter deren Lügen. Indem sie die gleichen islamistischen Quellen, besonders jene des in Großbritannien ansässigen *‚Syrian Observatory for Human Rights‘* (SOHR) nutzt, wiederholt die BBC regelmäßig Behauptungen, dass die Angriffe gegen islamistische Kämpfer Angriffe gegen Zivilisten seien. *„Dutzende von Zivilisten* *wurden in Ost-Ghuta getötet, erklären Aktivisten*“ (BBC 2015a). Und es gibt keinerlei Hinweise in dieser BBC-Geschichte zu der lange anhaltenden, groß angelegten und gefilmten Evakuierung tausender Zivilisten aus diesem Gebiet, die schon Monate zuvor stattgefunden hatte (SANA 2015). Erik Zuesse (2015) stellt fest, dass in einer Abfolge von Lügen der BBC den Präsidenten Assad in einer wenig überzeugenden Weise für den Aufstieg von Al-Kaida und ISIS verantwortlich gemacht hat, ebenso wie für alle Opfer, die in dem schmutzigen Krieg gegen Syrien getötet wurden.

Die australischen Medien folgten weitgehend dem gleichen Muster wie die BBC, allerdings mit noch mehr Geschichten über ‚Fassbomben‘ Angriffe in Ost-Ghuta, einem Gebiet, das von ‚Jabhat al-Nusra‘ und der ‚Islamic Front‘ seit mehr als zwei Jahren besetzt wird, und von wo aus regelmäßig Mörserangriffe gegen Damaskus ausgeführt werden.

Die Bombardierungen durch die Armee werden dargestellt, als handelte es sich um willkürliche oder absichtliche Angriffe gegen Zivilisten, wobei Gebrauch gemacht wurde von maßgeschneiderten Videoaufnahmen der bewaffneten Gruppen. Zum Beispiel brachte die Australian Broadcasting Corporation (ABC) im August 2015 eine Geschichte, in der behauptet wurde, dass 80 oder 100 Zivilisten bei Luftangriffen auf Duma getötet worden seien. Als Autor wird die *„Korrespondentin im Mittleren Osten, Sophie McNeil und weitere Quellen*“ genannt, aber die Quelle waren flaggenschwenkende Unterstützer der Islamisten, besonders SOHR. Der Grad der Desinformation wird klar, wenn McNeil ihren Beitrag redaktionell mit der Forderung nach einer größeren westlichen Intervention versieht: *„So lange der Westen darin versagt, gegen die Assad-Regierung vorzugehen, wird der Islamische Staat weiter florieren“* (McNeil 2015).

So wie die staatliche ABC wiederholten weite Teile der privaten Medien einfach die Behauptungen des Weißen Hauses, dass *„Assad Kinder vergast hat*“, ungeachtet anderer Beweise, wobei sie sich manchmal ihre eigenen Beweise schaffen. Zum Beispiel behauptete Rick Morton von Rupert Murdochs *‚The Australian*‘ im Januar 2014, dass *„ein UN-Bericht überwältigende Beweise zur Verfügung stellt, dass nur das syrische Regime in der Lage war, die dokumentierten Angriffe mit Chemiewaffen aus-*

zuführen" (Morton 2014). In Wahrheit besagten die UN-Berichte aus dieser Zeit nichts davon. Entweder aus Faulheit oder Absicht: Morton verwechselte Erklärungen des Weißen Hauses mit UNO-Berichten. Der UN-Bericht vom Dezember 2013 beinhaltet keine Schuldzuweisung für fünf bestätigte Chemieangriffe in Syrien, aber erklärte, dass zwei *„gegen Soldaten"* und einer gegen *„Soldaten und Zivilisten"* gerichtet worden war. Das deutet sehr stark darauf hin, dass die Angriffe von Feinden der syrischen Soldaten ausgeführt wurden (UN 2013: 18-21).

Verschiedene frühere Medienberichte zeigten auf, dass Jabhat al-Nusra im Besitz von Sarin-Gas war, und dies auch anwandte (siehe Kapitel 9). Viele Journalisten wiederholten die Behauptungen des Weißen Hauses zu Chemiewaffen, auch noch für lange Zeit, nachdem US-Experten berichteten, dass die untersuchten Raketen, *„unmöglich aus dem von der syrischen Regierung kontrollierten Gebiet nach Ost-Ghuta geschossen werden konnten"* wie das Weiße Haus nahelegte (Lloyd and Postol 2014). Zwei Jahre später verlangten oppositionelle Abgeordnete im türkischen Parlament eine Untersuchung zu Behauptungen, dass die türkische Regierung das Sarin-Gas den islamistischen Gruppen zur Nutzung bei diesen Anlässen zur Verfügung gestellt hätte (Today's Zaman 2015).

Mit einer besonders schmutzigen Geschichte half die BBC im März 2013 bei der Vertuschung der Umstände der Ermordung des höchsten syrischen Koran-Gelehrten, Scheich Ramadan al-Bouti. Der Scheich, ein energischer syrischer Fürsprecher des Pluralismus in religiösen Fragen, hatte sich gegen das gewalttätige Sektierertum ausgesprochen. Dafür war er von vielen Islamisten und ihren Unterstützern in westlichen Medien als *‚pro-Assad-Kleriker'* verleumdet worden (Mourtada and Gladstone 2013). Jabhat al-Nusra drohte, ihn zu töten, sie töteten ihn tatsächlich, und dann, wie es ihre Gewohnheit war, versuchten sie die syrische Regierung dafür verantwortlich zu machen. Ihre Bomben explodierten in einer Moschee in Damaskus, in der der Scheich predigte. Sie töteten ihn und 40 weitere Personen (Mourtada and Gladstone 2013). Jedoch wurde der in den sozialen Medien erzeugte Nebel der Islamisten durch den BBC-Journalisten Jim Muir kopiert und verstärkt. Er *behauptete „es ist unglaubwürdig, dass eine so kleine Explosion den Tod von etwa 50 Menschen verursacht hat,* *wie von den staatlichen Medien behauptet"*, und er verwies auf ein Video, das zeigte, dass al-Bouti nicht sofort tot war. Die Vermutung lautete, der Angriff sei gefälscht worden, und dass die Regierung einen gefälschten Angriff benutzt hätte, um selber den Scheich zu töten (Muir 2013). Dies war eine abscheuliche Lüge. Später im gleichen Jahr wurden fünf Terroristen verhaftet und gestanden im syrischen Fernsehen den Mord im Detail. Einer erklärte: nachdem Scheich al-Bouti *„die al-Nusra Operationen in Syrien kritisiert hatte, erhielten wir den Befehl, ihn zu töten auf der Grundlage der Fatwa des ‚legislative general official' der Al-Nusra-Front"* (Syrian Alikhbaria 2013). Sie benötigten wohl offensichtlich eine spezielle Fatwa (religiöser Befehl), um Moslems in einer Moschee töten zu können. Nach diesen Geständnissen zogen weder Jim Muir noch die BBC ihre Geschichte zurück. Es sollte beachtet werden, dass der britische Staat zu diesem Zeitpunkt erhebliche materielle Unterstützung für bewaffnete syrische Gruppen leistete, darunter auch für *‚moderate Rebellen'*, die eng mit Jabhat al-Nusra zusammenarbeiteten (Hopkins 2014). Die BBC hatte sich selbst zum Komplizen von Kriminellen gemacht.

Eine Reihe von westlichen Geschichten haben versucht, die vom Westen unterstützten Terroristen zu vermenschlichen, während die Soldaten der Syrischen Armee ganz einfach als *‚Assad-Loyalisten'* entmenschlicht wurden, anstatt sie Menschen zu nennen, die ihr Land verteidigen. Im November 2013 brachten australische Medien Schlagzeilen über *‚einen Mann aus einer Familie in Brisbane, der in Syrien ein Selbstmordattentat begeht'* (Kryriacou and McKenna 2013). Es gab keine namentliche Erwähnung der 35 toten Syrer, die durch diesen ausländischen Terroristen getötet wurden. Im März 2014 behandelten die britischen Medien den LKW-Bomber Abdul Waheed Majeed, der einen großen LKW mit Sprengstoff gegen eine Position der syrischen Armee in Aleppo gefahren hatte, in ähnlicher Weise.

Der *‚41-jährige Vater von 3 Kindern'* wird dargestellt, wie er Süßigkeiten an kleine Kinder verteilt, und der BBC-Bericht hob ein Zitat seines Bruders Hafeez hervor: *„mein Bruder war kein Terrorist, mein Bruder war ein Held"* (Casciani 2014). Die BBC erwähnte den wahren Helden nicht, einen jungen syrischen Soldaten mit Namen Mohammed Rajab, der sein Leben opferte, um den Bomben-LKW mit seiner Panzerfaust aufzuhalten (Syrian Lioness 2014).

In ähnlicher Weise brachte die britische Zeitung *,The Independent'* die illustrierte Story eines „jungen usbekischen Selbstmordattentäters, der gefilmt wurde, wie er weinte, bevor er seine letzte Mission in Syrien vollendete". Er wirkte *„körperlich angespannt [und] er wird von Militanten umarmt und getröstet, während er weint, bevor er zu seiner letzten Mission aufbricht"*. Sein Freund sagt zu ihm *„Jafar mein Bruder, habe keine Angst. Wenn du Angst hast, denke an Allah"*. Er antwortet: *„Ich habe nur Angst, dass ich keinen Erfolg habe"*, bevor man sieht, wie er in den Tod geschickt wird (Eleftheriou-Smith 2015). Mit keinem Wort werden die syrischen Menschen erwähnt, die durch diesen ausländischen Terroristen getötet wurden. Syrer waren zu ‚*Unmenschen*' geworden für eine rassistische westliche Medienlandschaft.

Eingebettete Forscher haben Geschichten hinzugefügt, die versuchen, aus sektiererischen Mördern ‚*Moderate*' zu machen. Im Januar 2015 veröffentlichte *‚Foreign Affairs*' (eine Zeitschrift des US Council on Foreign Relations) einen Artikel, der auf einer Umfrage unter *„50 islamistischen Kämpfern von Ahrar al-Sham und al-Nusra, sowie verschiedenen Scheichs, die in Saudi-Arabien ausgebildet wurden*" basierte. Der Bericht versucht zu zeigen, dass diese Menschen demokratische Werte unterstützten. Unter der Schlagzeile *‚Syriens demokratischer Dschihad*', lautete der Untertitel *‚Warum ISIS-Kämpfer Wahlen unterstützen'*. In einem klassischen Fallbeispiel, wie man den Menschen Antworten nahelegt, die die Befrager hören wollen, erklärten diese Sektierer, berüchtigt für die Enthauptung von Ungläubigen und der Veröffentlichung ihrer Massaker, sie *„stimmten damit überein*" dass *„Demokratie eine Regierungsform ist, die jeder anderen vorzuziehen ist*". Die Autoren stellen fest, dass dies *„dem Ziel der Bildung eines Islamischen Kalifats zu widersprechen scheint"*, aber beharrten auf der Annahme, dass diese Gangs eine Art demokratische Zukunft für Syrien repräsentieren würden (Mironova, Mri, Nielsen and Whitt 2015). Welch eine Beleidigung für die menschliche Intelligenz.

Jedoch stimmte diese Geschichte mit dem breiter angelegten Schachzug überein, Al-Kaida neu zu definieren und zu vermenschlichen. Nachdem die von den USA bewaffneten Kämpfer der Hazm-Brigade übergelaufen waren und ihre Waffen (darunter Anti-Panzer-Raketen) an Jabhat al-Nusra übergeben hatten (Sherlock 2014), wurde es wieder einmal schwierig, die Behauptung einer eindeutig ‚*moderaten*' Rebellen-Gruppe aufrecht zu erhalten.

Deshalb gab es Anfang des Jahres 2015 einen neuen Schwung, um Jabhat al-Nusra, die stärkste regierungsfeindliche Miliz in Syren nach der ISIS, zu rehabilitieren. Obwohl die Gruppe lange als ‚*offizieller*' Ableger von Al-Kaida in Syrien gegolten hatte, können solche Etiketten natürlich umgeschrieben werden. Maram Susi (2015) weist auf die Argumentation der New York Times hin, dass Jabhat al-Nusra vielleicht ‚*die Verbindungen mit Al-Kaida gekappt haben könnte, in der Hoffnung, mehr Militärhilfe zu erhalten*', während Reuters feststellte, dass solche Versuche helfen könnten, ‚*mehr Unterstützung von arabischen Golfstaaten zu erhalten, die Assad und dem Islamischen Staat gleichermaßen feindlich gegenüberstehen*'. Die BBC ging noch einen Schritt weiter und veröffentlichte einen Gastbeitrag von Dr. David Roberts, der sagte, wenn Katar al-Nusra bewaffnet „*könnte dies eine gute Sache sein*", ohne auf die Trennung von Al-Kaida einzugehen. Roberts stellte fest, dass „*angesichts des Beharrungsvermögens von IS und Bashar al-Assad eine reformierte, effektiv kämpfende Kraft für den Westen willkommen wäre ... Katars Plan ist so brauchbar wie jeder andere*". (Roberts 2015). Wie könnte irgendein Staat seine schmutzigen Kriege durchführen ohne eine solche Armee von willfährigen Medien-Assistenten?

Aber es hat auch einige kleine westliche Gruppen gegeben, die die Medienlügen über den Krieg in Syrien kritisch verfolgt haben. Die Gruppe FAIR (Fairness in Accuracy and Reporting) aus den USA, gegründet im Jahr 1986, hat auf das vollständige Ausblenden der CIA-Vorgeschichte in Syrien durch die New York Times hingewiesen. [18] Wenn man über den angeb-

[18] In Deutschland gibt es auch Aktivisten, die sich bemühen, die Desinformation durch die Massenmedien bloß zu stellen. Zusammen gefasst werden die Berichte (oft emotionalisiert) von der Seite „Die Propagandaschau" https://propagandaschau.wordpress.com/

lichen Ansatz der Obama-Regierung *'Hände weg von Syrien'* spricht, wird zwar das fehlgeschlagene Pentagon-Projekt der Ausbildung von Rebellen erwähnt, aber *„sie übergehen nicht nur die Tatsache, dass die CIA die Rebellen seit 2012 bewaffnet und trainiert hat, sie behaupten sogar allen Ernstes, dass sie so etwas niemals getan hätten"* (Johnson 2015). Viele Berichte hatten zuvor bereits das Programm aufgezeigt, mit dem die CIA *„Anti-Assad-Kräfte bewaffnet, bezahlt und trainiert, wodurch in etwa 10.000 Rebellen-Kämpfer rekrutiert wurden und etwa eine Milliarde US-Dollar pro Jahr ausgegeben wurden"* (Johnson 2015).

Zwei britische Gruppen, erst kürzlich gegründet, lenken einen stärkeren Fokus auf Syrien. *'Media Lens'* wurde von David Edwards und David Cromwell im Jahr 2001 gegründet und untersucht die Kriege im Mittleren Osten, die die Großmächte seit demselben Jahr betrieben haben. Dort findet sich eine Serie von nachdenklichen, analytischen Artikeln über den Krieg, so wie z.B. der wertvolle Artikel von David Edwards *'Limited but Persuasive'* Evidence - Syria, Sarin, Libya, Lies', das den Finger legt auf die armselige Verfassung der öffentlichen Meinung in Großbritannien hinsichtlich der Opfer der Irak-Invasion (bedingt natürlich durch den schlechten Zustand der britischen Medien), auf Manipulationen an Geschichten über Chemische Waffen in Syrien, und auf die Lügen, die über Libyen, ganz besonders über den angeblich damals bevorstehenden *'Genozid in Bengasi'* verbreitet wurden (Edwards 2013).

'Off-Guardian' ist eine Initiative, die sich auf die Desinformation durch die britische Zeitung *'The Guardian'*, besonders zu den Kriegen in Libyen und Syrien, aber auch auf die Krise in der Ukraine konzentrierte. Die Prüfung der Geschichten des Guardian über Syrien beinhalteten: gefälschte Berichte über *'Fassbomben'*, Verschleierung der wahren Art der syrischen *'Oppositions'*-Gruppen, voreingenommene Berichterstattung über die russische Initiative gegen den Terrorismus in Syrien und im Irak, proisraelische Theorien über Palästina, und das fortwährende Drängen auf *'humanitäre Intervention'* in Syrien (Off Guardian 2015). Die letzte Geschichte zitiert, wie Simon Jenkins *„mit seinen Händen und seinem Gewissen ringt wegen vorheriger desaströser westlicher Interventionen"* (Guardian Watch 2015), dann aber eine Invasion der Bombardierung vorzieht:

„Wenn es im vergangenen Vierteljahrhundert jemals einen klaren humanitären Fall der Intervention zur Befriedung, Neuordnung und Erzeugung guter Regierungsführung eines ‚gescheiterten Staates (failed state)' gab, muss es Syrien sein … es gibt moralisch keine andere Lösung als Bodentruppen einzusetzen" (Jenkins 2015).

Die kritische Webseite schüttet bitteren Hohn auf diese alten imperialistischen Illusionen, und schließt vernünftigerweise: *„Die Begründung hinter den westlichen Interventionen wurde diskreditiert und enthüllt bis zu dem Punkt, an dem nichts Ehrenhaftes mehr zu ihren Gunsten gesagt werden kann"* (Guardian Watch 2015). Aber diese wenigen kleinen Gruppen sowie eine handvoll unabhängiger Politikbeobachter sind kaum eine Herausforderung für die westliche Medienmaschine, die Desinformation systematisch einsetzt, um die Kriegstrommeln zu rühren.

7.3 Die Nichtregierungsorganisationen des ‚Humanitären Krieges'

Neben Human Rights Watch und Amnesty International wurde ein neues Netz von Nichtregierungsorganisationen mit Syrien als Schwerpunkt, die zumeist im Internet aktiv sind, in den USA gegründet: Die ‚*White Helmets*', die ‚*Syria Campaign*', ‚*Free Syrian Voices*' und ‚*Mosaic Syria*', sind allesamt weitere Geschöpfe der von Soros finanzierten Initiativen ‚*Avaaz*' und der mit ihr verbundenen Gruppe ‚*Purpose*'. ‚*Avaaz*' wurde im Jahr 2007 durch ‚*Res Publica*' ins Leben gerufen und war ursprünglich mit mehr als einer Million Dollar von George Soros unterstützt worden. In den vergangenen Jahren erhielt die Organisation ein Budget von mehreren Millionen pro Jahr von nicht veröffentlichten privaten Geldgebern (NGO Monitor 2013). Undurchsichtig in ihrer Struktur, teilt ‚*Avaaz*' mit der Soros-Gruppe und Res Publica starke Verbindungen zu zionistischen Organisationen (ESB 2012).

Indem sie sich selbst als ‚*Aktivisten*' und ‚*Menschenrechtler*' präsentieren, konzentriert sich ‚*Avaaz*' auf Internetkampagnen zu internationalen Angelegenheiten, vorzugsweise zum Konflikt zwischen Palästina und Israel. Die Organisation ist Israel gegenüber kritisch eingestellt, und viele orthodoxe Zionisten sehen ‚*Avaaz*' und George Soros als israelfeindlich an (z.G. Rosenthal 2013). Jedoch bin ich der Meinung, dass *'Avaaz'* einen Ansatz vertritt, der eher als *'links-zionistisch'* bezeichnet werden kann. Es handelt sich um eine liberale pro-israelische Strömung, die sich selbst als führende Bewegung für die Rechte der Palästinenser zu präsentieren versucht, während die rassistischen Privilegien, die in dem zionistischen Staat eingeführt wurden, unangetastet bleiben. Im Jahr 2011 publizierte *'Avaaz'* ein Video, das Israels koloniale Praxis (die *'Siedlungen'*) stark kritisierte, während gleichzeitig der gewaltsame palästinensische Widerstand verurteilt, und eine friedliche *'Zwei-Staaten-Lösung'* vertreten wird (Avaaz 2011). Israelis sagen manchmal von Juden, die Israel verurteilen, sie *'schießen und weinen dann'* (shooting and crying)[19] (Landsmann 2013). Aber diese Linie steht in Einklang mit der Rhetorik und auch der Praxis von Washington. Während liberale Juden als führende Vertreter der Sache Palästinas präsentiert werden, waren linke Zionisten genauso bissig gegenüber Israels Feinden wie alle anderen Zionisten: gegenüber der bewaffneten palästinensischen Widerstandsbewegung und ihren Hauptunterstützern, nämlich Iran, Syrien und die Hisbollah. Da die sektiererischen Islamisten der Moslembruderschaft und Wahhabiten im Grunde Uneinigkeit stiften, werden sie von Zionisten aller Schattierungen gegen die nationalistischen arabischen oder muslimischen Gruppen und Regierungen unterstützt. Aus diesem Grund gibt es eine starke Symbiose zwischen den neuen Gruppen und den sektiererischen Islamisten. *'Avaaz'* hat immer wieder westliche Militärintervention in Libyen und Syrien unterstützt (*'Flugverbotszonen'*) (Wadi 2015) und war damit einer der Hauptforderungen der Al-Kaida Gruppen gefolgt.

Einige der Protagonisten von *'Avaaz'* (Jeremy Hymans, David Madden und James Slezak) haben eine Art Muttergesellschaft eingerichtet, *'Purpose'*, die viele der syrien-spezifischen Gruppen geschaffen hat (Morningstar 2015). Sie sind aalglatte Wall-Street-Gründungen, bestimmt dazu, die Öffentliche Meinung im Internet zu beeinflussen, mit gefälschten Wurzeln in Syrien, gerechtfertigt durch ihre Verbindungen zu kleinen Gruppen von

[19] Es beschreibt in Israel den Akt durch den Soldaten nach dem Schießen ihr Gewissen entlasten, ohne die persönliche Verantwortung für ihre Taten zu übernehmen, und ohne irgendwelche wirklich wirksamen Schritte zu unternehmen, um zukünftiges Fehlverhalten von Soldaten an der Front zu verhindern.

islamistischen ‚*Aktivisten*', wie dem Photographen Khaled Khatib, der mit bewaffneten Gruppen eng verbunden ist. Auf diese Weise kollaborieren linke Zionisten mit Islamisten in ihren Kampagnen gegen ein säkulares Syrien.

Diese NGOs für einen ‚*humanitären Krieg*' haben sich in einer Reihe von Aktivitäten engagiert, aber meistens in der Dämonisierung des Präsidenten Assad und der Syrischen Armee, alles zu verurteilen, was die Armee tut, und eine ‚*Flugverbotszone*' zu fordern. Was nach den Ereignissen in Libyen eine eindeutige Schönfärberei für Bombardierung und Regimewechsel bedeutet.

Im Juni 2014 hat die ‚*Syria Campaign*', alarmiert darüber, dass die Wahlkampagne von Assad (Sawa) 200.000 ‚*Likes*' auf Facebook erhalten hatte, versucht, Facebook dazu zu bewegen, die Seite zu sperren (Rushe und Jalabi 2014). Es scheint, dass es ihnen gelang, wenn auch im letzten Moment (Ruble 2014).

In ihren Kampagnen für eine Flugverbotszone nehmen ‚*Avaaz*', die ‚*Syria Campaign*' und ‚*The White Helmets*' so wenig Rücksicht auf die Wahrheit wie Human Rights Watch. Ohne jegliche glaubwürdigen Beweise behauptet ‚*Avaaz*' „*Frauen in Syrien werden gezwungen sich vor Panzer zu stellen und als menschliche Schutzschilde zu dienen, bevor sie von Soldaten entkleidet, und vergewaltigt werden.*" (Avaaz 2013) Dies wurde zur gleichen Zeit behauptet, als die Gegner der syrischen Armee, die sektiererischen Islamisten, öffentlich mit der Entführung und der Vergewaltigung von syrischen Frauen und Mädchen prahlten, kriminelle Akte, die durch die Fatwas ihrer pseudo-religiösen Führer gedeckt waren (Chumley 2013).

Die ‚*White Helmets*' (auch bekannt als ‚*Syrian Civil Defence*'), waren von James le Mesurier geführt worden, einem ehemaligen britischen Soldaten und Söldner in der ‚*Olive Group*' (jetzt zusammengeschlossen mit Blackwater-Academi und umbenannt in Constellis Holdings). Die Gruppe versteckt ihre Finanzquellen, aber das meiste, so sagt man, kommt von

USAID und der britischen Regierung (Beeley 2015c)[20]. Verschiedene ihrer Gesellschafter in Syrien, Mosab Beidat, Khaled Diab und ‚Farouq al Habib, haben starke Verbindungen zu den bewaffneten Gruppen und zu ihren Gründern. Obeidat arbeitete während einiger Jahre für den Roten Halbmond von Katar, dann *„mit dem Außenministerium der USA in Jordanien"* (MayDay Rescue 2015). Diab arbeitete auch für den Roten Halbmond von Katar, von dem er beschuldigt wurde, 2,2 Millionen Dollar an Terroristengruppen in Syrien gegeben zu haben (Cartalucci 2013). Habib war ein Mitglied des *‚Homs Revolutionary Council'* (Beeley 2015c). In einem Vorfall zeigt die Gruppe das Video eines Feuers in Daraya und Kanister, die sehr ähnlich denen sind, die die Islamische Front als Raketen nach Damaskus geschossen hat, während sie behauptetet, das die syrische Regierung einen *„Napalmangriff auf eine Schule ausgeführt hat"*. Die britische Tageszeitung The Guardian hat den Bericht diensteifrig veröffentlicht (Shaheebn 2015).

Im August 2015 verbreiteten *‚Avaaz'* und die *‚Syria Campaign'* Fotos von Körpern toter Kinder in Trümmern von Gebäuden, und behaupteten, dass es sich dabei um Opfer der Angriffe der syrischen Regierung gegen die *‚Islamic Front'* in Ost-Ghuta im Jahr 2015 handelte.

Dieselben Fotos waren früher schon einmal benutzt worden. Damals dienten sie zur Illustration eines Berichts über die Ermordung von siebenhundert Stammesmitgliedern in Deir Ezzor durch ISISals(Chronicle 2014). Doch wir finden die Fotos noch früher, im März 2014 wieder, im Besitz der Agentur Getty News: sie werden diesmal dem Photographen Khaled Khatib zugeordnet und zeigen durch frühere *‚Fassbomben'*-Angriffe in Aleppo getötete Kinder (Getty Images 2014). Khatib wird als *‚Aktivist'* beschrieben, der in Gebieten der Freien Syrischen Armee mit bewaffneten Gruppen agiert, und als Mitglied aus Aleppo in *‚Syriens Civil Defence'* bzw. *‚White Helmets'* aktiv ist (al Khatib 2015; Laughland 2015). In einer Twittermitteilung (August 2015) benutzten die *‚White Helmets'* (2015a) das Foto eines zerbombten Gebäudes, um vorzugeben, sie wären *„am Ort der*

[20] Ein US Beamter hat inzwischen zugegeben, dass USAID 23 Millionen US-Dollar beigesteuert hatte. Toner, Mark (2016) Daily Press Briefing, US Department of State, 27. April, online: http://www.state.gov/r/pa/prs/dpb/2016/04/256667.htm

Explosion angekommen, wo etwa ein Dutzend ‚Fassbomben' einen kompletten Häuserblock zerstört haben". Das Foto war schon 28 Monate vorher im Christian Science Monitor (CSM 2013) veröffentlicht worden. Es ist klar, dass es eine Wiederverwendung von Kriegsfotos im großen Stil gegeben hat, und all jene, die eingebettet mit den islamistischen Gruppen agieren, haben wenig Skrupel, diese Art der parteiischen Desinformation zu nutzen.

Eingebettete Gruppen arbeiten gemeinsam effektiver. Am 30. Oktober 2015 berichteten Ärzte ohne Grenzen (die Krankenhäuser in den Gebieten finanzieren, die von bewaffneten Gruppen kontrolliert werden) und der ‚*Syrian Observatory for Human Rights*' dass *„mindestens 70 Menschen getötet und 550 verwundet wurden, als es zu einem Angriff auf einem Marktplatz"* im Nordosten von Damaskus kam. *„Die Verwüstung, die der erste Luftschlag auf dem Markt verursachte, wurde verschlimmert durch weiteren Artilleriebeschuss von Rettungsteams".* (MEE 2015b). Ein genauerer Blick auf die Geschichte und auf das dazu gehörige Video zeigt folgendes: erstens war Duma seit mehr als 3 Jahren von bewaffneten sektiererischen Gruppen besetzt (al-Nusra und die Islamische Front), und die letzten großen Gruppen von Zivilisten waren im Januar 2015 evakuiert worden (Reuters 2015). Und von dort wurde Damaskus ständig mit Mörsern und ‚*Höllenfeuer-Kanonen*' beschossen, wofür Gasflaschen als Granaten verwendet wurden (z.B. McDonnell and Bulos 2015). Eine genauere Prüfung des Videos zeigte, dass die Toten, Verwundeten und die Hilfskräfte allesamt Männer im kampfesfähigen Alter waren, die wiederholt ‚*Allahuakhbar*' in der islamistischen Art ausriefen. Viele der Rettungskräfte trugen Jacken der ‚*White Helmets*'. Der arabische Titel des Videos, das von den ‚*Weißen Helmen*' verbreitet wurde, bezieht sich auf ‚*brennende Märtyrer*', eine Bezugnahme auf tote Dschihadisten, die ihr Leben für ihre Sache gaben (White Helmets 2015b). Die Geschichte illustriert gut die funktionierenden Verbindungen zwischen den bewaffneten Gruppen, den ‚*White Helmets*', ‚*SOHR*' und den Medien, in diesem Fall dem in Großbritannien ansässigen Middle East Eye.

Am 30. September 2015, sofort nach dem Beginn der russischen Luftunterstützung für die syrische Armee, veröffentlichten die ‚*White Helmets*' ein

Foto auf ihrem Twitter-Konto, das ein blutendes Mädchen darstellte und sie behaupteten, dass sie während der russischen Luftschläge verwundet worden sei. Diese gefälschte Behauptung *„wurde sofort entlarvt. Das Foto des verwundeten Mädchens war schon am 25. September, fünf Tage vor den russischen Luftschlägen, veröffentlicht worden"* (Sputnik 2015). Das Hauptthema der *‚White Helmets‘* war das gleiche wie das von Human Rights Watch: *„Fassbomben, nicht ISIS sind die größten Bedrohungen für Syrer"* (Roth 2015a). Dies spielt mit der Unwissenheit, was eine *‚Fassbombe‘* überhaupt ist (nämlich eine Bombe, die von einem Hubschrauber abgeworfen wird). Es lenkt von der erdrückenden Beweislast ab, dass die USA und ihre Alliierten die treibende Kraft hinter allen Extremistengruppen sind. Westliche Nachrichtenagenturen, die sich wieder einmal auf ihren Mann in England verlassen, nämlich auf den gewissen Herrn bei SOHR, nannte genaue Zahlen von Zivilisten, Frauen und Kindern, die angeblich durch russische Luftschläge getötet wurden (AFP 2015). Auch das Wall Street Journal zitierte SOHR, und, unter Bezugnahme auf die in den USA ansässige *‚Syrian American Medical Society‘*, behauptete die Zeitung, dass *„Russische Luftschläge in diesem Monat neun Krankenhäuser zerstört und Dutzende von Mitarbeitern und Zivilisten getötet und verwundet haben"* (Abdulrahim 2015). Dominik Stillhart jedoch, Direktor für Operationen des Internationalen Roten Kreuzes, sagte, dass kein Mitglied seines Stabs vor Ort in Syrien solche Vorkommnisse beobachtet hätte (RT 2015). Als das russische Fernsehen Sprecher der US-Regierung zur Rede stellte, Details über die angeblichen Angriffe Russlands auf Krankenhäuser zu liefern, erklärten diese, dazu nicht in der Lage zu sein. Später gemachte Fotos eines der Krankenhäuser, die genannt wurden, zeigten, dass es vollständig intakt war (Emma Aiden 2015). Es besteht eine starke Symbiose zwischen den bewaffneten Gruppen an der Front, den eingebetteten *‚Wächtern‘* und den westlichen Medien.

Syrische *‚Aktivisten‘*, die mit den *‚White Helmets‘* und der *‚Syria Campaign‘* verbunden waren, schienen in Gebieten operiert zu haben, die von der Al-Kaida-Gruppe Jabhat al-Nusra gehalten wird, und haben dieser Gruppe zugearbeitet (Sputnik 2015). Videos über einen angeblichen Chlorgasangriff beginnt mit dem Logo der *‚White Helmets‘* und zeigt anschließend das Logo von al-Nusra: die kleinen Gruppen der ‚*White Helmets*' auf der syrischen Seite wurden beschrieben als *„kleines Rettungsteam für Nusra / Al-Kaida"*, aber auf der US-Seite ist ihre Hauptfunktion, Propaganda im Internet zu erzeugen (Sterling 2015a). Internet-Videos zeigen Freiwillige der ‚*White Helmets*', die nur Sekunden nach der vermeintlichen Exekution durch Jabhat al-Nusra einen Leichnam wegschaffen (Live Leak 2015). Das sind also die Aktionen von ‚humanitären NGOs' die tief darin verwickelt sind, Al-Kaida Hilfe zu leisten.

Medien und ‚*Wächter-NOGs*', die die strategischen Ambitionen der Großmächte unterstützen, bleiben entscheidend für die Propaganda im schmutzigen Krieg gegen Syrien. Sie operieren oft im Tandem, als Quellen, Kommentatoren oder Verstärker für die ‚Regimewechsel' Kampagne. Sie verlassen sich nicht nur auf offensichtlich einseitige Quellen wie die Einmann-Kapelle in England, der ‚*Syrien Observatory on Human Rights*'; sie engagieren sich auch direkt in Medienfälschungen, wie das Beispiel der BBC und der ‚*White Helmets*' aufzeigt. Die älteren Menschenrechtsorganisationen Amnesty International und Human Rights Watch haben auch mehrere Fälschungen unterstützt, beziehen sich auf Desinformationen von Al-Kaida-Gruppen. Sie scheinen sich wenig Sorgen um Kritik in Bezug auf ihre Interessenkonflikte zu machen, weil ihre Direktoren und Berater vom US-Außenministerium kommen und auch wieder dorthin zurückkehren.

Quellen:

5 Pillars (2015) 'Al Jazeera English instructs staff not to call Syria's Jabhat al Nusra "Al Qaeda"', 5 Pillars UK, 22 September, online: http://5pillarsuk.com/2015/09/22/al-jazeera-english-instructs-staff-not-to-call-syrias-jabhat-al-nusra-al-qaeda/

Abdulrahim, Raja (2015) 'Syrian Hospitals Hit by Russian Airstrikes, Says Medical Group', Wall Street Journal, 23 October, online: http://www.wsj.com/articles/syrian-hospitals-hit-by-russian-airstrikes-says-medical-group-1445610055

Acuña, Rodolfo et al (2008) 'More Than 100 Experts Question Human Rights Watch's Venezuela Report', Common Dreams, online: http://www.commondreams.org/newswire/2008/12/17/more-100-latin-america-experts-question-human-rights-watchs-venezuela-report

AFP (2015) 'Nearly 450 killed in Russian air strikes on Syria', Gulf Times, 23 October, online: http://www.gulf-times.com/region/216/details/460020/nearly-450-killed-in-russian-strikes-on-syria-

AI (2015) 'Death Everywhere: War Crimes and Human Rights Abuses in Aleppo, Syria', Amnesty International, 62pp, online: http://www.amnestyusa.org/research/reports/death-everywhere-war-crimes-and-human-rights-abuses-in-aleppo

Alternet (2014) 'Nobel Peace Laureates to Human Rights Watch: Close Your Revolving Door to U.S. Government', 12 may, online: http://www.alternet.org/world/nobel-peace-laureates-human-rights-watch-close-your-revolving-door-us-government

Avaaz (2011) 'Recognize Palestine -- New Path to Peace', 26 August, online: http://www.avaaz.org/en/middle_east_peace_now/?cl=1235614889&v=10054

Avaaz (2013) 'For the women of Syria', 20 June, online: https://secure.avaaz.org/en/syria_the_last_straw_r/

Bagdikian, Ben H. (2004) The New Media Monopoly, Beacon Press, Massachusetts

BBC (2015a) 'Syria conflict: Air strike on Damascus suburb 'kills dozens'', 23 January, online: http://www.bbc.com/news/world-middle-east-30957129

BBC (2015b) 'Syria: the story of the conflict', 9 October, http://www.bbc.com/news/world-middle-east-26116868

Beeley, Vanessa (2015a) 'White Helmets: New breed of mercenaries and propagandists, disguised as humanitarians in Syria', 1 September, 21Wire, online: http://21stcenturywire.com/2015/09/01/white-helmets-new-breed-of-mercenaries-and-propagandists-disguised-as-humanitarians-in-syria/

Beeley, Vanessa (2015b) 'The Propaganda war against Syria led by Avaaz and the White Helmets', Global Research, 2 October, online: http://www.globalresearch.ca/the-propaganda-war-against-syria-led-by-avaaz-and-the-white-helmets/5479307

Beeley, Vanessa (2015c) 'Syria's white helmets: war by way of deception – Part 1', 21st century Swire, 23 October, online: http://21stcenturywire.com/2015/10/23/syrias-white-helmets-war-by-way-of-deception-part-1/

Bhatt, Keane (2014) 'The Hypocrisy of Human Rights Watch' NACLA, online: https://nacla.org/news/2014/2/4/hypocrisy-human-rights-watch

Blum, William (2000) 'Trojan Horse: The National Endowment for Democracy' in Rogue State, Common Courage Press, Monroe ME, online: http://www.thirdworldtraveler.com/Blum/TrojanHorse_RS.html

Cartalucci, Tony (2013) 'UN's Syria "Aid" Appeal is Bid to Relieve Trapped Terrorists', Land Destroyer, 17 December, online: http://landdestroyer.blogspot.com.au/2013/12/syria-uns-aid-appeal-is-bid-to-relieve.html

Casciani, Dominic (2014) 'The man from Martyr's avenue who became a suicide bomber in Syria', BBC News, 20 March, online: http://www.bbc.com/news/magazine-26452992

CFR (2000) 'Humanitarian Intervention: crafting a workable doctrine', Council on Foreign Relations, Washington, online: http://www.cfr.org/humanitarian-intervention/humanitarian-intervention-crafting-workable-doctrine/p3814

Chester, Jeff (2007) Digital Destiny: New Media and the Future of Democracy, The New Press, New York

Chumley, Cheryl K. (2013) 'Islamic cleric decrees it OK for Syrian rebels to rape women', Washington Times, 3 April, online: http://www.washingtontimes.com/news/2013/apr/3/islamic-cleric-decrees-it-ok-syrian-rebels-rape-wo/

Chronicle (2014) 'Islamic State Group 'Executes 700' in Syria', 18 August, online: http://www.chronicle.co.zw/islamic-state-group-executes-700-in-syria/

CSM (2013) 'Looking for Obama's Agenda in Syria', Christian Science Monitor, 14 April online: http://www.csmonitor.com/Commentary/the-monitors-view/2013/0414/Looking-for-Obama-s-agenda-in-Syria

Edwards, David (2013) "Limited but Persuasive' Evidence - Syria, Sarin, Libya, Lies', Media Lens, 21 June, online: http://www.medialens.org/index.php/alerts/alert-archive/alerts-2013/735-limited-but-persuasive-evidence-syria-sarin-libya-lies.html

Eleftheriou-Smith, Loulla-Mae (2015) 'Young Uzbek suicide bomber filmed crying before carrying out final mission in Syria', Independent, 23 September, online: http://www.independent.co.uk/news/world/middle-east/young-uzbek-suicide-bomber-filmed-crying-before-carrying-out-final-mission-in-syria-10514011.html?cmpid=facebook-post

Emassian, Kevork, Hiba Kelanee, Feeda Kardous and Zoubaida al Kadri (2012) 'Truth about western media's favourite Syrian 'activist' Danny Dayem', 22 February, online: http://www.sott.net/article/242491-Truth-about-Western-medias-favourite-Syrian-activist-Danny-Dayem

Emma Aiden (2015) 'Syria hospitals Russia accused of bombing don't exist', YouTube, 3 November, online: https://www.youtube.com/watch?v=MtfQoK5qYR8

Engdahl, F. William (2011) Full Spectrum Dominance: totalitarian democracy in the new world order, Progressive Press, Joshua Tree, California

Engel, Richard (2015) 'New Details on 2012 Kidnapping of NBC News Team in Syria', NBC News, 15 April, online: http://www.nbcnews.com/news/world/new-details-2012-kidnapping-nbc-news-team-syria-n342356

ESB (2012) 'Avaaz: Empire Propaganda Mill Masquerading as Grassroots Activism', Empire Strikes Black, 9 June, online: http://empirestrikesblack.com/2012/06/avaaz-empire-propaganda-mill-masquerading-as-grassroots-activism/

Fahmy, Shahira and Thomas J. Johnston (2005) '"How we Performed": Embedded Journalists' Attitudes and Perceptions Towards Covering the Iraq War', Journalism & Mass Communication Quarterly, June 2005 vol. 82 no. 2, pp.301-317

Getty Images (2014) Syria Conflict, Photograph 479335513, Khaled Khatib/AFP/Getty Images, 18 March, online: http://www.gettyimages.com.au/detail/news-photo/the-bodies-of-two-syrian-children-lie-in-the-rubble-of-a-news-photo/479335513?license

Gharib, Ali (2015) 'How NBC Knowingly Let Syria Rebels' False War Propaganda Stand For Years', The Nation, 17 April, online: http://www.thenation.com/article/how-nbc-knowingly-let-syria-rebels-false-war-propaganda-stand-years/

Guardian Watch (2015) 'The push for "humanitarian invasion" continues', Off Guardian, 19 September, online: http://off-guardian.org/2015/09/19/the-push-for-humanitarian-invasion-continues/

Haigh, Michael et al (2006) 'A Comparison of Embedded and Non-embedded Print Coverage of the U.S. Invasion and Occupation of Iraq', The International Journal of Press/Politics April 2006 vol. 11 no. 2, pp.139-153

Hopkins, Nick (2014) 'Syria conflict: UK planned to train and equip 100,000 rebels', BBC News, 3 July, online: http://www.bbc.com/news/uk-28148943

HRW (2010) 'George Soros to Give $100 million to Human Rights Watch', Human Rights Watch, 7 September, online: https://www.hrw.org/news/2010/09/07/george-soros-give-100-million-human-rights-watch

JCS (2000) Joint Vision 2020: America's Military - Preparing for Tomorrow, Chairman of the Joint Chiefs of Staff, USA, online: http://mattcegelske.com/joint-vision-2020-americas-military-preparing-for-tomorrow-strategy/

Jenkins, Simon (2015) 'Bombing is immoral, stupid and never wins wars. Syria is the latest victim', Guardian, 18 September, online: http://www.theguardian.com/commentisfree/2015/sep/18/bombing-immoral-stupid-syria-victim-deaths-drones

Johnson, Adam (2015) 'Down the Memory Hole: NYT Erases CIA's Efforts to Overthrow Syria's Government', FAIR: Fairness and Accuracy in Reporting, 20 September, online: http://fair.org/home/down-the-memory-hole-nyt-erases-cias-efforts-to-overthrow-syrias-government/

Khatib al, Khaled (2015) 'Fleeing the frontline, Marea's poorest seek refuge in orchards', Syria Direct, 15 September, online: http://syriadirect.org/news/fleeing-the-frontline-marea%E2%80%99s-poorest-seek-refuge-in-orchards/

Kirkpatrick, David (2014) 'Qatar's Support of Islamists Alienates Allies Near and Far', New York Times, 7 September, online: http://www.nytimes.com/2014/09/08/world/middleeast/qatars-support-of-extremists-alienates-allies-near-and-far.html

Knightley, Phillip (2001) 'The disinformation campaign', The Guardian, 4 October, online: http://www.theguardian.com/education/2001/oct/04/socialsciences.highereducation

Kryriacou, Kate and Kate McKenna (2013) 'Brisbane family man's suicide blast in Syria', Courier-Mail, 13 November, online: http://www.couriermail.com.au/news/queensland/brisbane-family-mans-suicide-blast-in-syria/story-fnihsrf2-1226758576503

La Barra, Yalla (2015) 'Human Rights Watch's Kenneth Roth's Obsession with Bashar al-Assad and Barrel Bombs', Yalla La Barra, 28 August, online: https://yallalabarra.wordpress.com/2015/08/28/human-rights-watchs-kenneth-roths-obsession-with-bashar-al-assad-and-barrel-bombs/

Landsmann, Carolina (2013) 'Israelis, Shooting First and Crying Later Is No Longer an Option', Haaretz, 15 March, online: http://www.haaretz.com/opinion/.premium-1.646471

Laughland, Oliver (2015) 'US should use radar to warn civilians of Syrian barrel bombs, group demands', Guardian, 28 February, online: http://www.theguardian.com/world/2015/feb/27/us-military-warn-civilians-incoming-syria-air-strikes

Lefebvre, Stephan (2013) 'Analysis from National Endowment for Democracy Used in The Atlantic, with Significant Errors and Omissions', Center for Economic Policy and Research, 30 July, online: http://www.cepr.net/index.php/blogs/the-americas-blog/analysis-from-national-endowment-for-democracy-used-in-the-atlantic-with-significant-errors-and-omissions

Live Leak (2015) 'Syria - So-called "White Helmets" facilitate.an.al Nusra.execution', 6 May, online: http://www.liveleak.com/view?i=fd8_1430900709

Lloyd, Richard and Theodore A. Postol (2014) 'Possible Implications of Faulty US Technical Intelligence in the Damascus Nerve Agent Attack of August 21, 2013', MIT, January 14, Washington DC, online: https://www.documentcloud.org/documents/1006045-possible-implications-of-bad-intelligence.html#storylink=relast

MayDay Rescue (2015) 'Mosab Obeidat', 26 August, online: http://www.maydayrescue.org/content/mosab-obeidat

McDonnell, Patrick J. and Nabih Bulos (2015) 'Syrian rebels fire rockets, mortar shells into Damascus; at least five dead', Los Angeles Times, 12 August, online: http://www.latimes.com/world/middleeast/la-fg-syria-damascus-rockets-20150812-story.html

MEE (2015a) 'Al Jazeera instructs staff to refrain from calling al-Nusra Front 'al-Qaeda''. Middle East Eye, 22 September, online: http://www.middleeasteye.net/news/al-jazeera-instructs-staff-refrain-calling-al-nusra-front-al-qaeda-1671552331

MEE (2015b) '70 killed, 550 wounded in attacks on Syria's Douma market: MSF', Middle East Eye, 1 November, online: http://www.middleeasteye.net/news/70-killed-550-wounded-attacks-syrias-douma-market-msf-1940531571

Mill, John Stuart (1874) 'On the Treatment of Barbarous Nations', in Dissertations and Discussions: Political, Philosophical, and Historical, Vol 3, Longmans, Green, Reader and Dyer, London

Mironova, Vera, Loubna Mri, Richard Nielsen and Sam Whitt (2015) 'Syria's Democracy Jihad', Foreign Affairs, 13 January, online: https://www.foreignaffairs.com/articles/middle-east/2015-01-13/syrias-democracy-jihad

Morningstar, Cory (2015) 'SYRIA: Avaaz, Purpose & the Art of Selling Hate for Empire', Aletho News, 27 January, online: https://alethonews.wordpress.com/2015/05/10/syria-avaaz-purpose-the-art-of-selling-hate-for-empire/

Morton, Rick (2014) 'Syria torture photos 'Qatari propaganda'', The Australian, 23 January, online: http://www.theaustralian.com.au/news/nation/syria-torture-photos-qatari-propaganda/story-e6frg6nf-1226807996572

Mourtada, Rania and Rick Gladstone (2013) 'Pro-Assad Cleric Killed in Blast in Damascus', New York Times, March, online: http://www.nytimes.com/2013/03/22/world/middleeast/senior-pro-assad-sunni-imam-in-syria-is-assassinated.html?_r=2&

Muir, Jim (2013) 'Syria 'death video' of Sheikh al Bouti poses questions', BBC, online: http://www.bbc.com/news/world-middle-east-22086230

NGO Monitor (2013) 'Avaaz, Soros, Israel and the Palestinians', 6 March, online: http://www.ngo-monitor.org/article/19

Norton-Taylor, Richard (1999) 'Serb TV station was legitimate target, says Blair', Guardian, 24 April, online: http://www.theguardian.com/world/1999/apr/24/balkans3

Off Guardian (2015) 'Guardian Watch', [a list of stories] at October, online: http://off-guardian.org/category/guardian-watch/

Ramadani, Sami (2012) 'Between Imperialism and Repression', New Left Project, 12 June, online: http://www.newleftproject.org/index.php/site/article_comments/between_imperialism_and_repression

Regan, Tom (2002) 'When contemplating war, beware of babies in incubators', Christian Science Monitor, 6 September, online: http://www.csmonitor.com/2002/0906/p25s02-cogn.html

Reuters (2015) 'Over 1,000 Syrian civilians evacuated from near Damascus', YouTube, 17 January, online: https://www.youtube.com/watch?v=H-DstETWITY

Roberts, David (2015) 'Is Qatar bringing the Nusra Front in from the cold?' BBC News, 6 march, online: http://www.bbc.com/news/world-middle-east-31764114

Rosenthal, Vic (2013) 'Is Soros Pumping Money into 'A Jewish Voice for Peace'? The Jewish Press, 11 March, online: http://www.jewishpress.com/blogs/fresno-zionism/is-soros-pumping-money-into-a-jewish-voice-for-peace/2013/03/11/0/?print

Roth, Kenneth (2015a) 'Barrel Bombs, Not ISIS, Are the Greatest Threat to Syrians', New York Times, 5 August, online: http://www.nytimes.com/2015/08/06/opinion/barrel-bombs-not-isis-are-the-greatest-threat-to-syrians.html?_r=1

Roth, Kenneth (2015b) 'Hiroshima', twitter, 9 August, online: https://twitter.com/kenroth/status/630544175851769857

RT (2012) 'Al Jazeera exodus: channel losing staff over 'bias'', Russia Today, 13 March, online: https://www.rt.com/news/al-jazeera-loses-staff-335/

RT (2015) 'No firsthand info on alleged Russian 'airstrike' on hospital in Syria – Red Cross top executive', Russian TV, 29 October, online: https://www.rt.com/news/320046-stillhart-red-cross-hospital-russia/

Ruble, Kayla (2014) 'Facebook Takes Down Assad's Syrian Election Ads', Vice News, 3 June, online: https://news.vice.com/article/facebook-takes-down-assads-syrian-election-ads

Rushe, Dominic and Raya Jalabi (2014) 'Facebook pressured to refuse access to Assad campaign in Syria election', Guardian, 2 June, online: http://www.theguardian.com/world/2014/jun/02/facebook-bashar-al-assad-campaign-syria-election

SANA (2015) 'Dozens of families from Douma flee terrorists, seek army's protection', 24 January, online: http://sana.sy/en/?p=26049

Shaheen, Kareem (2015) 'Syrian Civil defence group accuses Assad of napalm attack near Damascus', Guardian, 13 August, online: http://www.theguardian.com/world/2015/aug/12/syrian-opposition-accuses-assad-napalm-attack-near-damascus

Sherlock, Ruth (2014) 'Syrian rebels armed and trained by US surrender to al-Qaeda', UK Telegraph, 2 November, online: http://www.telegraph.co.uk/news/worldnews/middleeast/syria/11203825/Syrian-rebels-armed-and-trained-by-US-surrender-to-al-Qaeda.html

Somaiya, Ravi, C.J. Chivers and Karam Shoumali (2015) 'NBC News Alters Account of Correspondent's Kidnapping in Syria', New York Times, 15 April, online:

http://www.nytimes.com/2015/04/16/business/media/nbc-news-alters-account-of-correspondents-kidnapping-in-syria.html?_r=0

Sputnik (2015) 'Soros-funded 'White Helmets' NGO caught faking 'civilian casualties of Russian airstrikes' in Syria', 30 September, online: http://www.sott.net/article/302997-Soros-funded-White-Helmets-caught-faking-Syria-casualties-report

Stauber, John and Sheldon Rampton (2002) Toxic Sludge is Good for You, Common Courage Press, Monroe, Maine, Chapter 10 online: http://www.prwatch.org/books/tsigfy10.html

Sterling, Rick (2015a) 'Seven Steps of Highly Effective Manipulators: White Helmets, Avaaz, Nicholas Kristof and Syria No Fly Zone', Dissident Voice, 9 April, online: http://dissidentvoice.org/2015/04/seven-steps-of-highly-effective-manipulators/

Sterling, Rick (2015b) 'Eight problems with Amnesty's Report on Syria', Counter Punch, 14 May, online: http://www.counterpunch.org/2015/05/14/eight-problems-with-amnestys-report-on-aleppo-syria/

Stuart, Robert (2013) 'Fabrication in BBC Panorama 'Saving Syria's Children', BBC Panorama Saving Syria's Children, online: https://bbcpanoramasavingsyriaschildren.wordpress.com/

Stuart, Robert (2015) 'Fake TV Images: BBC Admits "Switching Syria Footage" On Grounds of "Taste and Decency", Global Research, 2 June, online: http://www.globalresearch.ca/fake-images-bbc-admits-switching-syria-footage-on-grounds-of-taste-and-decency/5452883

Susli, Maram (2015) 'Rebranding Al-Qaeda's Jabhat al Nusra in Syria as "moderates"', Global Research, 23 march, online: http://journal-neo.org/2015/03/23/rebranding-alqaeda-s-jabhat-al-nusra-as-moderates/

Syrian Alikhbaria (2013) 'Terrorists affiliated to Jabhat al-Nusra confess to assassination of Sheikh al-Bouti', YouTube, 2 January, online: https://www.youtube.com/watch?v=5Plyoy3tl_A

Syrian Free Press (2015) 'FAKES ~ 'Human Rights Watch' did it again, accusing President al-Assad of using "Barrel Bombs", but with photos of damage done by Zionists in Gaza', HRW Fakes, 10 May, online: https://syrianfreepress.wordpress.com/2015/05/10/hrw-fakes-45781/

Syrian Lioness (2014) 'Martyr Hero Mohammed Rajab, one of the soldiers who guarded the #Aleppo prison. Rest in peace', Twitter, 18 February, online: https://twitter.com/syrianlionesss/status/435780234588471296

Syrians Worldwide (2012) 'EXPOSED: Danny Abdul-Dayem & CNN Lying...Again', YouTube, 7 March, online: https://www.youtube.com/watch?v=y4YfKIPDS8E

Taylor, Adam (2013) 'Report: 22 staffers resign at Al Jazeera over claims of biased coverage in Egypt', Business Insider, 9 July, online: http://www.businessinsider.com.au/al-jazeera-resignations-reported-in-egypt-2013-7

Teil, Julian (2011) 'Lies behind the "Humanitarian War" in Libya: There is no evidence! (Part 1), NATO Crimes in Libya', YouTube, Interview with Soliman Bouchuiguir, October 15, online: https://www.youtube.com/watch?v=j4evwAMIh4Y

Today's Zaman (2015) 'CHP deputies: Gov't rejects probe into Turkey's role in Syrian chemical attack', 21 October, online: http://www.todayszaman.com/national_chp-deputies-govt-rejects-probe-into-turkeys-role-in-syrian-chemical-attack_402180.html

Truth Syria (2012) 'The Gaddafi Mercenaries and the Division of Africa', YouTube, Interview with Genevieve Garrigos (Amnesty International France), 4 February, online: https://www.youtube.com/watch?v=1WFknaEKdOM

UN (2013) United Nations Mission to Investigate Allegations of the Use of Chemical Weapons in the Syrian Arab Republic, December, online: https://unoda-web.s3.amazonaws.com/wp-content/uploads/2013/12/report.pdf

UNDP (2013) Human Development Report 2013, United Nations Development Programme, New York, online: http://hdr.undp.org/en/2013-report

Wadi, Ramona (2015) 'Avaaz: Pro-Democracy Group or Facade for American Imperialism In The Middle East? MINT Press, 11 March, online: http://www.mintpressnews.com/avaaz-pro-democracy-group-or-facade-for-american-imperialism-in-the-middle-east/203225/

Wells, Matt (2003) 'Embedded reporters 'sanitised' Iraq war', Guardian, 6 November, online: http://www.theguardian.com/media/2003/nov/06/broadcasting.Iraqandthemedia

White Helmets (2015a) 'Arrived at the scene of the blast…' Twitter, 19 August, online: https://twitter.com/syriacivildef/status/634141737884209153

White Helmets (2015b) 'Burning martyrs and the wounded filled the city's streets – massacre', YouTube, 31 October, online: https://www.youtube.com/watch?v=nyJI_FRA8Hc

Wright, Ann and Coleen Rowley (2012) 'Amnesty's Shilling for US Wars', Consortium News, June 18, online: https://consortiumnews.com/2012/06/18/amnestys-shilling-for-us-wars/

Zuesse, Eric (2015) 'BBC Strings Lies Together to Propagandize for Assad's Overthrow', Global Research, 19 September, online: http://www.globalresearch.ca/bbc-strings-lies-together-to-propagandize-for-assads-overthrow/5477015

8. Das Hula-Massaker neu aufgerollt

Dieses Kapitel untersucht und dokumentiert das Hula-Massaker vom Mai 2012. Ein furchtbares Ereignis in der syrischen Krise, das beinahe eine UNO-Intervention ausgelöst hätte. Die Analyse versucht, alle relevanten Beweise zu berücksichtigen, sowohl von Zeugen als auch aus den UNO-Verfahren. Eine Serie von erschreckenden Massakern an Zivilisten während des Konfliktes half, den Ton vorzugeben für eine weitere Runde von Debatten über ‚*humanitäre Interventionen*' oder ‚*Schutzverantwortung*'. Die Morde von Hula verdienen größte Aufmerksamkeit. Auf Grund des Missbrauchs der Genehmigung einer ‚*Flugverbotszone*' für Libyen durch die NATO und der weitergehenden geopolitischen Implikationen im Falle Syriens würden Russland und China eine ähnliche Autorisierung von Gewalt im UN-Sicherheitsrat diesmal nicht erlauben. Da die USA keinen weiteren langen Bodenkrieg wünschte, blieb die Intervention der Großmächte indirekt, durch Stellvertreter-Milizen. Während die syrische Armee diese bewaffneten Einheiten angriff, führten jene Gruppen öffentliche Hinrichtungen durch und versuchten dabei ständig, die syrische Armee für Angriffe gegen Zivilisten verantwortlich zu machen.

Ich erklärte in Kapitel 4 die Zusammenhänge des islamistischen Aufstandes in Daraa, und dass das Zentrum des Aufstandes sich in das Gebiet von Homs ausgedehnt hatte. Viele Bewohner von Homs gerieten durch die sektiererischen völkermörderischen Schlachtrufe: „Christen nach Beirut, Alawiten ins Grab" in Panik. Berichte über diese Schlachtrufe erschienen von Mai 2011 an in den US-Medien (Blanford 2011; Eretz Zen 2012; Adams 2012, Wakefield 2012). Diese Gruppen der FSA mit ihren Partnern von der al-Nusra vertrieben tatsächlich Christen nach Beirut und schlachteten Alawiten und andere regierungsfreundliche Menschen ab. Die orthodoxen und katholischen Kirchen machten die Farouq Brigade für eine großangelegte ethnische Säuberung an mehr als 50.000 Christen in Homs verantwortlich (CNA 2012). Die Islamisten begannen eine islamische Steuer einzutreiben (Spencer 2012).

Ein lokaler Politikbeobachter stellte fest, dass die meisten Mitglieder der Farouq-Brigade sektiererische Salafisten waren und von Saudi-Arabien bezahlt wurden. Die Gruppe ‚Khalid Ibn al Walid' blieb der Moslembruderschaft loyal ergeben, und wurde von ihr unterstützt'. (Mortada 2012).

Schlachtrufe für Völkermord und durchgeführte ethnische Säuberungen wären niemals von ‚*gemäßigten*' religiösen Menschen ausgegangen, ganz zu schweigen von einer säkularen Revolution.

8.1 Das Hula-Massaker

Nachdem die syrische Armee die FSA-Gruppen aus Homs vertrieben hatte, wurde am Vorabend einer Sitzung des UN-Sicherheitsrats zum Thema Syrien ein furchtbares Massaker an über einhundert Zivilisten in dem Dorf Hula auf der Taldou-Ebene, nordwestlich von Homs verübt. Das Hula-Massaker vom 25. Mai 2012 wurde wichtig für die Diskussionen über die ‚*Schutzverantwortung*', weil es die Grundlage für einen fehlgeschlagenen Antrag im UN-Sicherheitsrat bildete, eine UN-Intervention zum Schutz der Zivilisten zu erlassen. Der Antrag basierte auf der Behauptung, dass die syrische Regierung Zivilisten ermordete. Die Beweise, die diese Behauptung untermauern sollten, waren aber alles andere als klar.

Die Regierungen von Großbritannien, Frankreich und den USA [21] machten sofort die syrische Regierung verantwortlich. Was dann ‚*westliches und arabisches Medien-Narrativ*' genannt wurde, ging davon aus, dass diese Opfer durch Artillerie-Feuer der Armee umgekommen seien (Correggia, Embid, Hauben und Larson 2013). Die syrische Regierung ihrerseits beschuldigte die vom Ausland unterstützten Terroristen, besonders jene, die von ihnen aus Homs vertrieben wurden. Syriens Außenminister sagte, dass die Armee mit ‚*Hundertschaften*' von Bewaffneten zusammengestoßen wäre, die das Massaker von Freitag begangen hätten. Die Mörder hatten Messer benutzt, was, wie die Regierung sagte, als ‚*Kennzeichen*' islamistischer Angriffe gilt. Die Regierung erklärte der UN „*die Opfer wurden den Berichten zufolge von 600-800 Terroristen getötet, die von den Dörfern Al-Rastan, Sa'an, Bourj Qaei, Samae'leen, und anderen Ortschaften nach Al-Hula gekommen waren*". Das Generalkommando der Armee hatte eine Untersuchung eingeleitet (HRC 2012a: 6).

[21] Und auch Deutschland

Beschuldigungen über islamistische ‚*False Flag*'-Provokationen wurden bereits früher vorgebracht. Mutter Agnes-Mariam de la Croix, die Äbtissin eines historischen Klosters in Qara im Süden von Homs, hatte die ethnischen Säuberungen und die Vertreibung von Christen aus Homs beobachtet, und äußerte den schwerwiegenden Verdacht, wer hinter den Morden von Hula stecken könnte.

Sie hatte öffentlich gesagt, dass die syrischen Christen gezwungen wurden, den Gruppen der FSA beizutreten, und dass die Rebellen sie als menschliche Schutzschilde benutzt hätten. Außerdem wären [verlassene] christliche Häuser dann von Sunniten übernommen worden. Sie beschuldigte die FSA, ‚*False Flag*'-Aktionen [schon] 2011 durchgeführt zu haben (SANA 2011; AINA 2012). Sie wies darauf hin, dass das katholische Medienzentrum eine Liste der Namen von hunderten Mordopfern hat, deren Bilder später in Medienfälschungen der FSA benutzt wurden (SANA 2011).

Westliche Medienberichte jedoch verwarfen generell Presseerklärungen aus Damaskus. Verschiedene Regierungen wiesen syrische Diplomaten aus, in Manövern, um die Regierung Syriens zu isolieren. [22] Der UN-Sicherheitsrat erklärte, dass er *„mit den stärksten möglichen Worten die Morde verurteilt … bei Angriffen, die eine Serie von Artillerie und Panzerangriffen der Regierung auf Wohngebiete beinhaltete… (und) verurteilt auch das Töten von Zivilisten durch Erschießen aus nächster Nähe … [dies] stellt eine Verletzung des hier anwendbaren internationalen Rechts dar und der Verpflichtungen der syrischen Regierung"* (UNSC 2012). Frankreichs Vertreter bei der UN, Martin Briens, sagte *„Panzer und Artillerie der Regierung beschossen Wohngebiete und töteten Zivilisten"* (RT 2012)[23] Großbritanniens Gesandter Mark Lyall Grant sagte, dass *„nicht der geringste Zweifel daran existiert, dass ein absichtlicher Beschuss ziviler Wohngebiete stattgefunden hat"* (Cowan 2012).

Diese Anschuldigungen waren verfrüht und verrieten Voreingenommenheit. Russland bestand auf einer Unterrichtung des Sicherheitsrates durch

---

[22] Zu diesen Regierungen gehört auch die von Deutschland.

[23] Interessanterweise gibt es eine solche Resolution nicht im Verlaufe der türkischen Angriffe mit Panzer und Artillerie gegen Wohngebiete der Kurden in der Türkei.

den Chef der UNO-Sonderkommission (UNSMIS), dem Norweger General Robert Mood. Dieser sagte aus, dass unter den Opfern 49 Kinder und 34 Frauen waren, die meisten von ihnen wurden aus kurzer Entfernung erschossen, oder es war ihnen die Kehle durchgeschnitten worden. Der russische Diplomat Aleksandr Pankin fasste zusammen*: „Sehr wenige Menschen, die in Hula starben, wurden durch Artillerie-Beschuss getötet.“* (RT 2012). Von da an verlegten westliche Medien die Rolle des Angeklagten auf regierungsfreundliche Milizen (Shabiba). Großbritanniens Daily Telegraph machte *‚Assads Todesschwadrone‘* verantwortlich.

Die Zeitung unterstellte ein sektiererisches Motiv, und berief sich auf eine Quelle der Opposition: *„Sie würden für Bashar bis zum Tod kämpfen. Es ist nur natürlich -- sie müssen ihre Sekte verteidigen“* (Alexander and Sherlock 2012).

Die Bestimmtheit in den Feststellungen der britischen und französischen Regierungen [24] und der regierungsfeindlichen *‚Aktivisten‘* war keinesfalls in den Erklärungen des Leiters von UNSMIS zu erkennen. General Moods Gruppe besuchte nämlich den Ort des Massakers und sie hörte zwei verschiedene Geschichten. Moods öffentliche Kommentare, drei Wochen nach dem Massaker, verdienen Beachtung, insbesondere in Anbetracht der Tatsache, dass die UN diesen Bericht nicht veröffentlichte, auf den er sich bezieht:

> *„Wir haben mit Anwohnern Gespräche geführt, die eine Geschichte erzählt haben und wir haben solche befragt, die eine andere Geschichte erzählt haben. Die Umstände und die Fakten, die mit diesem Vorgang in Zusammenhang stehen, sind uns immer noch nicht klar … Wir haben die [Stellungnahmen und Zeugenaussagen] als Bericht an das UN Hauptquartier nach New York geschickt … falls wir [um Unterstützung] gefragt werden könnten wir offensichtlich helfen, da wir vor Ort sind“* (Mood 2012).

Dieser Bericht wurde an den Generalsekretär der UNO geschickt (UNSG 2012), aber er schien nicht bis zum Sicherheitsrat vorgedrungen zu sein

[24] Und der Deutschlands

(Hauben 2012). Moods Ungewissheit war vielleicht störend für jene, die klare Befunde gegen die syrische Regierung wünschten. Am 1. Juni beschuldigte der Menschenrechtsausschuss der UNO (mit drei Gegenstimmen und zwei Enthaltungen) die syrische Regierung, die Hula-Morde begangen zu haben („*mutwillige Tötungen … durch regierungsfreundliche Elemente und eine Serie von Artillerie- und Panzerangriffen der Regierung*"). Die Verurteilung wurde ausgesprochen, *bevor* zu einer „*umfassenden, unabhängigen und uneingeschränkten Untersuchung*" aufgerufen wurde (HRC 2012c). Das war eine skurrile Verknüpfung von Vorverurteilung und einer angeblich fairen Untersuchung. Die Aktivitäten von UNSMIS wurden beendet und die Gruppe im August aufgelöst, um durch ein anderes Komitee ersetzt zu werden, in dem einer der beiden Vorsitzenden ein US-Diplomat war. Die Umstände und die Zeitplanung waren sicher entscheidend. Als die syrische Armee Farouq aus Homs vertrieb, und die ‚Rebellen' in die umliegenden Städte flüchteten, gingen die Syrer am 7. Mai zur Wahl der Nationalversammlung.

Die Gruppen, die mit der FSA verbunden waren, riefen zu einem Boykott der Wahlen auf, und bewaffnete Gruppen versuchten den Boykott durchzusetzen (al Akhbar 2012). Bei dem Ereignis gewann die herrschende Ba'ath-Partei 60% der Stimmen und mit ihr verbundene Parteien weitere 30%, jedoch lag die Wahlbeteiligung nur bei 51% (Zarzar and al-Wahed 2012). Es gab Gründe anzunehmen, dass die Drohungen umgesetzt wurden durch Vergeltungsmaßnahmen gegen jene, die an den Wahlen teilgenommen und auf diese Weise dem Staat Legitimität verliehen hatten.

Diese Frage wurde jedoch durch die zweite Untersuchung der UN nicht aufgegriffen. Mit drei permanenten Sicherheitsratsmitgliedern, die offen einen Regimewechsel in Syrien befürworteten, war die Debatte höchst politisiert. Die Untersuchung über die Hula-Massaker wurde durch eine Kommission des Menschenrechtsrates übernommen, dessen Ko-Vorsitzende die US-Diplomatin Karen Koning Abu Zayd[25] war (HRC 2012a; HRC 2012b). Eine Delegierte aus den USA zu berufen war ein

[25] Karen Koning AbuZayd ist aktuell Mitglied im Direktorium des Middle East Policy Council. Es handelt sich um eine private Denkfabrik mit Sitz in Washington DC, die u.a. von saudischen Aristokraten finanziert wird und deswegen auch in der US-Presse bereits als „Saudi-Lobby" bezeichnet wurde. https://en.wikipedia.org/wiki/Middle_East_Policy_Council

Fehler auf Seiten der UN. Karen Koning Abu Zayd hatte seit mehreren Jahren für die UN gearbeitet, war aber explizit als Delegierte der USA in der Kommission gelistet. Die US-Regierung hatte zu diesem Zeitpunkt die syrische Regierung offiziell des Hula-Massakers beschuldigt, und Präsident Assad aufgefordert *„wegen der Ermordung Ihrer eigenen Mitbürger“* zurückzutreten“ (AP 2012). Gleichzeitig hatten die USA gemeinsam mit der Türkei ihre *‚nicht-tödliche Hilfe‘*, wie sie es nannten, für die *‚Rebellen‘* in Syrien , aufgestockt‘ (Barnard 2012). Unter allen Gesichtspunkten war Washington eine Krieg führende Partei im Syrien-Konflikt. Mit Rücksicht auf die Prinzipien der Unabhängigkeit und der Vermeidung von Interessenkonflikten hätte der Menschenrechtsrat keinen US-Vertreter aufnehmen dürfen.

Anders als die UNSMIS besuchte diese Kommission Syrien nicht. Es wurde eine Untersuchung der Beweise vorgenommen und acht zusätzliche Befragungen durchgeführt, jedoch nicht vor Ort in Syrien. Der Zwischenbericht reflektierte noch Elemente von Mehrdeutigkeit des UNSMIS Teams: *„[Wir sind] bisher nicht in der Lage die Identität der Täter festzustellen, dennoch … könnten möglicherweise regierungstreue Kräfte für viele der Toten verantwortlich gemacht werden“* (HRC 2012b: 10). Dies war eine unüberlegte Aussage. Der Bericht beschuldigt sowohl Regierungskräfte als auch Regierungsgegner für Kriegsverbrechen, aber betont stärker die Kritik an der syrischen Regierung, wegen ihrer formalen Verpflichtungen Gewalttaten *‚zu verhindern oder zu bestrafen‘*, und sie nicht zu begehen. (HRC 2012b: 23).

Das bedeutet: dieses *‚Sammelargument‘* birgt in sich, dass die Regierung in letzter Konsequenz verantwortlich zeichnet für jeden Gewaltakt auf ihrem Territorium, auch wenn es sich um Morde durch regierungsfeindliche bewaffnete Banden handelt. Der Bericht der Kommission vom 15. August stützte die Beschuldigungen gegen die syrische Regierung ab, entfernte die meisten früheren Mehrdeutigkeiten, benannte jedoch nicht die Täter. Das liest sich so: *„Die Kommission führte acht zusätzliche Interviews durch, einschließlich sechs Zeugen aus dem Gebiet von Taldou[26], wovon zwei Überlebende waren“*. Sie untersuchte eine Reihe von Stellungnah-

[26] Synonym zu Hula verwendet

men aus ‚*verschiedenen Quellen*', darunter ‚*Internationale Menschenrechtsorganisationen*' (HRC 2012b 64-65). Alle Aussagen, so die Kommission, würden übereinstimmen mit den Tötungen, aufgrund von Beschießungen durch Regierungssoldaten und nicht weiter identifizierten ‚Shabiba'-Kräften. .. Obwohl die Kommission harte Beweise dafür hatte, dass die Familien Al Sayed und Abdulrazzak (die den größten Anteil unter den zivilen Toten zu beklagen hatten) Unterstützer der Regierung waren, schloss dieses Komitee, dass die nicht identifizierten Mörder dieser Familien ‚*mit der Regierung verbunden sind*' (HRC 2012b: 67). Die Untersuchungskommission verwarf Beweise, dass die FSA-Gruppe die Morde begangen hatte, und behauptete, dass „*abgesehen von zwei Zeugen im Bericht der Regierung, keine andere Aussage die Regierungsversion der Ereignisse untermauert*" (HRC 2012b: 10). Die Regierung „*war verantwortlich für die toten Zivilisten, als Ergebnis von Beschießungen*", sagte die Kommission, und in Hinsicht auf die „*absichtliche Tötung von Zivilisten war die Kommission nicht in der Lage, die Identität der Täter festzustellen … [aber] es wird vermutet, dass Kräfte, die loyal zur Regierung stehen, verantwortlich für viele der Toten sind*" (HRC 2012b: 10).

Ein wichtiger Zeuge, der von der regierungsgegnerischen Seite präsentiert wurde, war ein 11 jähriger Junge, Ali Al Sayed, der sagte, dass viele seiner Familienmitglieder getötet worden wären. In einem Internet-Video sagte der kleine Ali:

> „*Da waren Panzer in den Straßen, sie schossen mit Maschinengewehren auf uns … Soldaten kamen daraus hervor … sie feuerten 5 Schüsse gegen das Schloss der Tür … verhafteten meinen Bruder … [und] meinen Onkel …. Dann begann meine Mutter sie anzuschreien … sie schossen dann fünfmal auf sie, sie schossen ihr in den Kopf … dann ging er zu meinem Bruder und erschoss ihn ... einige trugen Militäruniformen, andere normale Kleidung, sie hatten rasierte Köpfe und dazu Bärte, shabiha*" (Marchfifteen 2012).

Er stellte sich tot, und entkam so den Morden. Später sah er in den Nachrichten des staatlichen Fernsehens, dass seine Onkel ermordet wurden.

Seine Geschichte ist unter verschiedenen Aspekten nicht schlüssig (Larson in Correggia, Embid, Hauben and Larson 2013: 20-28). Am Ende, mit der Hilfe von einigen, ihn auf die richtige Antwort hinführenden Fragen, liefert er, was wie eine eingeflüsterte Aufforderung für eine ausländische militärische Intervention wirkt, nämlich dasselbe offen erklärte Ziel der FSA-Gruppen:

> *„Ich fordere die internationale Gemeinschaft auf, das Töten in Syrien und in Hula zu beenden .... Wir werden ermordet .... Die internationale Gemeinschaft sitzt da, redet nur und tut nichts ... die Menschen müssen für uns kämpfen, sie sollen tun was sie* [27]*sagen, und uns beschützen“* (Marchfifteen 2012)[28].

Was auch immer die Stärken oder Schwächen der Aussagen des Jungen waren, Ali war kaum der einzige Augenzeuge des Massakers. Außerdem war es nicht zutreffend, wenn die UN-Untersuchungskommission davon ausging, dass nur ‚zwei Zeugen ... die Version der Regierung zu den Ereignissen unterstützten‘. Zu jenem Zeitpunkt waren die Aussagen von mindestens 15 Zeugen öffentlich verfügbar, und sie stimmten überein mit den Aussagen der Regierung. Russische Journalisten versuchten, ihr Interview-Material der Kommission anzubieten, trafen aber auf einen Mangel an Interesse (Janssen 2012). Die Kommission behauptete, dass die russischen Berichte „sich hauptsächlich auf die zwei gleichen Zeugen stützen wie der Bericht der Regierung‘ (HRC 2012b: 66) Aber schon ein einfaches Lesen der Zusammenfassung der Beweise aus den Aussagen der Zeugen der russischen Journalisten zeigt auf, dass diese Behauptung falsch ist. Weiter unten befindet sich die Zusammenfassung der Aussagen der Zeugen, die die UN-Kommission ignorierte. Diese Aussagen, welche die ‚Rebellen‘ als Angeklagte bezeichnen, stimmen weitgehend überein mit den Angaben der Regierung und sind oft sehr präzise. Etliche Schützen werden mit Namen genannt.

---

[27] Er sagt in dem Video tatsächlich „tut was sie sagen“ und niemand fragt nach, wer „sie“ sind.

[28] Es lohnt, das Video anzuschauen und sich selbst eine Meinung zu bilden. Einerseits untermauert der Appell des Jungen an das "Volk" (الناس) das Konzept eines angeblichen "Volksaufstands" - andererseits redet der Junge kurz vorher allerdings auch noch über die "internationale Gemeinschaft" (المجتمع الدولي). Damit wäre der Gedanke an ein "internationales Volk" auch nicht so abwegig. So oder so wird in diesem Satz die Idee unterstützt, dass die syrische Armee nichts mit "uns" zu tun hat und dass den "Schutz" für "uns" jemand anders bieten muss.

8.2 Unbequeme Beweise

Zunächst präsentierte die syrische Nachrichtenagentur zwei nicht identifizierte Zeugen, die um ihre Sicherheit besorgt waren. Der erste Zeuge sagte, dass die Schützen aus der Gegend stammten, aber dass eine größere Gruppe aus anderen Gebieten kam. Die Ortsansässigen versammelten sich nach den Mittagsgebeten, um die Straßensperren anzugreifen. Sie suchten dann regierungsfreundliche Menschen auf, solche, die an den Wahlen teilgenommen hatten, und jene *„die den Kämpfern kein Geld gaben“*. Einer von ihnen war Haitham al-Housan. Die Bilder der Leichname, die im Fernsehen gezeigt wurden, stammten von *„Menschen, die von Terroristen getötet wurden, und Kämpfern, die beim anfänglichen Konflikt zu Tode kamen“* (SANA 2012). Der zweite Zeuge, eine Frau, beobachtete die größere Gruppe beim Angriff auf eine Straßensperre. Sie hörten von Leuten aus Tal Dahab, Aqrab und al-Rastan. Ein Mann, genannt Saiid Fayes al-Okesh, feuerte einen Mörser, und die Polizei schoss zurück. Er erhielt einen Schuss ins Bein. Ein anderer Kämpfer war Haitham al-Hallaq, der eine Gruppe von etwa 200 Terroristen anführte. Die Opfer gehörten zur al Sayed Familie, mit ihnen auch Muawiya al Sayed, *„ein Polizist war, der nicht übergelaufen war“*, und andere, die verwandt waren mit Meshleb al Sayed, der *„kürzlich Sekretär der Volksversammlung geworden war“*. Zu anderen Gruppen, die Ziel der Terroristen waren, gehörten vier Haushalte der Abdelrazzaq - Familie (SANA 12012).

Das syrische Fernsehen zeigte Interviews mit zwei verzweifelten männlichen Zeugen. Der erste Mann sagte: *„Die Terroristen sind von hier und aus der Umgebung. … Eine große Zahl, hunderte. Sie begannen Granaten und Panzerfäuste abzufeuern … sie trafen die Häuser mit Gewehren, mit Maschinengewehren … Sie töteten die Menschen in ihren Häusern … einige Körper wurden verbrannt“* (Syria News 2012: at 6.47). Der zweite Mann sagte: *„Ein Mann, sein Bruder und Neffe wurden vor meiner Schwester getötet … [ein anderer] konnte weglaufen und sich verstecken … Die Vereinten Nationen, diese Beobachter, was tun sie, während hier auf uns geschossen wird?“* (Syria News 2012: at 7.35).

Der deutsche Journalist Rainer Hermann[29], der arabisch spricht, befragte nur wenige Tage nach dem Massaker Zeugen aus Hula. Zu seinen Quellen gehören auch Aussagen von Mitgliedern der syrischen Opposition, die Gewalt abgelehnt hatten. Er hielt ihre Namen geheim. Sie sagten, dass islamistische Rebellen drei Armee-Kontrollpunkte angegriffen hätten. Seine Zeugen berichteten ihm:

> *„Das Massaker fand nach den Freitagsgebeten statt … Dutzende von Soldaten und Rebellen wurden getötet … [während eines Kampfes] der etwa 90 Minuten dauerte … Die Getöteten gehörten fast ausschließlich zu Familien der alawitischen oder schiitischen Minderheit … [darunter auch] mehrere Dutzend Mitglieder von Familien, die in den vergangenen Jahren zum schiitischen Islam übergetreten waren. … Und die Familie eines sunnitischen Parlamentsabgeordneten, der als Kollaborateur angesehen wurde … Nach dem Massaker filmten die Täter ihre Opfer, präsentierten sie als sunnitische Opfer und verbreiteten ihre Videos“* (Hermann 2012).

Hermann gab den Anführern der Verbrecher auch Namen:

> *„Mehr als 700 Kämpfer, unter der Leitung von Abdurrazzaq Tlass und Yahya Yusuf [Farouq-Anführer] kamen in drei Gruppen aus Rastan, Kafr Laha und Akraba und griffen drei Kontrollpunkte der Armee rund um Taldou an. Die an Zahlen weit überlegenen Rebellen und die Soldaten kämpften eine blutige Schlacht … Die Rebellen, unterstützt durch die Anwohner von Taldou, suchten die Familien aus … [die sich] geweigert hatten, der Opposition beizutreten“* (LRC 2012).

Der deutsche Journalist Alfred Hackensberger[30] sprach mit einem Mann, dem im Kloster von Qara, das von Mutter Agnes Mariam geleitet wird, Unterschlupf gewährt wurde. Dieser Mann, genannt ‚Jibril‘ sagte:

---

29 Rainer Herrmann arbeitet als Redakteur bei der Frankfurter Allgemeinen Zeitung.

30 Alfred Hackensberger arbeitet als Redakteur bei der Zeitung Die Welt.

> *„Die Kämpfe begannen gegen Mittag, als die Rebellen, die von Ar-Rastan und Saan kamen, die Kontrollpunkte angriffen … Die Rebellen gingen zum Krankenhaus und töteten dort Patienten … Verschiedene Teams suchten bestimmte Häuser auf und begannen alle Einwohner zu erschießen“. Er kannte die Familie Sajid persönlich. „Es waren sunnitische Moslems, wie wir alle“, sagte er. „Sie wurden von denen ermordet, weil sie sich geweigert hatten, der Revolution beizutreten. Sie haben sogar ein Mitglied des Parlaments getötet, der … sich geweigert hatte, dem Boykottaufruf der FSA zu folgen“.*

Als er zu den Behauptungen gefragt wurde, dass ‚Regime-Loyalisten‘ das Massaker begangen haben, antwortete er verächtlich:

> *„Das ist Nonsens. Hula ist seit Dezember 2011 in der Hand der Rebellen … die Armee würde Taldu gerne zurückerobern, aber es wurde nie verwirklicht … viele Menschen wissen, was tatsächlich passierte … Wer dort ist, kann nur die Version der Rebellen wiedergeben. Alles andere bedeutet den sicheren Tod“* (Hackensberger 2012).

Der arabisch sprechende niederländische Autor Martin Janssen stellte seine Sicht aus drei Quellen zusammen: der katholischen Fides Nachrichtenagentur, Informationen von Flüchtlingen im Kloster Qara, und Aussagen der russischen Journalisten Musin und Kulygina. Er hinterfragte die ‚*Shabiha*‘-Version der Geschichte, weil viele Opfer Alawiten waren, die fast alle Regierungsanhänger sind. Fides hatte berichtet, dass nach den Ereignissen von Hula *„größere Gruppen von syrischen Alawiten und Christen in der Region in den Libanon flohen, um der Gewalt bewaffneter Gruppen zu entkommen“* (Janssen 2012). Im Kloster Qara erfuhr er von Zeugenaussagen, nach denen die Armee in der Region nicht vorhanden sei, sodass *„Rastan und Saan … unter voller Kontrolle der Freien Syrischen Armee steht“*. Die bewaffneten Gruppen griffen das al-Watani Krankenhaus an und töteten die Wachen. *„Dann besetzten sie das Krankenhaus, wo sie alle Anwesenden töteten … und steckten es in Brand“* (Janssen 2012). In Tal Daw, in der Nähe von Hula, ermordeten bewaffnete Gruppen alle alawitischen Familien. Der Bericht aus dem Kloster beschrieb die Gegend um Kusseir als *‚in Aufruhr‘* befindlich und gepeinigt von sektiererischer Gewalt (Janssen 2012).

Die russischen Journalisten Marat Musin und Olga Kulygina von der Nachrichtenagentur *‚Abkhazian Network‘* (ANNA-News) hatten eine Kamera-Crew am 25. Mai in Hula und nahmen eine Reihe von Zeugenaussagen auf. Deren Quellen machten sehr deutlich, dass die Mörder islamistische *„Rebellen“* waren. Eine alte Frau, genannt die *‚Großmutter von Al-Hula‘* sagte:

> *„Kontrollpunkte wurden angegriffen ... Alle Soldaten wurden getötet, dann griffen sie unsere Dörfer an, steckten das Krankenhaus in Brand ... Banditen töteten unseren Apotheker ... [weil] er einen verwundeten Soldaten behandelt hatte. Niemand anderes als die Armee wird uns helfen ... Sie sagen, es gibt Luftangriffe! Lügen, Lügen, Lügen, alle kommen von Ar-Rastan“* (ANNA 2012).

Ein Einwohner von Taldou, Syed Abdul Wahab, sagte: *„Die Terroristen wollen hier hinkommen ... um die Macht zu übernehmen. Wir haben hier immer in Frieden gelebt. Wir können unsere Häuser nicht verlassen“*. Eine Frau aus Al-Gaunt, in der Nähe von Al-Hula, sagte: *„Neun Terroristen töteten meine Verwandten auf dem Feld. Die Banditen setzten unser Haus in Brand, und wir flohen ... wir haben einen Märtyrer, der lebendig verbrannte. Warum, mit welchem Recht taten sie das Ist das der Islam? Ist das Gerechtigkeit?“* (ANNA 2012).

Eine andere Frau aus Taldou, genannt Arifah, erzählte ihnen, dass sie Funkgespräche der *‚Banditen‘* mitgehört hätte, bevor sie das Massaker ausführten (Musin 2012a). Sie begannen auf den wichtigsten Kontrollpunkt zu schießen, während eine Gruppe vom al Hassan-Clan, angeführt von Nidal Bakkur, einen *‚zweiten Kontrollpunkt‘* außerhalb des Dorfes angriff. Die Banditen verloren etwa 25 Kämpfer, aber nach zwei Stunden hatten sie beide Kontrollpunkte übernommen. *„Sie gingen dann dazu über, die Familie Al-Sayed zu ermorden, die gegenüber der Polizeistation lebte“*. Drei Familien, darunter etwa zwanzig Kinder, wurden ermordet, zusammen mit weiteren zehn Personen aus der Familie Abdul Razaq. An diesem Nachmittag kam Abdul Razak Tlas, Anführer der Farouq-Brigade, mit 250 Mann aus Ar-Rastan, Aqraba und Farlaha (Musin 2012a). Das Stadtzentrum von Ar-Rastan war schon seit einiger Zeit von den meisten Zivilisten verlassen und von Islamisten aus dem Libanon übernommen worden (Musin 2012b). Arifah sagte, dass um 20 Uhr die ermordeten Zivilisten und die toten Verbrecher zur Moschee gebracht wurden. Sie machten dann Filmaufnahmen für Fernsehstationen in Katar und Saudi-Arabien. Am Samstagmorgen, als die Beobachter der UNSMIS ankamen, wurden *„die gefallenen Rebellen als Zivilisten ausgegeben, während sich die siegreichen Rebellen Armee-Uniformen angezogen hatten, um als Überläufer zu posieren. Sie wurden von ihren Familienmitgliedern umgeben, die die Geschichte eines Angriffs der Regierung mit schwerer Artillerie erzählten, und gaben sich als Verwandte von Opfern aus, während die wirklichen Verwandten der Opfer nirgendwo zu sehen waren"* (Musin 2012a).

Nach dem Besuch der UNSMIS ging die Gewalt weiter. Musin und Kulygina sprachen später mit zwei verwundeten Soldaten, einem verwundeten Polizisten und anderen Anwohnern, die noch mehr Details über Scharfschützenangriffe der ‚*Rebellen*' und anderen Morden berichteten, und wie die ‚*Rebellen*' die UN-Beobachter eskortiert hatten. Sie identifizierten weitere Angreifer und Opfer. Eine Gruppe aus dem Al Aksh-Clan hatte Mörser und Panzerfäuste gegen die Kontrollpunkte abgefeuert. Alle Gefangenen, die man an den Kontrollpunkten machte, wurden exekutiert: einem sunnitischen Wehrpflichtigen schnitten sie die Kehle durch, während Abdullah Shaui of Deir-Zor bei lebendigem Leib verbrannt wurde (Maramus 2012; Musin 2012b). Der Polizist sagte, dass *„die Angreifer aus Ar-Rastan und Al-Hula waren. Die Aufständischen kontrollieren Taldou. Sie zündeten Häuser an und töteten Menschen nach Familienzugehörigkeit, weil sie loyal zur Regierung standen"* (Musin 2012b). Der Anwohner sah die Zusammenstöße vom Dach der Polizeistation aus. *„Al Jazeera veröffentlichte Bilder und sagte, dass die Armee das Massaker in Al Hula gemacht hätte … in Wirklichkeit, töteten sie [die aufständischen ‚Rebellen'] die Zivilisten und Kinder in Al-Hula. Die Banditen … stehlen alles … die meisten Kämpfer sind aus der Stadt Ar Rastan"* (Maramus 2012; Musin 2012b).

Die zweite Untersuchung ignoriert diese 15 Zeugen, die von ganz bestimmten Tätern mit klaren politischen Motiven sprachen.

Eine Zusammenfassung der wichtigen Berichte und ihrer Aussagen findet sich unten.

Hula Massaker (Mai 2012): Signifikante Berichte	
Quelle / Bericht	**Methode und Schlussfolgerung**
Mutter Agnes Mariam	Die FSA hatte schon vorher Christen angegriffen und war in 'False Flag' Angriffen verwickelt, die fälschlicherweise der Regierung angelastet wurden.
Die meisten westlichen Medienberichte	Massaker durch Assads Todesschwadrone.
Regierung von Großbritannien und Frankreich	Das Massaker wurde durch Beschuss ziviler Gebiete durch die Regierung verursacht. Später verändert in Angriffe von ‚Verbrechern des Regimes'
UN Sonderkommission zu Syrien (UNSMIS), Gen. Robert Mood	Ging zum Ort des Massakers, hörte die Geschichten, die beide Seiten beschuldigten. Konnte die beiden Versionen nicht auflösen.
UN HRC Untersuchungskommission UN HRC Commission of Inquiry	Befragungen in Genf, unter Vorsitz eines US-Diplomaten, Auswahl der Zeugen unter Zuhilfenahme von regierungsgegnerischen Gruppen, Kommission mach Anhänger der Regierung (shabiha) verantwortlich.
Video der FSA, ausgestrahlt über Al Jazeera und anderswo	Zeigt einen Jungen (Ali al Sayed) der 'shabiha' beschuldigt, die Armeeuniformen getragen hätten, rasierte Köpfe und Bärte.
Syrische Regierung, staatliche Nachrichtenagenturen und Fernsehen.	Vier Augenzeugen sagen, dass die Angriffe von bewaffneten Gruppen gemacht wurden, die die Sicherheitsbeamten getötet, und regierungsfreundliche Familien ausgesucht hätten.
Der deutsche Journalist Alfed Hackensberger	Befragt Flüchtling 'Jibril' im Kloster Qara - Massaker wurde von FSA-Gruppen ausgeführt, an regierungsfreundlichen Fami-

Hula Massaker (Mai 2012): Signifikante Berichte	
Quelle / Bericht	**Methode und Schlussfolgerung**
	lien.
Der deutsche Journalist Rainer Hermann	Befragt Oppositionelle, die gegen Gewaltanwendung sind - sie sagen, dass lokale Gangs und FSA die regierungsfreundlichen Familien getötet haben.
Der holländische Journalist Martin Janssen	Stellt starken Flüchtlingsstrom von Christen und Alawiten aus Hula fest, Flüchtlinge in Qara beschuldigen FSA-Gangs.
Die russischen Journalisten Marat Musin und Olga Kulygina	Acht Augenzeugen beschuldigen mit der FSA verbundene regierungsfeindliche Gruppen, Opfer waren regierungsfreundliche Familien.
Correggia, Embid, Hauben und Larson	Kritische Prüfung der Beweise der UN-Berichte - erklärt, dass der zweite UN-Bericht nicht vertrauenswürdig ist.

8.3 Abweichende Meinungen in der UNO

Der voreingenommene Bericht beeinflusste eindeutig die Diskussionen in der UNO. Auch wenn die Menschenrechtskommission einen Antrag mit großer Mehrheit angenommen hat, der die syrische Regierung beschuldigt, waren die davon abweichenden Kommentare durchaus relevant. Die russische Vertreterin Maria Khodynskaya-Golenischv (UNTV 2012: 7.00 bis 8.10) sagte: *„Wir können der einseitigen Schlussfolgerung in der Resolution der Kommission über die Hula-Tragödie nicht zustimmen… Wir glauben, dass die Schuldfrage immer noch offen ist. Eine sorgfältige Untersuchung sollte durchgeführt werden. Unglücklicherweise ermutigen einige Staaten de facto den Terrorismus in Syrien, deshalb haben wir keine Zweifel, dass die Episode in Hula mit Sicherheit in den Medien ausgiebig dargestellt wurde, um Gewalt gegen dieses Land zu unterstützen."*

Der Delegierte aus China (UNTV 2012: 13.25 bis 15.50) betonte ebenfalls, dass auch sein Land die Absicht habe, gegen die Resolution zu stimmen, weil es die Notwendigkeit *„für eine politische Lösung … [und ein] unmittel-*

bares Ende der Gewalt … geben würde … Das Ausüben von Druck auf nur eine Partei des Konfliktes wird nicht helfen, das Problem zu lösen".

Der Delegierte aus Kuba erklärte (UNTV 2012: 16.05 bis 18.50) dass *„es Parteien gibt, die nicht daran interessiert sind, den Weg von Dialog und Verständnis zu fördern … [einige sagen klar, dass sie sich wünschen] dass ein Regimewechsel stattfindet, und sogar die Idee einer militärischen Intervention verfolgen, um Gewalt gegen das syrische Volk durch Entscheidungen einzusetzen, die außerhalb des Landes gefällt werden"*.

Der indische Delegierte (UNTV 2012 19.00-21.30) der sich enthielt, sagte, dass Indien *„die gemeinsamen Missionen unterstützte"*, den Menschenrechtsrat jedoch dringend ersuche, *„immer mit vollständiger Unparteilichkeit zu agieren, um seine Glaubwürdigkeit und das Vertrauen und Zuversicht aller Teilnehmer zu bewahren … [Es gibt eine Notwendigkeit für] eine ausgewogene und unparteiische Resolution, die dabei hilft, einen sinnvollen politischen Prozess in Syrien zu stiften"*.

Die syrische Delegation (UNTC 2012: 24.33-35,30) wandte sich am schärfsten gegen die Resolution und erklärte, dass die Untersuchungskommission nicht einmal nach Syrien gefahren sei und die syrische Untersuchung ignoriert habe.

Indem die Delegation auf einige ‚*Arabische Co-Sponsoren*' anspielte, verlautete sie, dass diese keinerlei Recht hätten *„Ratschläge zu erteilen"*, weil sie *„direkt in die Ermordung von syrischen Menschen verwickelt sind, und Kriminelle können keine Richter sein"*, Sanktionen verhängen und dann *„Tränen über die humanitäre Situation vergießen"*.

Die Weigerung, Terrorismus in Syrien zu verurteilen, kam im Rat nicht gut an. Gleichwohl hatten die Großmächte die Mehrheit auf ihrer Seite, und zwar 41 Stimmen für und drei Stimmen gegen die Resolution, bei drei Enthaltungen. Die Resolution wurde angenommen, aber eine Sicherheitsratsmaßnahme war nicht möglich, da zwei der fünf permanenten Sicherheitsratsmitglieder ihr Veto einlegten, nämlich Russland und China.

Der wenig zufriedenstellende UN-Prozess lässt die Tatsache außer Acht, dass starke ‚*prima facie*', also: Anscheinsbeweise gegen einzelne Gruppen und Individuen aufkommen. Zeugen identifizierten als Täter vier lokale Bewaffnete (Haitham al-Housan, Saiid Fayes al-Okesh, Haitham al-Hallq und Nidal Bakkur) zusammen mit Gruppen aus zwei Clans (der al Hassan und der al-Aksh-Clan), plus einer großen Farouq-Gruppe, die von Abdurrazzaq Tlass und Yahya Yusuf angeführt wurde. Ihr Motiv war die Bestrafung regierungsfreundlicher Dorfbewohner, insbesondere der Familien al-Sayed und Abdulrazzak, um dann eine Inszenierung durchzuführen für die Medien, um fälschlicherweise die Regierung für ihre eigenen Verbrechen verantwortlich zu machen.

Das Hula-Massaker mündete zwar nicht in eine Intervention im Stil der libyschen Bombardierung, aber falsche Anschuldigungen erzeugten zeitweise Straflosigkeit für die Mörder und schufen ein großes Risiko, dass eine militärische Intervention hätte in Gang gesetzt werden können.

8.4 Die Folgen

Hula diente als Beispiel für eine Serie von ähnlichen ‚*False Flag*'-Massakern. Als im August 2012 das Massaker an 245 Menschen in Daraya (Damaskus) ans Licht kam, erweckten westliche Medien rasch den Eindruck, dass „*Assads Armee [ein weiteres] Massaker begangen hat*" (Oweis 2012). Jedoch wurde dieser Geschichte vom britischen Journalisten Robert Fisk widersprochen, der beobachtet hatte, dass die FSA Zivilisten und Soldaten außer Dienst entführt und ermordet hatte, nachdem ein Gefangenenaustausch gescheitert war (Fisk 2012).

Ähnliches geschah am 10. Dezember 2012, als 120 von 150 Dorfbewohnern in Aqrab ermordet wurden (Aqrab liegt weniger als 15 Kilometer von Hula entfernt, und war zu diesem Zeitpunkt ebenfalls unter der Kontrolle der ‚*Rebellen*'), was ‚*Aktivisten*' wiederum der syrischen Regierung in die Schuhe schoben. Die New York Times vermutete, dass „*Mitglieder von Assads Sekte*" verantwortlich waren (Stack and Mourtada 2012). Wie der britische Journalist Alex Thompson (2012b) später aufgrund eindeutig bestätigter Aussagen von Überlebenden berichtete, hatte die FSA (sowie ausländische Kämpfer) 500 alawitische Dorfbewohner über neun Tage gefangen gehalten und viele ermordet, als die Armee näher kam und die FSA daraufhin floh. In diesem Fall waren es gerade jene Personen der

‚*Assad-Sekte*', die Opfer wurden, gerade so wie die Opfer in Hula zum größten Teil Anhänger der Regierung waren.

Das Hula-Massaker veranschaulicht große Gefahren in der praktischen Durchführung der ‚*Schutzverantwortungs*'-Doktrin, gerade wenn Großmächte Stellvertreterarmeen im Kampfgebiet unterhalten. Die Vorstellung, dass fast jede Gräueltat der syrischen Regierung angelastet werden kann ohne großes Risiko von Widerspruch in den westlichen Medien, hat sicher großen Einfluss auf die Kampfmoral der bewaffneten islamistischen Gruppen gehabt. Farouq im Besonderen war sehr versiert im Umgang mit den Medien und produzierte regelmäßig Videos für die Fernsehnetzwerke von Katar (Al Jazeera) und Saudi-Arabien (Al Arabiya). Gegen eine überlegene nationale Armee, die sich nicht entlang der Ethnien oder Religionen spalten ließ, waren Farouq und andere ‚*Rebellengruppen*' dringend auf militärische Unterstützung angewiesen. Moralische Empörung anzufachen gegen die syrische Regierung könnte die Luftwaffe der NATO ins Spiel bringen, gerade so wie in Libyen. In der Zwischenzeit konnten sie die schlimmsten Verbrechen begehen, ohne dafür bestraft zu werden[31].

Das Versagen des UN-Prozesses, die eigenständige Rolle der UN anzuerkennen, indem sowohl Straflosigkeit als auch eine Eskalation der Gewalt gefördert wurden, diskreditierte noch stärker die Idee einer ‚*Flugverbotszone*', die in Libyen so zynisch ausgebeutet wurde. Während nach den Ereignissen in Hula der Propagandakrieg weitergeführt wurde, bestand kein Anlass zur Hoffnung auf eine vom Sicherheitsrat genehmigte Intervention in Syrien.

Das nächste große Ereignis, über ein Jahr später, nämlich die Anwendung von chemischen Waffen im von den ‚Rebellen' kontrollierten Ost-Ghuta, hatte als Referenzpunkt eine einseitig von Washington verhängte ‚*Rote Linie*'. Hula markierte in vielerlei Hinsicht das Scheitern der Versuche, irgendeine echte, von der UNO gebilligte ‚*offizielle Wahrheit*' zu dem Konflikt in Syrien zu erreichen.

---

[31] Als Belohnung erhielten sie auf Druck der USA und ihrer Verbündeter sogar noch eine gewichtige Stimme in den Friedensverhandlungen in Genf.

Quellen:

Adams, Simon (2012) 'The World's Next Genocide', New York Times, 15 November, online: http://www.nytimes.com/2012/11/16/opinion/the-worlds-next-genocide.html

AINA (2012) 'Sunni Rebels Occupying Churches, Homes of Syrian Christians', Assyrian International News Agency, 29 July, online: http://www.aina.org/news/2012072912019.htm

Al Akhbar (2012) 'Boycott and breaches mar Syrian vote', 7 May, online: http://english.al-akhbar.com/content/syria-votes-against-backdrop-violence

Alexander, Harriet and Ruth Sherlock (2012) 'The Shabiha: Inside Assad's death squads', The Telegraph, 2 June, online: http://www.telegraph.co.uk/news/worldnews/middleeast/syria/9307411/The-Shabiha-Inside-Assads-death-squads.html

ANNA (2012) 'Показания свидетеля-боевика по резне в Аль Хула с привязкой на местности' [Summary report of interviews], online in Russian at: http://anna-news.info/node/6359; 'Показания свидетеля-боевика по резне в Аль Хула' [Arabic interviews dubbed in Russian], online: http://video.yandex.ru/users/news-anna2012/view/25 ; also 'Witnesses to al-Houla Massacre in Syria' [English subtitles by Syriaonline], 1 June, online: https://www.youtube.com/watch?v=68TjaXP84wM

AP (2012) "Stop killing your fellow citizens or you will face consequences': Clinton issues warning to Syrian regime as she says Assad must go', Associated Press, *Daily Mail UK*, 2 April, online: http://www.dailymail.co.uk/news/article-2123853/Syria-Hillary-Clinton-says-Assad-go.html

Barnard, Anne (2012) 'U.S. and Turkey to Step Up 'Nonlethal' Aid to Rebels in Syria', *New York Times*, 25 march, online: http://www.nytimes.com/2012/03/26/world/middleeast/us-and-turkey-to-step-up-nonlethal-aid-to-syrian-rebels.html?_r=0

Benotman, Noman and Emad Naseraldin (2012) 'The Jihadist Network in the Syrian Revolution, A Strategic Briefing', Quilliam Institute, 20 September, online: http://www.quilliamfoundation.org/press-releases/quilliam-releases-concept-paper-the-jihadist-network-in-the-syrian-revolution/

Blanford, Nicholas (2011) 'Assad regime may be gaining upper hand in Syria', Christian Science Monitor, 13 May, online: http://www.csmonitor.com/World/Middle-East/2011/0513/Assad-regime-may-be-gaining-upper-hand-in-Syria

CNA (2012) 'Syrian violence drives 50,000 Christians from homes', Catholic News Agency, online: http://www.catholicnewsagency.com/news/syrian-violence-drives-50000-christians-from-homes/

Correggia, Marinella; Alfredo Embid, Ronda Hauben, Adam Larson (2013) 'Official Truth, Real Truth, and Impunity for the Syrian Houla Massacre of May 2012', CIWCL, May 15, online: http://ciwclibya.org/reports/realtruthhoula.html

Cowan, Jane (2012) 'UN Security Council condemns Syrian regime', ABC, 28 May, online: http://www.abc.net.au/am/content/2012/s3512153.htm

Eretz Zen (2012) 'Rhetoric of Syrian protesters and to whom their allegiance goes', YouTube, 17 June, online: https://www.youtube.com/watch?v=f6zGwjj0lDc

Eva Pal (2014) 'Talk with Lilly Martin and Steven Sahiounie, part 1', YouTube, May 10, online: https://www.youtube.com/watch?v=oc2HRk42O-w

Fisk, Robert (2012) 'Inside Daraya - how a failed prisoner swap turned into a massacre', 29 August: http://www.independent.co.uk/voices/commentators/fisk/robert-fisk-inside-daraya--how-a-failed-prisoner-swap-turned-into-a-massacre-8084727.html

Hackensberger, Alfred (2012) 'In Syrien gibt es mehr als nur eine Wahrheit', Berliner Morgenpost, 23 June, online: http://www.morgenpost.de/politik/ausland/article107255456/In-Syrien-gibt-es-mehr-als-nur-eine-Wahrheit.html

Haidar, Ali (2012) Syria's Ali Haidar: Both Sides Have Extremists', Al Akhbar, 13 July, online: http://english.al-akhbar.com/node/9716

Hauben, Ronda (2012) 'Why is the UNSMIS Houla Report Missing?' 28 November, Netizenblog, online: http://blogs.taz.de/netizenblog/2012/11/28/why-is-unsmis-report-missing/

Hauben, Ronda (2013) 'Why is the UNSMIS Houla Report Missing?' in Correggia, Marinella; Alfredo Embid, Ronda Hauben, Adam Larson (2013) 'Official Truth, Real Truth, and Impunity for the Syrian Houla Massacre of May 2012', CIWCL, May 15, online: http://ciwclibya.org/reports/realtruthhoula.html

Hermann, Rainer (2012) 'Abermals Massaker in Syrien', Frankfurter Allgemeine Zeitung, 7 June, online: http://www.faz.net/aktuell/politik/neue-erkenntnisse-zu-getoeteten-von-hula-abermals-massaker-in-syrien-11776496.html

HRC (2012a) 'Oral Update of the Independent International Commission of Inquiry on the Syrian Arab Republic', Human Rights Commission, 26 June, online: http://www.ohchr.org/Documents/HRBodies/HRCouncil/CoISyria/OralUpdateJune2012.pdf

HRC (2012b) 'Report of the independent international commission of inquiry on the Syrian Arab Republic', Human Rights Commission 16 August, online: http://www.ohchr.org/Documents/HRBodies/HRCouncil/RegularSession/Session21/A-HRC-21-50_en.pdf

HRC (2012c) 'The deteriorating situation of human rights in the Syrian Arab Republic, and the recent killings in El-Houleh', Resolution adopted by the Human Rights Council S-19/1, Human Rights Council, United Nations, 4 June, online: http://www.ohchr.org/Documents/HRBodies/HRCouncil/SpecialSession/Session19/A-HRC-RES-S-19-1_en.pdf

Janssen, Martin (2012) 'De verschrikkingen van Houla', 10 June, Mediawerkgroep Syrië, online: http://mediawerkgroepsyrie.wordpress.com/2012/06/10/de-verschrikkingen-van-houla/

LRC (2012) 'Germany's FAZ paper Follow-up on Houla Hoax', The LRC Blog [translation of the FAZ article from German], 16 June, online: http://www.lewrockwell.com/blog/lewrw/archives/113737.html

Marchfifteen (2012) 11-year-old Houla Massacre Survivor', marchfifteen's YouTube channel, 28 may, online: https://www.youtube.com/watch?v=POEwEiqTavA

Malas, Nour (2013) 'As Syrian Islamists Gain, It's Rebel Against Rebel', Wall Street Journal, 29 may, online: http://online.wsj.com/article/SB10001424127887323975004578499100684326558.html

Marcus, Jonathan (2013) Gruesome Syria video pinpoints West's dilemma, BBC, 14 May, online: http://www.bbc.co.uk/news/world-middle-east-22521161

Mood, Robert (2012) 'Houla massacre, 2 versions - UNSMIS Robert Mood, June 15', Adam Larson YouTube site, 16 September, online: https://www.youtube.com/watch?v=2ViUVJYGT_8

Mortada, Radwan (2012) 'Syria Alternatives (II): no homegrown solutions', Al Akhbar, 13 June, online: http://english.al-akhbar.com/content/syria-alternatives-ii-no-homegrown-solutions

Musin, Marat (2012a) 'Al Hula Witness', Sabina Zaher You Tube, 31 May, online: https://www.youtube.com/watch?v=JD0PA0BxNAQ

Musin, Marat (2012b) 'THE HOULA MASSACRE: Opposition Terrorists "Killed Families Loyal to the Government', Global research, 1 June, online: http://www.globalresearch.ca/the-houla-massacre-opposition-terrorists-killed-families-loyal-to-the-government/31184?print=1

Maramus (2012) 'ANNA ВИДЕО: материалы собственного расследования по Аль Хула', [soldier and police interviews] May 30, online: http://maramus.livejournal.com/86539.html ; VIDEO: http://video.yandex.ru/users/news-anna2012/view/24/.]

Narwani, Sharmine (2014) 'Syria: the hidden massacre', RT, 7 May, online: http://rt.com/op-edge/157412-syria-hidden-massacre-2011/

Oweis, Khaled Yacoub (2012) 'Syria activists report 'massacre' by army near Damascus', 25 August: http://www.reuters.com/article/2012/08/25/us-syria-crisis-killings-idUSBRE87O08J20120825

Reuters (2011) 'Syria says seizes weapons smuggled from Iraq', 11 March, online: http://www.reuters.com/article/2011/03/11/us-syria-iraq-idUSTRE72A3MI20110311

Reuters (2012) 'Syrian gov't: Islamists behind Houla massacre', *Jerusalem Post*, 28 May, online: http://www.jpost.com/Middle-East/Syrian-govt-Islamists-behind-Houla-massacre

RT (2012) 'UN Security Council issues statement condemning Houla Massacre', 27 May, online: http://rt.com/news/un-security-syria-houla-348/

SANA (2011) 'Mother Agnes Merriam al-Saleeb: Nameless Gunmen Possessing Advanced Firearms Terrorize Citizens and Security in Syria', Syrian Free Press Network, 19 November, online: http://syrianfreepress.wordpress.com/2011/11/19/mother-agnes-merriam-al-saleeb-nameless-gunmen-possessing-advanced-firearms-terrorize-citizens-and-security-in-syria/

SANA (2012) 'Witnesses to al-Houla Massacre: Massacres were carried out against specific families that support the government', Uprooted Palestinian, 4 June, online: http://uprootedpalestinians.blogspot.com.au/2012/06/witnesses-to-al-houla-massacre.html

Slaughter, Ann-Marie (2012) 'We will pay a high price if we do not arm Syria's rebels', Financial Times, 31 July

Spencer, Robert (2012) 'Syrian Opposition Army Imposes Jizya on Christians in Homs', Assyrian International News Agency, 13 April, online: http://www.aina.org/news/20120413175936.htm

Stack, Liam and Hania Mourtada (2012) 'Members of Assad's Sect Blamed in Syria Killings', *New York Times*, December 12, online: http://www.nytimes.com/2012/12/13/world/middleeast/alawite-massacre-in-syria.html?_r=0

Syria News (2012) 'Syria News 27 May 2012. Syrian Official TV Channel', Syria News YouTube, 27 May, online: https://www.youtube.com/watch?v=HX7n0U5hvWQ

Thompson, Alex (2012) 'Was there a massacre in the Syrian town of Aqrab?' 14 December: http://blogs.channel4.com/alex-thomsons-view/happened-syrian-town-aqrab/3426

Truth Syria (2012) 'Syria – Daraa revolution was armed to the teeth from the very beginning', BBC interview with Anwar Al-Eshki, YouTube, 7 November, online: https://www.youtube.com/watch?v=FoGmrWWJ77w

UNSC (2012) 'Security Council Press Statement on Attacks in Syria', United Nations Security Council, 27 May, online: http://www.un.org/News/Press/docs/2012/sc10658.doc.htm

UNSG (2012) 'Daily Press Briefing by the Office of the Spokesperson for the Secretary-General', United Nations, 21 June, online: http://www.un.org/press/en/2012/db120621.doc htm

UNTV (2012) 'September 28 2012 meeting of the Human Rights Council', L32 Vote, Item: 4, 38th Meeting - 21st Regular Session of Human Rights Council, online:

http://webtv.un.org/meetings-events/human-rights-council/watch/l32-vote-item:4-38th-meeting-21st-regularsession-of-human-rights-council/1865712813001

Wakefield, Mary (2012) 'Die Slowly Christian Dog', *The Spectator*, 27 October, online: http://www.spectator.co.uk/features/8708121/die-slowly-christian-dog/

Zarzar, Anas and Tareq Abd al-Wahed (2012) 'Syria's New Parliament: From Baath to Baath', Al Akhbar, 16 May, online: http://english.al-akhbar.com/content/syria%E2%80%99s-new-parliament-baath-baath

9. Chemiewaffen-Fälschungen: die Ereignisse in Ost-Ghuta

Der schmutzige Krieg gegen Syrien umfasste auch immer wieder Skandale, die gegen die syrische Regierung inszeniert wurden, um Vorwände für eine tiefer ins Land gehende Intervention zu schaffen. Den möglicherweise am meisten berüchtigten Vorfall stellt das Ost-Ghuta-Ereignis vom August 2013 dar. Bei diesem Anlass wurden Bilder toter oder betäubter Kinder in einem von den Islamisten gehaltenen landwirtschaftlich genutzten Gebiet im Osten von Damaskus ins Internet hochgeladen, mit der Behauptung, die syrische Regierung habe Chemiewaffen eingesetzt, um Hunderte von Unschuldigen zu ermorden. Der Vorfall erzeugte so große Aufmerksamkeit, dass eine direkte US-Intervention nur durch eine diplomatische Initiative Russlands aufgehalten werden konnte. Die syrische Regierung stimmte daraufhin zu, den gesamten Lagerbestand an Chemiewaffen zu vernichten (Smith-Spark und Cohen 2013), legte aber Wert auf die Feststellung, sie niemals in diesem Konflikt eingesetzt zu haben.

Und tatsächlich zeigen alle unabhängig ermittelten Beweise über den Vorfall in Ost-Ghuta (darunter auch diejenigen der USA und der UNO), dass die Regierung Syriens zu Unrecht beschuldigt wurde. Dies folgte einer Reihe weiterer falscher Anklagen, ‚*false flag*'-Vorwürfen, die von der Äbtissin Mutter Agnes aufgezeichnet wurden; (SANA 2011), über

- eine beschämend einseitige Untersuchung des Hula-Massakers; (siehe Kapitel 8)
- gescheiterte oder entlarvte Versuche, die syrische Regierung für Morde der Islamisten verantwortlich zu machen, wie z.B. in Daraya und Aqrab (Fisk 2012, Thompson 2012).

Jedoch war die Benutzung von chemischen Waffen durch die islamistischen Gruppen von den westlichen Mächten in den meisten Fällen ignoriert worden, und diese Haltung spiegelte sich wieder in fast allen westlichen Medienberichten. Da außerdem Vorwürfe wegen des Einsatzes von Chemiewaffen seit Jahren wiederholt vorgebracht wurden, scheint die öffentliche Wahrnehmung wenig Interesse an Beweisen zu haben, die auf Fakten basieren. Nach einer kleinen Betrachtung der Hintergründe wollen wir die unabhängigen Beweise zu dem Vorfall in Ost-Ghuta genauer ansehen. Ausgehend von diesen Beweisen werden wir zu einem weiteren ernsten Kriegsverbrechen geführt, nämlich dem Schicksal der toten oder betäubten Kinder, die auf diesen schändlichen Fotos gezeigt werden.

9.1 Chemiewaffen in Syrien

Chemische Waffen stellen das barbarische Überbleibsel einer früheren Ära dar, wie in dem Grabenkrieg[32] des vergangenen Jahrhunderts. Sie sind nutzlos in einem Häuserkampf, in dem jede Armee bewaffnete Gruppen in Straßen, Gebäuden und inmitten ziviler Bevölkerung jagt. Dafür sind Chemiewaffen nicht anwendbar, außer eine rücksichtslose Partei möchte eine allgemeine Panik erzeugen, oder Anlässe für falsche Vorwürfe produzieren. Im Fall der Syrischen Arabischen Armee waren die konventionellen Waffen den barbarischen Chemiewaffen weit überlegen, und die Ausbildung für Kriegführung in städtischer Umgebung, einschließlich des absolvierten Trainings im Iran hatte die Ausschaltung von Terroristengruppen durch einen Kampf von Haus zu Haus zum Ziel (al Akhras 2013). Ein Chemiewaffenlager war aufrechterhalten worden als Abschreckung gegen Israel, das über Kernwaffen verfügt, aber es gab in den vergangenen Jahrzehnten keinen nachgewiesenen Fall ihrer Anwendung.

Mitte 2013 hatte sich das Kriegsgeschehen zugunsten der Regierung gewendet. Auch wenn Teile von Aleppo, Ost Damaskus und einige Teile von Ost-Syrien von verschiedenen islamistischen Gruppen gehalten wurden, so hatte die Armee doch die stärker besiedelten Gebiete des Westens gesichert, und große Teile des Waffennachschubs für die Terroristen über die Berge an der libanesischen Grenze unterbunden. Entlang der Grenzen mit Staaten, die die Islamisten unterstützten - Türkei, Israel und Jordanien - gab es regelmäßige Einbrüche von Gruppen, aber diese wurden meist von der Armee zurückgeschlagen. Von Mai bis Juni 2013 eroberte die Armee, unterstützt durch die Hisbollah aus dem Libanon, die Stadt Kusseir im Südwesten von Homs zurück, die von einer Koalition aus

[32] Gemeint ist der Stellungskampf im Ersten Weltkrieg in Nordfrankreich, in dem sich die gegnerischen Armeen für Jahre in Gräben verschanzt hatten. Durch den Einsatz von Giftgasen versuchten die Gegner, diesen Stillstand zu durchbrechen.

Farouq-Brigade und Jabhat al-Nusra, gemeinsam mit vielen ausländischen Kämpfern, besetzt worden war (Mortada 2013).

Bereits in diesem Zusammenhang wurden regierungsgegnerische bewaffnete Islamisten beschuldigt, chemische Waffen eingesetzt zu haben. Es wurde berichtet, dass die wichtigste ausländische Unterstützergruppe für die syrischen Islamisten, Jabhat al-Nusra, im Dezember 2012 in der Nähe von Aleppo eine Chemiefabrik besetzt hatte (Gerard Direct 2012). Im März beschuldigte dann die syrische Regierung vor der UNO die Islamisten, bei Khan al Assal, im Westen Aleppos, Sarin-Gas in einer großen Schlacht eingesetzt zu haben.

Die syrische Nachrichtenagentur SANA berichtete, dass Terroristen eine Rakete *„mit chemischen Materialien“* abgefeuert hätten, und dadurch 16 Menschen getötet und 86 Soldaten und Zivilisten verwundet hätten. Die Zahl der Toten stieg später auf 25 (Barnard 2013). Das mit der Moslembruderschaft verbundene, in Großbritannien ansässige *‚Syrian Observatory for Human Rights‘*, zusammen mit anderen regierungsgegnerischen *‚Aktivisten‘*, bestätigten die Opfer, unterstellten aber, dass die syrische Armee die Waffe selbst eingesetzt haben könnte, und *‚versehentlich‘* sich selbst traf (Barnard 2013). Westliche Medien gaben der Gegendarstellung der Islamisten das gleiche Gewicht wie den Regierungsberichten. Im April 2013 wurde dann verbreitet, dass Jabhat al-Nusra in den Besitz von Chlorgas gelangt war (NTI 2013).

Zum Fall von Khan Al-Asal erklärte der syrische UN-Botschafter, Bashar al Ja'afari, am 19. März, dass die *„bewaffneten Terroristen eine Rakete vom Kfar De'il-Gebiet in Richtung Khan Al-Asal (Distrikt Aleppo) geschossen hatten … eine dichte Rauchwolke führte zur Bewusstlosigkeit bei denen, die sie einatmeten. Der Zwischenfall führte zum Tod von 25 Personen und verletzte mehr als 110 Zivilisten und Soldaten, die in die Krankenhäuser von Aleppo eingeliefert wurden“*. Am folgenden Tag forderte die syrische Regierung den UNO-Generalsekretär auf, eine *„qualifizierte, unparteiische und unabhängige Kommission zur Untersuchung des Vorfalls einzurichten“*. (UNMIAUCWSAA 2013: 2-3).

Fast unmittelbar darauf, also ab dem 21. März, begannen die Regierungen der USA, Frankreichs und Großbritanniens, (die alle direkt oder indirekt die islamistischen Gruppen unterstützen) eine Serie von Vorfällen zu melden, bei denen die Anwendung von chemischen Waffen in Syrien behauptet wurde (UNMIAUCWSAA 2013:2-6). Washington erklärte wiederholt, dass es *‚keine Beweise‘* gäbe, dass die *‚Rebellen‘* verantwortlich für die Anwendung von Chemiewaffen wären. Sie versuchten, die Anschuldigungen des Einsatzes von Chemiewaffen gegen die syrische Regierung zu richten. Die UN-Ermittlerin Carla del Ponte erklärte, ihr lägen Zeugenaussagen von Opfern vor, dass *‚Rebellen‘* Sarin-Gas benutzt hätten (BBC 2013).

Dann kam im Mai die Nachricht, dass türkische Sicherheitskräfte einen 2 kg-Kanister mit Sarin bei einer Razzia im Haus eines Kämpfers von Jabhat al-Nusra gefunden hatten (RT 2013). Im Juli meldete Russland, über eigene Beweise zu verfügen, dass die syrischen *‚Rebellen‘* ihr eigenes Sarin-Gas produzieren (Al Jazeera 2013).

Trotz der Unzufriedenheit über die Hula-Untersuchung im vorangegangenen Jahr lud die syrische Regierung UN-Inspektoren ein, das Gebiet des Angriffs in Kahn Al-Asal zu besuchen. Einzelheiten wurden abgeklärt und die Sonderkommission der UN traf schließlich am 18. August 2013 in Damaskus ein. Die Mission *„beabsichtigt, berichtete Beschuldigungen über den Einsatz von Chemiewaffen gleichzeitig in Khan Al-Asal, Saraqueb und Sheik Maqsood zu untersuchen“*. Das sind drei der 16 gemeldeten Orte, bei denen Angriffe *„als glaubwürdig erschienen“*. *‚Nach den tragischen Ereignissen vom 21. August 2013‘*, ordnete der UN Generalsekretär jedoch an, dass die Gruppe den Vorfall in Ost-Ghuta *‚vorrangig untersuchen soll‘* (UNMIAUCWSAA 2013: 7-8). Dieser Vorfall warf die ursprüngliche Planung über den Haufen. Obwohl es in keiner Weise einleuchtend war, dass die syrische Regierung chemische Waffen für Angriffe eingesetzt hatte, wo sie gerade die UN Inspektoren nach Damaskus eingeladen hatte, erhielten die Beschuldigungen eine weltweite Beachtung.[33]

[33] Zur Klarstellung: Die syrische Regierung lädt UNO Ermittler ein, über Giftgaseinsätze zu ermitteln, und soll dann wenige Tage vor deren Eintreffen selbst Giftgas eingesetzt haben.

9.2 Das Ereignis von Ost-Ghuta

Die wichtigste bewaffnete islamistische Gruppe, die das Gebiet kontrollierte, die von Saudi-Arabien unterstützte Islamische Front (Liwa al-Islam), beschuldigte die Regierung, Kinder durch Giftgas getötet zu haben. Fotos von Dutzenden toter oder verletzter Kinder wurden in Umlauf gebracht. Um die Beschuldigungen durch die ‚*Rebellen*' zu unterstützen, klagten die US-Regierung und die in den USA ansässige Organisation Human Rights Watch die syrische Regierung an. Human Rights Watch sagte, dass sie *„Zeugenaussagen zu den Raketenangriffen, Informationen über die möglichen Ausgangspunkte der Angriffe und Spuren der benutzten Waffensysteme untersucht hatte*". Die Organisation behauptete, die eingesetzten Raketen gehörten zu bekannten und dokumentierten Waffensystemen, die sich ausschließlich im Besitz und Gebrauch der syrischen Regierungsstreitkräfte befänden (HRW 2013a). Fast das Gleiche wurde von der US-Regierung behauptet.

Die engen Verbindungen zwischen den beiden Aussagen sollten uns deutlich machen, dass es sich hier eher um Kollaboration als um Bestätigung einer Position handelt.

Eine Gruppe von Nobelpreisträgern sollte später Human Rights Watch beschuldigen, eine Drehtürpolitik zwischen den eigenen Büros und denen der US Regierung zu betreiben (Pérez Esquivel und Maguire 2014).

Die New York Times unterstützte die Behauptungen der US-Regierung, *„dass nur die syrischen Regierungsstreitkräfte die Möglichkeit hatten, einen solchen Schlag auszuführen*" (Gladstone und Chivers 2013). Das Papier behauptete, dass Vektorberechnungen der Raketenflugbahn darauf hinwiesen, dass sie von der syrischen Armeebasis in Damaskus abgefeuert worden sein müssten (Parry 2013). Studien des MIT[34] (Massachusetts Institute of Technology) zeigten aber schnell, dass die Rakete eine wesentlich kürzere Reichweite hat als angenommen. Die New York Times zog dann ihre Telemetrie-Behauptungen zurück und sagte: *„während einige argumentieren, es sei immer noch möglich, dass die Regie-*

[34] Das MIT gilt als eine der weltweit führenden Eliteuniversitäten und erreicht in internationalen Vergleichen regelmäßig einen Spitzenplatz.

rung verantwortlich war, unterminieren neue Beweise die Annahmen der Regierung Obama über den Abschusspunkt" (Chivers 2013, auch Parry 2013). Der MIT-Abschlussbericht war noch nachdrücklicher. Seine Schlussfolgerung: die Raketen „*konnten unmöglich vom ‚Herz' oder von der östlichen Grenze der von der syrischen Regierung kontrollierten Gebiete, wie sie in der Geheimdienstkarte ausgewiesen wurden in der Presseerklärung des Weißen Hauses vom 30. August 2013, auf Ost-Ghuta abgefeuert worden sein.*"(Lloyd und Postol 2014).

Während die westlichen Medien meistens die Anschuldigungen Washingtons wiederholten, widersprachen unabhängige Berichte weiterhin dieser Version der Geschichte. Die Journalisten Dale Gavlak und Yahya Ababneh lieferten Interviews mit „*Ärzten, Anwohnern von Ghuta, Rebellen-Kämpfern und ihren Familien*" aus dem Gebiet von Ost-Ghuta. Viele von ihnen glaubten, dass die Islamisten Chemiewaffen vom Chef des Geheimdienstes von Saudi-Arabien, Prinz Banda bin Sultan erhalten hatten, und für den Giftgasangriff verantwortlich waren (Gavlak und Ababneh 2013).

Der Vater eines Rebellen berichtete, sein Sohn habe gefragt „*was ich denken würde, welche Art von Waffen man mich aufgefordert hatte zu tragen*". Sein Sohn und 12 andere Rebellen wurden „*in einem Tunnel getötet, der zur Lagerung von Waffen genutzt worden war. Die Waffen wurden von einem saudischen militanten Kämpfer, bekannt als Abu Ayesha, geliefert.*" (Gavlak und Ababneh 2013). Eine weibliche Kämpferin beschwerte sich darüber, dass sie keinerlei Anweisung erhalten hatte, wie diese chemischen Waffen benutzt werden.

Ein Anführer der Rebellen sagte ziemlich das Gleiche. Viele der Interviewten erklärten, dass ihr Sold von der Regierung Saudi-Arabiens stamme (Gavlak und Ababneh 2013).

Eine weitere syrische Gruppe mit Namen ISTEAMS, geleitet von Mutter Agnes Mariam, führte eine detaillierte Untersuchung der Videobeweise durch, und stellte fest, dass die Leichname für die Aufnahmen manipuliert wurden, und dass viele der Kinder krank oder betäubt erschienen (ISTEAMS 2013: 32-35). Die Videos „*stellen ein künstliches, inszeniertes*

Machwerk dar … hier liegt ein flagrantes Fehlen von Familien vor, die tatsächlich aus Ost-Ghuta stammen …. Also wo kommen die Kinder her, die in den Videos zur Schau gestellt werden?“ (ISTEAMS 2013: 44). Wie kommt es, dass dort so viele Kinder ohne Eltern auftreten, fragt der Bericht. Alle Berichte kamen aus von ‚Rebellen‘ kontrollierten Gebieten. Das örtliche Gesundheitsamt behauptete, dass 10.000 Personen verletzt und 1.466 getötet wurden. 67% davon waren Frauen und Kinder. Der Koordinationsausschuss (eine Gruppe die zu diesem Zeitpunkt mit der FSA verbunden war), sprach dagegen von 1.188 Opfern. Videos zeigten weniger als 500 Körper, von denen keinesfalls alle tot waren (ISTEAMS 2013: 36-38). Noch bemerkenswerter war das spätere Fehlen bestätigter Leichname. *„Für die Beerdigung von acht Leichnamen gibt es Augenzeugen. Die übrigen 1.458 Leichname: wo sind sie? Wo sind die Kinder?“* (ISTEAMS 2013: 41) Ein Sprecher der ‚*Rebellen*‘ behauptete, *„die Bestattungen mussten schnell vonstattengehen, aus Angst, die Körper könnten sich in Anbetracht der Hitze zersetzen“* (Mroue 2013).

Der ISTEAMS-Bericht vermutete eine mögliche Verbindung zu einer groß angelegten Entführung von Kindern aus Ballouta, im nördlichen Teil des Gouvernements Latakia, nur zwei Wochen vor dem Ereignis in Ost-Ghuta. *„Wir beziehen uns auch auf die Liste der Opfer der Invasion von 11 alawitischen Dörfern in Latakia am 04. August 2013, bei dem 150 Frauen und Kinder durch Jobhat al-Nusra entführt wurden“* (ISTEAMS 2013: 43) Der Bericht fährt fort: *„Die Familien einiger der entführen Frauen und Kinder … erkannten ihre Verwandten in dem Video“* und forderten eine ‚*unvoreingenommene*‘ Untersuchung, um die Identität und den Aufenthaltsort der Kinder festzustellen (ISTEAMS 2013: 44).

Spätere Berichte enthüllten, dass die entführten Kinder im nördlichen Teil Syriens, in Selma, festgehalten wurden (Martin 2014; Mesler 2014), und ein Bericht behauptet, bewaffnete Gruppen hätten jene Kinder unter Drogen gesetzt für Videoaufnahmen, hätten dann diese Bilder nach Ost-Ghuta geschickt, um sie sodann ins Internet hochzuladen (Mesler 2014). Wenn sich dies als Wahrheit herausstellt, waren diese Kinder niemals in Ost-Ghuta.

Gegen Ende des Jahres 2013 veröffentlichte eine Gruppe von türkischen Rechtsanwälten und Schriftstellern einen umfangreichen Bericht über Verbrechen gegen Zivilisten in Syrien. Ein besonderes Augenmerk war dabei auf die türkische Regierung gerichtet, die die ‚Rebellen'-Gruppen unterstützte. Der Bericht kam zu der Schlussfolgerung, dass ‚*die meisten Verbrechen*' gegen syrische Zivilisten, darunter auch das des Ost-Ghuta-Angriffs, durch „*bewaffnete Rebellenkräfte in Syrien begangen wurden*". Verschiedene Quellen besagten, dass die von Saudi-Arabien unterstützte Gruppe Liwa al-Islam unter der Führung von Zahran Alloush genau die Organisation war, die hinter den Giftgasattacken stand (Peace Association und Lawyers for Justice 2013).

Die US-Version der Geschichte erhielt einen weiteren Dämpfer aus den USA selber. Der renommierte nordamerikanische Journalist Seymour Hersh sprach mit Agenten des US-Geheimdienstes und schloss, dass Washingtons Behauptungen auf den falschen Beweisen basierten. Al-Nusra „*hätte ein Verdächtiger sein sollen*", sagte er, „*aber die [US]Regierung suchte sich nur solche Geheimdienstberichte heraus, die einen Schlag gegen Assad rechtfertigten*" (Hersh 2013).

Präsident Obama nannte als Beweise die Vorbereitungen der syrischen Armee für einen Chemieangriff, sowie allerlei ‚*Geschnatter*' im syrischen Funkverkehr exakt zu der Zeit des Vorfalls. Hersh jedoch sagte, dass er „*intensive Besorgnis*" und Wut unter den US-Agenten gefunden hätte über „*eine absichtliche Manipulation der Geheimdienstberichte*". Ein Beamter erklärte, dass der Angriff „*nicht durch das derzeitige Regime ausgeführt wurde*" (Hersh 2013).

Der Informant aus dem Weißen Haus kombinierte die Fakten nach dem Ereignis mit denen davor. Hersh schließt daraus, dass das Weiße Haus „*die verfügbaren Geheimdienstinformationen über den potentiellen Zugang von al-Nusra zu Sarin unbeachtet ließ, und weiterhin [fälschlicherweise] behauptete, dass die Assad-Regierung als einzige Partei im Besitz von Chemiewaffen war*" (Hersh 2013).

Die UN-Spezialmission zu chemischen Waffen kehrte Ende September nach Syrien zurück und untersuchte verschiedene Orte, darunter auch

Ost-Ghuta. Sie entschlossen sich, sieben der ursprünglich sechzehn Berichte zu untersuchen (UNMIAUCSWSAA 2013: 10). Diese Mission war nicht damit beauftragt worden, die Verantwortlichen herauszufinden, sondern festzustellen, ob Chemiewaffen zum Einsatz gekommen waren, und wenn ja, mit welchen Folgen. In einem Report vom Dezember 2013 berichtete die Kommission, dass Chemiewaffen in Syrien eingesetzt wurden, und zwar im Besonderen *„gegen Zivilisten, darunter Kinder, und in einem großen Ausmaß*

> *in der Region von Ghuta bei Damaskus am 21. August. ... in Khan Al-Asal am 19. März 2013 gegen Soldaten und Zivilisten...in Jobar am 24. August 2013 in einem relativ kleinen Rahmen gegen Soldaten ... in Saraqueb am 24. August 2013, in kleinem Umfang auch gegen Zivilisten ... und in Ashrafiah Sahnaya am 25. August 2013 in kleinem Umfang gegen Soldaten“* (UNMIAUCWSAA 2013: 19-21).

Bemerkenswert ist, dass bei drei von fünf Fällen Chemiewaffen gegen Soldaten eingesetzt wurden. Logischerweise kamen diese Angriffe von Gruppierungen, die Soldaten bekämpften, und nicht von Regierungsstreitkräften.

Ein späterer Bericht des Menschenrechtsrates (Februar 2014) stellte fest, dass die chemischen Wirkstoffe, die bei dem Angriff auf Khan-al-Assal eingesetzt wurden, *„die gleichen unverwechselbaren Merkmale trugen wie jene, die in al-Ghuta eingesetzt wurden“*; jedoch konnten sie die Täter nicht ermitteln (HRC 2014: 19).

Die Beweislage aus unabhängigen Quellen war überwältigend und ließ keinen anderen Schluss zu: Chemiewaffen wurden in Ost-Ghuta eingesetzt, aber die Vorwürfe gegen die syrische Armee waren erfunden.

Tabelle 1: Der Chemiewaffenzwischenfall in Ost-Ghuta (August 2013): Aussagekräftige Berichte	
Quelle/Bericht/Beweis	**Methode und Schlussfolgerung**
Carla del Ponte (UNO)	Vor Ost-Ghuta:'Rebellen' könnten Sarin-Gas in Nordsyrien eingesetzt haben
Verschiedene Nachrichten	Vor Ost-Ghuta: 'Rebellen' (al-Nusra) verhaftet mit Sarin-Gas in Türkei
'Syrische Rebellen' und Verbündete	1,300 Menschen oder mehr getötet, darunter Kinder, durch Beschuss der Regierung mit Chemiewaffen. Jedoch nur 8 Leichname wurden öffentlich beerdigt.
Human Rights Watch	Die benutzten Waffen waren nur im Besitz der syrischen Regierung.
New York Times (NYT)	Telemetrie beweist, dass die Angriffe von Basis der syrischen Armee kam (nach MIT Studie wird NYT gezwungen den Vorwurf zu modifizieren.)
Lloyd und Postol (MIT)	Raketen, die benutzt wurden, können unmöglich aus genannten Positionen der syrischen Regierung abgefeuert worden sein.
Gavlak und Ababneh (MINT Press)	Chemiewaffen wurden durch Saudi-Arabien an 'Rebellen'-Gruppen geliefert, einige Anwohner starben wegen falscher Handhabung.
Mutter Agnes / ISTEAMS	Bilder wurden gestellt, kein sozialer Kontext, nur 8 Menschen beerdigt - wo und wer sind die Kinder?
ISTEAMS, Martin, Mesler	Eltern identifizierten auf Fotos ihre zwei Wochen früher in Balouta (Latakia) entführten Kinder.
Seymour Hersh (LRB)	Befragte US-Beamte. Geheimdienstberichte wurden manipuliert, um falsche Anschuldigungen gegen Präsident Assad zu erheben.
Gruppe türkischer Anwälte und Autoren (PALJ)	Von Saudi-Arabien unterstützte ‚Rebellen'-Gruppe Liwa al Islam wird für verantwortlich gehalten.
UNO Bericht Dezember 2013 über Chemiewaffenangriffe in Syrien	Chemiewaffen wurden in Ost-Ghuta benutzt, 3 von 5 Chemiewaffenangriffe waren 'gegen Soldaten' oder 'Soldaten und Zivilisten' gerichtet.
HRC Bericht von Februar 2014	Chemische Stoffe die in dem Angriff von Khan-al-Assal benutzt wurden, zeigen ähnliche Merkmale wie die in Ost-Ghuta.

Beweise, die unabhängig von der syrischen Regierung entstanden, kamen aus Syrien, Jordanien, der Türkei und den USA, sowie vom Team der Vereinten Nationen. Außerdem standen viele Bilder der kranken oder toten Kinder nicht mit Ost-Ghuta in Verbindung. Eben so wenig gibt es eine unabhängige Bestätigung, wer die Kinder sind, und was mit ihnen geschah. Die Kraft der Beweise deutet darauf hin, dass es sich hier um ein weiteres ‚*False Flag*'-Ereignis handelt, mit dem Zweck, eine stärkere ausländische Intervention zu ermöglichen. Die Zahl der unabhängigen Berichte, die die Behauptungen gegen die syrische Regierung entkräften, bildet einen bemerkenswerten Kontrast zu der prahlerischen Selbstdarstellung der ‚*Rebellen*', wenn es um ihre eigenen Gräueltaten geht: Enthauptungen, öffentliche Hinrichtungen, LKW-Bomben, Mörserangriffe auf Städte, Bombardierung von Krankenhäusern sowie Zerstörung von Moscheen und Kirchen. Die Tatsache, dass die syrische Armee Verbrechen an Zivilisten entschieden zurückweist (die Behandlung von gefangenen Kämpfern ist eine andere Sache), während viele der ‚*Rebellen*' ihre eigenen Verbrechen auch noch veröffentlichen, lässt den Hintergrund bei diesen Auseinandersetzungen eindeutig erscheinen.

3. Fälschungen von Chemiewaffenangriffen und vermisste Kinder

Nach dem Ost-Ghuta-Vorfall hielten islamistische Gruppen, unterstützt durch eine Reihe von Staaten, die Syrien feindlich gegenüberstehen, ihre Vorwürfe aufrecht. Jabhat al-Nusra behauptete, dass die Chemikalien, mit denen sie in der Türkei aufgegriffen wurden, *„nicht für die Produktion von Sarin-Gas bestimmt war"* (Today's Zamann 2013). Videoaufnahmen aus dem Osten Syriens belegen jedoch, dass al-Nusra Chemiewaffen gegen syrische Soldaten einsetzte (Turbeville 2014). Im Juli 2014 wurde berichtet, dass Fässer mit Sarin in den *„von Rebellen gehaltenen Gebieten in Syrien"* entdeckt wurden (RT 2014). 2015 berichteten dann irakische Kurden, dass die andere Hauptgruppe von Al-Kaida, ISIS, Chemiewaffen benutzte (Solomon 2015; Ariel 2015).

Kurdische Kämpfer beschlagnahmten nach einem Selbstmordangriff Chlorgaskanister, nachdem sie *„schwindlig und schwach wurden, und sich übergeben mussten"* (Akbar 2015).

Anti-syrische *„Aktivisten"* gemeinsam mit Nichtregierungsorganisationen aus den USA wie Avaaz, ‚*The Syria Campaign*' und ‚*The White Helmets*' wiederholten und erweiterten die Anschuldigungen, und drängten auf eine Flugverbotszone wie in Libyen (NFZ Syria 2015; White Helmets 2015). Es war klar, dass sie den Sturz der Regierung in Damaskus beabsichtigten. Bis 2014 schien es nur geringe Chancen zu geben, dass der Sturz stattfinden könnte. Im April 2014 beschuldigte Al Jazeera wieder die syrische Regierung, Chlorgas eingesetzt zu haben (Baker 2014), während anonyme Aktivisten der syrischen Armee einen tödlichen Giftgasangriff vorwarfen (Mrou und Lucas 201). In keinem Fall gab es irgendeine unabhängige Bestätigung. Trotzdem wiederholten Medien die ursprünglichen Beschuldigungen zu Ost-Ghuta, als wären sie bewiesen, ungeachtet der Beweislage. Im April 2015 behauptete z.B. ein Artikel im britischen Guardian in seinen ‚*Hintergrundberichten*', dass die syrische Regierung chemische Waffen eingesetzt habe und ‚*im August 2013 bis zu 1.400 Menschen tötete*' (Black 2015). Das war rücksichtslose Desinformation.

Die Rauchwolke, die sich rund um die Chemiewaffen legte, hebelte jede sachliche Diskussion im Westen über den Krieg in Syrien aus, und das war vielleicht auch das Ziel. Es ist jedoch traurig, dass eine vernünftige Diskussion über die Beweise einen derart niedrigen Stellenwert haben sollte. Darüber hinaus hat der fortwährende Strom von Fälschungen gewiss die Gewalt verschärft und zu ihrer Verlängerung beigetragen. Die islamistischen Milizen führen ihre Verbrechen mit relativer Straflosigkeit aus, um dann mit schöner Regelmäßigkeit die Schuld der syrischen Regierung zuzuschieben.

Ein weiteres Verbrechen wurde durch die Fälschungen der Chemiewaffenbeschuldigungen verdeckt: das Schicksal der in Ballouta entführten Kinder. Sogar Human Rights Watch berichtete über dieses Verbrechen (HRW 2013b), ohne jedoch einen Zusammenhang mit den Kindern herzustellen, von denen behauptet wurde, sie seien in Ost-Ghuta verletzt oder getötet wurden. Diese Massenentführung war nur eine von vielen, die durch die bewaffneten Gruppen verantwortet werden.

Die Opfer werden wegen Lösegeld, oder für einen Gefangenaustausch festgehalten, oder einfach getötet, weil sie aus regierungsfreundlichen Familien stammten. In dem Ost-Ghuta-Vorfall bringen verschiedene Quellen (ISTEAMS 2013; Martin 2014, Mesler 2014) die Ballouta-Kinder mit den toten oder betäubten Kindern in Zusammenhang, von denen gesagt wurde, sie wären aus Ost-Ghuta. Das bedeutet: ihre Fotos wurden vielleicht von Ost-Ghuta hochgeladen, aber die Körper waren niemals dort. Während manche von ihnen in einem Gefangenenaustausch 2014 freigelassen wurden, befinden sich jedoch noch viele Kinder in Geiselhaft, laut Berichten in Selma. Dies muss gesagt werden, weil es erklärt, warum viele Familien im nördlichen Syrien ihre Kinder nicht öffentlich identifizieren wollen. Sie wollen diejenigen, die überlebten, befreien. Westliche Medien reden weiterhin von 1.400 Toten, ohne Namen zu nennen, aber nur von acht Leichnamen ist bekannt, dass sie beerdigt wurden. In dem Nebel des Krieges war Mutter Agnes Mariam vollkommen im Recht, immer auf Namen und Details der getöteten Menschen bestanden zu haben, und nicht nur Zahlen herunterzuspulen, als handelte es sich bei diesen Morden um ein Lottospiel. Bereits im September 2013 stellte ihre Gruppe ISTEAMS eine der wichtigsten Fragen in der ganzen Angelegenheit: *„Acht Leichname wurden beerdigt, wo sind die übrigen 1.485, wo sind die Kinder?“* (ISTEAMS 2013:41)

Anmerkung des Übersetzers:

Anfang 2016, als das Rennen um die Präsidentschaftskandidatur der Demokraten in eine entscheidende Phase ging, wurden zwei Artikel des investigativen Journalisten Seymour Hersch („Whose Sarin?“ und „The Red Line and the Rat Line“) aus dem Jahre 2013 noch einmal von mehreren Kommentatoren ausführlicher analysiert. In diesen Artikeln berichtet Hersh, dass die Obama-Regierung bewusst fälschlicherweise die Regierung von Präsident Bashar al-Assad in Syrien beschuldigt hatte, Giftgas einzusetzen, um einen Vorwand zu haben, Syrien zu bombardieren. Hersch verwies auf eine geheime Vereinbarung zwischen den USA und der Türkei, Saudi-Arabien und Katar, in dem ein Sarin-Gas-Vorfall als Vorwand für eine US-Invasion ausgelöst werden sollte. Er schreibt:

> *„Die Bedingungen der Vereinbarung sahen vor, dass die Türkei, Saudi-Arabien und Katar die Finanzierung übernehmen, der CIA mit der Unterstützung vom MI6 dafür verantwortlich war, dass die Waffen aus Gaddafis Arsenalen in Libyen nach Syrien gebracht werden“.*

Hersh war, wie in dem Kapitel erwähnt, nicht die einzige Quelle, die solche Behauptungen aufstellte. Hersh geht aber noch darüber hinaus, und macht indirekt Hilary Clinton, damals Außenministerin der USA, persönlich für die Giftgasvorfälle verantwortlich.[35]

> *„Dieser Botschafter, der getötet wurde, er war als ein Typ bekannt, so wie ich das verstehe, der der CIA nicht im Weg stehen würde. Wie ich schrieb, hatte er am Tag der Mission ein Treffen mit dem CIA-Chef der Basis und der Transportfirma. Er war mit Sicherheit involviert, sich im Klaren darüber und wusste genau, was vor sich ging. Und es ist unmöglich, dass er in einer so angreifbaren Position nicht über irgendeinen Kanal mit seinem Boss darüber gesprochen hätte.“*

35 http://www.alternet.org/world/exclusive-interview-seymour-hersh-dishes-saudi-oil-money-bribes-and-killing-osama-bin-laden

Quellen:

Al Akhras, Samer (2013) Interview with this writer, Damascus, 24 December

Al Jazeera (2013) 'Syria rebels made own sarin gas, says Russia', 10 July, online: http://www.aljazeera.com/news/middleeast/2013/07/20137920448105510.html

Anderson, Tim (2015) 'The Houla Massacre Revisited: "Official Truth" in the Dirty War on Syria', Global Research, 24 March, online: http://www.globalresearch.ca/houla-revisited-official-truth-in-the-dirty-war-on-syria/5438441

Ariel, Ben (2015) 'United States 'concerned' about ISIS use of chlorine gas', Arutz Sheva, 17 March, online: http://www.israelnationalnews.com/News/News.aspx/192730#.VSJJc5MY6q4

Akbar, Jay (2015) 'More evidence emerges of ISIS using chemical weapons as Kurdish fighters seize chlorine canisters after suicide bomb attack that left them 'dizzy, nauseous and weak'', 15 March, Daily Mail, online: http://www.dailymail.co.uk/news/article-2995150/More-evidence-emerges-ISIS-using-chemical-weapons-Kurdish-fighters-seize-chlorine-canisters-suicide-bomb-attack-left-dizzy-nauseous-weak.html

Baker, Graeme (2014) 'Syrian regime accused of chlorine gas attacks', Al Jazeera, 17 April, online: http://www.aljazeera.com/news/middleeast/2014/04/syrian-regime-accused-chlorine-gas-attacks-201441703230338216.html

Barnard, Anne (2013) 'Syria and Activists Trade Charges on Chemical Weapons', New York Times, 19 March, online: http://www.nytimes.com/2013/03/20/world/middleeast/syria-developments.html?pagewanted=all

BBC (2013) UN's Del Ponte says evidence Syria rebels 'used sarin'', 6 May, online: http://www.bbc.com/news/world-middle-east-22424188

Black, Ian (2015) 'Former ambassador attacks Cameron's 'arrogant' Syria policy', UK Guardian, 8 April, online: http://www.theguardian.com/politics/2015/apr/07/former-ambassador-attacks-camerons-arrogant-syria-policy

Chivers, C.J. (2013) 'New Study Refines View of Sarin Attack in Syria', New York Times, online: http://www.nytimes.com/2013/12/29/world/middleeast/new-study-refines-view-of-sarin-attack-in-syria.html

Eva Pal (2014) 'Talk with Lilly Martin and Steven Sahiounie, part 1', YouTube, May 10, online: https://www.youtube.com/watch?v=oc2HRk42O-w

Fisk, Robert (2012) 'Inside Daraya - how a failed prisoner swap turned into a massacre', 29 August: http://www.independent.co.uk/voices/commentators/fisk/robert-fisk-inside-daraya--how-a-failed-prisoner-swap-turned-into-a-massacre-8084727.html

Gavlak, Dale and Yahya Ababneh (2013) 'Syrians In Ghuta Claim Saudi-Supplied Rebels Behind Chemical Attack', MINT PRESS, August 29, online:

http://www.mintpressnews.com/witnesses-of-gas-attack-say-saudis-supplied-rebels-with-chemical-weapons/168135/

Gerard Direct (2012) 'Syria: jihadist al-Nusra Front seizes chemical factory near Aleppo', 9 December, online: http://gerarddirect.com/2012/12/09/syria-jihadist-al-nusra-front-siezes-chemical-factory-in-allepo/

Gladstone, Rick and C.J Chivers (2013) 'Forensic Details in U.N. Report Point to Assad's Use of Gas', New York Times, 16 September, online: http://www.nytimes.com/2013/09/17/world/europe/syria-united-nations.html?_r=0&adxnnl=1&adxnnlx=1387381766-55AjTxhuELAeFSCuukA7Og

Hersh, Seymour M. (2013) 'Whose Sarin?' London Review of Books, Vol. 35 No. 24, 19 December, 9-12, online: http://www.lrb.co.uk/v35/n24/seymour-m-hersh/whose-sarin

Hersh, Seymour M. (2014) 'The Red Line and the Rat Line', London Review of Books, 36:8, 17 April, pp 21-24, online: http://www.lrb.co.uk/v36/n08/seymour-m-hersh/the-red-line-and-the-rat-line

HRC (2014) 'Report of the independent international commission of inquiry on the Syrian Arab Republic', Human Rights Council, A/HRC/25/65, 12 February, online: http://www.ohchr.org/EN/HRBodies/HRC/IICSyria/Pages/IndependentInternationalCommission.aspx

HRW (2013a) 'Attacks on Ghuta: Analysis of Alleged Use of Chemical Weapons in Syria', Human Rights Watch, Washington, 10 September, online: http://www.hrw.org/reports/2013/09/10/attacks-Ghuta

HRW (2013b) 'You Can Still See Their Blood', Human Rights Watch, Washington, 11 October, online: http://www.hrw.org/node/119675/

ISTEAMS (2013) 'Independent Investigation of Syria Chemical Attack Videos and Child Abductions', 15 September, online: http://www.globalresearch.ca/STUDY_THE_VIDEOS_THAT_SPEAKS_ABOUT_CHEMICALS_BETA_VERSION.pdf

Lloyd, Richard and Theodore A. Postol (2014) 'Possible Implications of Faulty US Technical Intelligence in the Damascus Nerve Agent Attack of August 21, 2013', MIT, January 14, Washington DC, online: https://www.documentcloud.org/documents/1006045-possible-implications-of-bad-intelligence.html#storylink=relast

Malas, Nour (2013) 'As Syrian Islamists Gain, It's Rebel Against Rebel', Wall Street Journal, 29 may, online: http://online.wsj.com/article/SB10001424127887323975004578499100684326558.html

Martin, Lilly (2014) in Deena Stryker 'The Hidden Australia/Syria Story', Op Ed News, 22 December, online: http://www.opednews.com/articles/The-Hidden-Australia-Syria-by-Deena-Stryker-Children_Community_Death_Government-141222-294.html

Mesler, John (2014) 'Combating the Propaganda Machine in Syria: The 'Moderate Opposition', the Children from Ballouta, and the Sarin Gas Attack on Eastern Ghuta', NSNBC, 10 October, online: http://nsnbc.me/2014/10/10/combating-propaganda-machine-syria/

Mortada, Radwan (2012) 'Syria Alternatives (II): no homegrown solutions', Al Akhbar, 13 June, online: http://english.al-akhbar.com/content/syria-alternatives-ii-no-homegrown-solutions

Mortada, Radwan (2013) 'The Battle for Qusayr: Decisive Victory or War of Attrition?' Al Akhbar, May 21, online: http://english.al-akhbar.com/node/15864

Mroue, Bassem (2013) 'Syrian forces bomb area of alleged chemical attack' USA Today, 22 August, online: http://www.usatoday.com/story/news/world/2013/08/22/syria-attack/2683855/

Mroue, Bassem and Ryan Lucas (2015) 'Activists accuse Syrian military of deadly poison gas attack', 17 march, online: http://news.yahoo.com/group-syrian-attacks-may-amount-war-crimes-074128323.html

NFZ Syria (2015) 'Call from Syria: London march 26th April', 4 April, online: http://www.nfzsyria.org/

NTI (2013) 'Syrian militants have access to chlorine gas: plant owner', 1 April, online: http://www.nti.org/gsn/article/syrian-militants-have-access-chlorine-gas-plant-owner/

Parry, Robert (2013) 'NYT Backs Off Its Syria-Sarin Analysis', Global Research, 30 December, online: http://www.globalresearch.ca/nyt-backs-off-its-syria-sarin-analysis/5363023

Peace Association and Lawyers for Justice in Turkey (2013) 'War Crimes Committed Against the People of Syria', December, online: http://www.wpc-in.org/sites/default/files/documents/war-crimes-committed-againts-the-people-of-syria.pdf

RT (2013) 'Turkey finds sarin gas in homes of suspected Syrian Islamists – reports', 30 may, online: http://rt.com/news/sarin-gas-turkey-al-nusra-021/

RT (2014) "Abandoned' barrels containing deadly sarin seized in rebel-held Syria', 8 July, online: http://rt.com/news/171076-two-sarin-barrels-found-syria/

SANA (2011) 'Mother Agnes Merriam al-Saleeb: Nameless Gunmen Possessing Advanced Firearms Terrorize Citizens and Security in Syria', Syrian Free Press Network, 19 November, online: http://syrianfreepress.wordpress.com/2011/11/19/mother-agnes-merriam-al-saleeb-nameless-gunmen-possessing-advanced-firearms-terrorize-citizens-and-security-in-syria/

Smith-Spark, Laura and Tom Cohen (2013) 'U.S., Russia agree to framework on Syria chemical weapons', CNN, 15 September, online: http://edition.cnn.com/2013/09/14/politics/us-syria/

Solomon, Erica (2015) 'Iraqi Kurds claim ISIS used chemical weapons', Financial Times, 14 March, online: http://www.ft.com/cms/s/0/6e69cfca-ca78-11e4-8973-00144feab7de.html#axzz3WW8sO2k1

Turbeville, Brandon (2014) 'New video evidence points to al-Nusra chemical attack against Syrian soldiers', 5 May, Online: http://www.activistpost.com/2014/05/new-video-evidence-points-to-al-nusra.html

Stack, Liam and Hania Mourtada (2012) 'Members of Assad's Sect Blamed in Syria Killings', New York Times, December 12, online: http://www.nytimes.com/2012/12/13/world/middleeast/alawite-massacre-in-syria.html?_r=0

Thompson, Alex (2012) 'Was there a massacre in the Syrian town of Aqrab?' 14 December: http://blogs.channel4.com/alex-thomsons-view/happened-syrian-town-aqrab/3426

Today's Zaman (2013) 'Detained al-Nusra members say chemicals not for making sarin gas', 13 September, online: http://www.todayszaman.com/national_detained-al-nusra-members-say-chemicals-not-for-making-sarin-gas_326332.html

UN (2013) United Nations Mission to Investigate Allegations of the Use of Chemical Weapons in the Syrian Arab Republic, December, online: https://unoda-web.s3.amazonaws.com/wp-content/uploads/2013/12/report.pdf

UNMIAUCWSAA (2013) 'Final report', United Nations Mission to Investigate Allegations of the Use of Chemical Weapons in the Syrian Arab Republic, 12 December, online: https://unoda-web.s3.amazonaws.com/wp-content/uploads/2013/12/report.pdf

White Helmets (2015) 'It's time to stop the bombs', March, online: https://www.whitehelmets.org/

10. ‚Schutzverantwortung' und das Doppelspiel

Eine neue Version der ‚humanitären Intervention', bekannt als ‚Schutzverantwortung", ist an der Wende zum 21. Jahrhundert entwickelt worden. Eine Erfindung der Großmächte. Eine Reaktion auf die humanitären Folgen, die ihrer Meinung nach aus dem Versagen entstanden war, in der Vergangenheit nicht interveniert zu haben.[36] Daraus entstand ein ungeheuer mächtiges moralisches Argument für die Intervention in Libyen im Jahre 2011.[37] Diese Intervention, die auf Lügen basierte, war eine Katastrophe für das libysche Volk. Ein ähnlicher Ansatz wurde in Syrien versucht, schlug aber fehl. Insbesondere Russland und China waren nicht länger bereit, das Spiel Washingtons mitzuspielen. Egal wie es in der Theorie geklungen haben mag, in der Praxis war das Instrument der ‚Schutzverantwortung' zu einem Interventionswerkzeug geworden. Das Prinzip beinhaltet große Risiken und hat bewaffnete Gruppen bei deren Suche nach größerer ausländischer Unterstützung zu ‚*False Flag*'-Massakern ermutigt. Es war hilfreich, das internationale System zu untergraben, das seit den 1940er Jahren auf den Grundsätzen der Souveränität und Nicht-Einmischung basierte.

In vielerlei Hinsicht ist es ungewöhnlich, dass schon so bald nach der Invasion des Iraks im Jahr 2003, auf der Grundlage eines offensichtlich falschen Vorwandes (siehe Kramer und Michalowski 2005) eine ernsthafte Debatte darüber begann, wie man Gründe für eine militärische Intervention ausbauen und rechtfertigen könnte[38]. Die Debatte war außergewöhnlich, weil sie nur sehr wenig auf die lange Geschichte falscher Vorwände für Interventionen einging. Aber in mancherlei Hinsicht war sie logisch, da sie an ein naives soziales Gewissen appellierte, und dabei neue Wege für

[36] Ein solches Nicht-Eingreifen verbleibt in der kollektiven Erinnerung im Falle des Völkermordes in Ruanda 1994.

[37] Die erste Realisierung von Schutzverantwortung im Widerspruch zum geltenden Völkerrecht stellte der NATO-Krieg gegen Jugoslawien dar, der ebenso auf Lügen basierte wie die Libyen-Intervention, und in der Deutschland eine besondere Rolle spielte. Siehe „Es begann mit einer Lüge" ARD Dokumentation https://www.youtube.com/watch?v=MYcRjHX50og

[38] Wobei es sich im Prinzip um eine Renaissance der kolonialen Politik des 19. Jahrhunderts handelte

die Machtambitionen von Großmächten eröffnete[39]. Das *,Doppelspiel'*, falsche Vorwände, politischen Ehrgeiz und die Überlegung des Nutzens für die Allgemeinheit miteinander zu vermischen, hat eine sehr lange Tradition.

Die kürzlich eröffnete Diskussion bezog sich meist auf westliche Überlegungen und konzentrierte sich auf die Propagierung der Schutzverantwortung als *,einer neuen Norm des internationalen Gewohnheitsrechts'*, ja sogar als einer Norm der Verpflichtung (Loiselle 2013: 317-341).Dies brachte eine Aufwallung westlicher Stimmungen im Allgemeinen zugunsten von Interventionen hervor, weitgehend ungeachtet der Feinheiten im Detail. Das bedeutete eine Umkehrung der Entwicklungen, die von den ehemaligen Kolonien in der nachkolonialen Ära durchgesetzt wurden.[40]

Auf der anderen Seite erhebt die Bewegung der Blockfreien Staaten, die aus 118 Nationen, meist ehemaligen Kolonien besteht, das Prinzip der Nichteinmischung zu einem der Grundprinzipien von Nationalstaaten (Köchler 1982). Als Beispiel vergangener Debatten war der Hauptstreitpunkt zwischen den Vereinigten Staaten und den Staaten Lateinamerikas bei allen pan-amerikanischen Konferenzen des frühen 20. Jahrhunderts die Weigerung der USA, das Prinzip der Nichteinmischung zu akzeptieren. Schließlich erkannten die USA das Prinzip im Jahre 1933 an (Dreier 1963: 40-41). Aber selbstverständlich intervenierten die USA danach immer noch in Lateinamerika, aber dieser Grundsatz der Nichteinmischung war Triebfeder für die Suche nach neuen Vorwänden.

Während das Konzept einer Notwendigkeit ,humanitärer Intervention' schon seit einiger Zeit durchgesetzt war, ist die spezifischere Doktrin der *,Schutzverantwortung'* noch relativ neu. Beide Prinzipien teilen aber ähnliche Begründungen für ausländische militärische Interventionen, die immer durch Großmächte durchgeführt werden, aber normalerweise stellvertretend für einen größeren Kreis. In der nordamerikanischen Sichtweise steht

---

[39] Ebenso wie Kolonialmächte ihren Bürgern im 19. Jh.erklärte, man müsse „den Wilden Kultur bringen", ist es heute „Demokratie" und „Humanitäre Hilfe".

[40] Noam Chomsky hat in seiner Rede vor der UNESCO am 21.11.2011 die ganze Fragwürdigkeit der westlichen Politik in diesem Zusammenhang zusammengefasst. http://jomenschenfreund.blogspot.de/2012/06/nuom-chomsky-die-usa-und-die-un.html

das Prinzip der heutigen ‚*humanitären Intervention*' in der Tradition früherer Praktiken, wie zum Beispiel der des britischen Imperiums gegen die Sklaverei (nun, vergessen wir ruhig mal das 16., 17. und das 18. Jahrhundert) und des angeblichen Idealismus der US-amerikanischen Intervention im Spanisch-Amerikanischen Krieg (Bass 2009). Aus dieser Sicht waren ‚*humanitäre Interventionen*' zu unterscheiden vom Imperialismus, der sowohl von ‚*Realisten*' als auch von ‚*Linken*' abgelehnt wurde. Bass zitiert John Stuart Mill, den bekannten englischen Liberalen, einen Gegner absoluter Souveränität und der Sklaverei, und ein Vertreter der humanitären Intervention:

> „*Barbaren haben kein Recht als Nation, sondern das Recht zu einer solchen Behandlung … [um sie] dazu zu bringen, eine Nation zu werden … [sollten wir] in den Streitigkeiten, die zwischen ausländischen Staaten ausbrechen, vermitteln, um hartnäckig anhaltende Bürgerkriege zu beenden … vermitteln zugunsten einer milden Behandlung der Besiegten … [und] den Sklavenhandel [beenden]*" (Mill 1867:252-253)

Mills Ansicht kann als Vorläufer des ‚*liberalen Imperialismus*' angesehen werden, der von britischen Autoren vertreten wurde (Ferguson 2004; Cooper 2002); ist jedoch noch etwas verschieden von den Argumenten nordamerikanischer Denker wie Ignatieff (2005) und Ikenberry (2012), die dazu tendieren, Ideen einer ‚hegemonialen Stabilität' anzuhängen.

In dieser nordamerikanischen Doktrin nutzt eine wohlwollende Supermacht nicht ihre Rolle als Vormacht aus, sondern engagiert sich eher in selbstaufopfernden Verhaltensweisen, das ‚*Öffentliche Wohl*' für alle zu steigern (Keohane 1986).

In jedem Fall passt der ‚*liberale Imperialismus*' nicht gut zur Weltordnung, die nach dem Zweiten Weltkrieg eingerichtet wurde, und die vermeintlich durch die Charta der Vereinten Nationen und den beiden Abkommen über Menschenrechte bestimmt wird. Sowohl die Charta als auch die Menschenrechtsabkommen beginnen mit dem Recht der Staaten und Völker auf Selbstbestimmung. Kritische Sichtweisen rufen dazu auf, ‚*humanitäre Interventionen*' und ‚*Schutzverantwortung*' historisch zu interpretieren.

Noam Chomsky sagt, dass solche Normen verstanden werden müssen als historische Teile der imperialen Doktrin. Die meisten militärischen Aggressionen, so schreibt er, wurden *„durch eine hochfliegende Rhetorik über die edlen humanitären Absichten gerechtfertigt“* (Chomsky 2008: 48).

Die Idee einer *‚Schutzverantwortung‘* wurde in einer Ära eindeutiger Anerkennung des Selbstbestimmungsrechtes und der Souveränität von Staaten entwickelt. Und das zu der selben Zeit, als Konventionen gegen Kriegsverbrechen, Verbrechen gegen die Menschlichkeit und der neu geschaffene Verbrechenstatbestand Völkermord vereinbart wurden. In diesem Zusammenhang, und nach den Massenmorden in Kambodscha und Ruanda, verbreitete eine *‚Internationale Kommission zu Interventionen und staatlicher Souveränität‘* im Jahr 2001 die Idee von *‚Souveränität als Verantwortung‘*, mit dem Augenmerk auf die Gewalt in schwachen oder in der Entwicklung befindlichen Staaten. Das Weltgipfeltreffen in New York im Jahre 2005 stellte fest:

> *„Jeder einzelne Staat hat die Verantwortung, seine Bevölkerung vor Völkermord, Kriegsverbrechen, ethnischen Säuberungen und Verbrechen gegen die Menschlichkeit zu schützen … Die internationale Gemeinschaft sollte, so wie es angemessen ist, den Staaten helfen und sie ermutigen …. [und] wir sind bereit, gemeinsame Aktionen durchzuführen … durch den Sicherheitsrat … sollten gewaltfreie Maßnahmen unangemessen sein, und nationale Autoritäten offenkundig darin versagen, ihre eigene Bevölkerung zu schützen“* (UN 2005: 138-139).

Der Kern dieses Textes wurde von der UN Sicherheitsratsresolution 1674 im folgenden Jahr angenommen (UNSC 2006; siehe auch ICRtoP 2014).

Edward Luck (2009) bemerkt, dass es nicht unbedingt Widersprüche zwischen dieser Doktrin und der staatlichen Souveränität gibt, da der Gedanke auf konventionellem Menschenrecht und staatlicher Souveränität beruht, und *‚staatliche Souveränität verstärkt‘*. Er erkennt jedoch an, dass es Reibungen mit einer strengeren Auslegung von Souveränität gibt, die er

'Westfälische Souveränität'[41] nennt. Er sagt: die Besorgnis, der Gedanke der Schutzverantwortung *„könnte von mächtigen Staaten verwendet werden, um Zwangsinterventionen zu rechtfertigen, die ganz andere Ziele verfolgen, ist absolut nachvollziehbar“* (Luck 2009: 17).

Die *'Schutzverantwortung'* verändert weder die UNO-Charta noch die Allgemeine Erklärung der Menschenrechte. Das lenkt jedoch ein größeres Augenmerk auf die Interventionsbefugnisse des Sicherheitsrates nach Kapitel VII. Nun hat aber die Schutzverantwortung nicht das gesetzliche Verbot von Militärinterventionen aufgehoben, außer im Fall der Selbstverteidigung oder um jeglichen Angriff auf die Souveränität zu verhindern, den der Sicherheitsrat als Verletzung der *'kollektiven Sicherheit'* ansieht. Beide Gedankenstränge zielen darauf ab, das internationale System zu verteidigen, das auf der Unantastbarkeit von Nationalstaaten gründet.

Eine kritische Analyse zeigt jedoch, dass die hervorstechende Eigenschaft der Schutzverantwortungsdoktrin darin besteht, neue Begründungen für Interventionen der Großmächte zu schaffen, also gerade auch für die ehemaligen Kolonialmächte. Vorgeblich sollen gerade jene Verbrechen *'verhindert'* werden, die schon immer von eben diesen Großmächten begangen wurden.

Rafael Lemkin - ein polnischer Jude, Rechtsanwalt und Begründer des Konzepts 'Völkermord' – hob hervor, dass es in der Regel die sehr mächtigen Staaten waren, die Angriffskriege, ethnische Säuberungen und Völkermord durchführten. Genozid, so sagte er, war *„nicht das Resultat der Launen eines zufällig auftretenden schurkischen Herrschers, sondern ist ein immer wiederkehrendes Muster in der Geschichte ... ein koordinierter Plan unterschiedlicher Aktionen, dazu bestimmt, die wesentlichen Lebensgrundlagen von nationalen Gruppen zu zerstören, darauf gezielt, diese Gruppen auszulöschen“* (Frieze 2013: 138; Lemkin 1944: 79). Die Opfer waren jene, die in umstrittenen oder besetzten Gebieten lebten, wäh-

[41] Der Westfälische Frieden von 1648 wurde in Münster und Osnabrück geschlossen und beendete den Dreißigjährigen Krieg. Er ist das Symbol für den Beginn einer modernen Staatenordnung, die auf modernen völkerrechtlichen Regeln basiert. Prinzipien, die aber zunehmend durch Begründungen für Interventionen wieder verwässert oder ganz entwertet wurden.

rend die Täter als Osmanen, Japaner, Mongolen und imperiale Spanier beschrieben wurden (Frieze 2013: 80, 138, 168, 184).

Bloxham, der auch über den Armenischen Völkermord schrieb, stimmt mit Lemkin überein, dass ein Genozid verstanden werden muss als das Ergebnis historischer Prozesse und ‚*strukturierter Beziehungen*' und nicht als ‚*teuflische Absicht böser Männer*' (Bloxham 2003: 89). Dieses große Verbrechen (der Völkermord) war eines der schrecklichen aber logischen Ergebnisse von Projekten der Beherrschung, betrieben durch Imperien. Mit dieser Geschichte im Hinterkopf war es ganz schön verwegen von den Großmächten, sich der ‚*bevorstehenden großen Verbrechen, einschließlich Völkermord*', zu bedienen, um den Vorwand für ein Eingreifen zu schaffen.

Kein anderes Rechtsgebilde hatte Verbrechen in der Größenordnung der Imperien vorzuweisen, die schon durch ihren Charakter interventionistisch sind.

Im Bewusstsein des Vermächtnisses von Kolonisierung, Sklaverei und Völkermord haben die Führer der Blockfreien Staaten, die fast alle aus Kolonien hervorgegangen sind, das Prinzip der Nichteinmischung vehement verteidigt (z.B. Lage 2006). Seit dem Beginn des Syrienkonfliktes haben diese Staaten die Idee einer Intervention der Großmächte aus humanitären Gründen verworfen. Sie betrachten die Schutzverantwortung als ‚*Trojanisches Pferd*', um einen ‚*Regimewechsel*' herbeizuführen (Mendiluza 2014).

Eine zweite bemerkenswerte Eigenschaft des Konzepts der Schutzverantwortung besteht darin, dass die treibenden Kräfte aus dem liberalen Lager der westlichen Politik kommen. Das ist abweichend von der Spaltung, die zwischen den Großmächten während der Invasion des Irak 2003 auftrat, aber in Übereinstimmung mit den Argumenten von Bass (2009), dass ‚*humanitäre Intervention*' ihre Wurzeln in der ‚*liberalen*' Politik hat, als Gegenmodell zur ‚*realistischen*'[42] Richtung in der hegemonialen Kul-

[42] „Realistische" Richtung: als führende Exponenten der „realistischen" Politik gelten Bismarck und Kissinger. Die ‚Realisten' erheben nicht den Anspruch, moralische Ziele zu verfolgen. Stattdessen ist diese Politik ausschließlich an der Erzielung von Vorteilen für die eigene Seite interessiert.

tur. Ich erklärte in Kapitel 7, wie der ehemalige Direktor von Human Rights Watch, Holly Burkhalter, im Auftrag des US-Außenministeriums für eine sehr viel bedeutendere Rolle Washingtons bei militärischen Interventionen plädierte, angeblich, um große Verbrechen zu verhindern. Das US-Militär war vorsichtiger, und betonte die Notwendigkeit engerer Verbindungen zu direkten US-Interessen (CRF 2000).

Die Intervention in Libyen im Jahr 2011 bezog ihre Begründungen im Wesentlichen aus Argumenten für die Schutzverantwortung, aber die NATO-Streitkräfte gingen sofort weit über das Mandat des UN-Sicherheitsrates, eine ‚*Flugverbotszone*' einzurichten, hinaus (siehe RT 2011).

NATO-Luftherrschaft und Bodentruppen waren entscheidend für die Vernichtung der Regierung von Muammar al-Gaddafi und der Zerlegung von Libyen als Staat. Die ehemalige Kongressabgeordnete Cynthia McKinney (2012: 12-13) weist darauf hin, dass der Irak, Libyen und Syrien alte ‚*prosowjetische Regime*' waren, die Beamte des Pentagons schon seit den frühen 1990er Jahren ‚*aufräumen*' wollten. Diese Pläne gewannen an Kontur durch die Invasion von Afghanistan und des Irak. Die Vorwände im Fall von Libyen waren angebliche Massaker an Zivilisten in der Folge eines Aufstandes nach Art von Al-Kaida im Osten von Libyen. Graham Cronogue (2012) zitiert die britische Zeitung The Guardian, eine der größten Unterstützer von ‚*humanitären Interventionen*' die behauptete, dass ‚*hunderte von Zivilisten*' bei ‚*Demonstrationen*' getötet wurden. Amnesty International (2011:8) unterstützte die Behauptungen von ‚*Morden, Entführungen und Folter*'.

Die meisten dieser Berichte waren von Interessenkonflikten überschattet. Die wichtigste Quelle für Informationen über angeblichen Machtmissbrauch durch die libysche Regierung, Sliman Bouchuiguir, bezog seine Informationen direkt von oppositionellen politischen Kräften (Nazemroaya 2012: 132-134). Er sollte später zugeben, dass er keine Möglichkeiten hatte, die Daten über Tötungen, die er präsentierte, zu überprüfen (Teil 2011). Nachdem Gaddafi ermordet und seine Regierung gestürzt worden war, gab die französische Leiterin von Amnesty International, Geneviève Garrigos, zu, dass die Behauptungen, Gaddafi setze ‚*afrikanische Söldner*' ein, um Libyer zu ermorden, „*nur ein Gerücht war, das in den Medien verbreitet wurde*“ (in Trutz Syria 2012). Jenseits des Atlantiks wurde die Direktorin von Amnesty International für die USA direkt aus ihrer Position im Außenministerium der USA rekrutiert, wo sie an der Entwicklung der US-Politik gegen Russland, den Iran, Libyen und Syrien beteiligt war (Teil 2012: 146; Wright und Rowley 2012; Cartalucci 2012).

Der Staat Katar hatte geholfen, Waffen an libysche Islamisten zu liefern und Propaganda durch sein Medien-Netzwerk Al Jazeera zu verbreiten (Fitrakis in Mc Kinney 2012: 22). Die US-Regierung hatte durch ihre Organisation ‚*National Endowment for Democracy*‘ verschiedene Nichtregierungsorganisationen in Libyen finanziert, die auch ihren Beitrag zu einer Kampagne für eine ‚*humanitäre*‘ Intervention leisteten (Nazemroaya 2012: 147).

Interessenkonflikte in der Schutzverantwortungsdebatte über Libyen entwickelten sich völlig ungezügelt. Die Schätzungen von Opferzahlen, die aus nordamerikanischen Quellen stammten, besagen, dass ungefähr zehn Mal so viele Menschen nach der NATO-Intervention starben als vorher.

Vier Jahre nach der Intervention befindet sich Libyen weiterhin in einer katastrophalen Situation (Kuperman 2015).

In weiten akademischen Kreisen wurde Unzufriedenheit artikuliert, Libyen als ein Modell für gelungene Schutzverantwortung anzusehen. Dunne und Gelber sagen, dass die Argumente für die Intervention in Libyen die Idee der Schutzverantwortung als ‚*Norm*‘ untergraben würden: indem die NATO das Mandat für eine ‚*Flugverbotszone*‘ verfälscht zu einem ‚*Regimewechsel*‘, ‚*verrät*‘ sie das Vertrauen der UNO und zeigt damit offen die parteiliche Natur der Intervention (Dunne und Gelber 2014: 327-328). Brown stimmt zu und sagt, die Intervention in Libyen zeige, dass die angebliche ‚*unpolitische Natur*‘ einer möglichen ‚*Schutzverantwortung*‘ eine „*Schwäche, keine Stärke ist … Die Annahme, dass Politik aus dem Gesamtbild herausgehalten werden kann bedeutet, eine Illusion zu verbreiten, und in der Folge zu Ernüchterung zu führen*“ (Brown 2013: 424-425). Selbst in westlichen Kreisen hat die Doktrin nach Libyen ihren intellektuellen Reiz verloren.

Die Geschichte kann uns helfen, diese Kritik, zusammen mit der Anerkennung der Schutzverantwortung als eine *,zulässige Norm'* (Steele und Heinze 2014:88, 109) einen Schritt weiter zu bringen. Sowohl humanitäre Intervention als auch Argumente für die Schutzverantwortung müssen durch gut etablierte Prinzipien hinterfragt werden. Prinzipien, die Interessenkonflikte ausschließen und ein großes Augenmerk auf ausreichend detaillierte und unabhängige Beweise der anstehenden Frage einfordern. Darüber hinaus müssen diese Argumente die lange Geschichte imperialer Interventionen mit einbeziehen. Das gilt für alle diese Konflikte, einschließlich der parteilichen Behauptungen zu den Massakern an Zivilisten in Syrien. Die Fälschungen zu diesen Massakern wurden in diesem Buch in Kapitel 8 und 9 dokumentiert. Ohne eine solche prinzipielle Überprüfung der Debatte kann man leicht Opfer falscher Behauptungen in einem *,doppelten Spiel'* werden. Eine historische Taktik der Großmächte.

Im Jahr 2014 gab es einen Wechsel in der grundsätzlichen Begründung für eine westliche Intervention. Die Begründung verschob sich von der *,Schutzverantwortung'* in Richtung auf eine *,beschützende Intervention'*, im Namen der Bekämpfung des Terrorismus weltweit.

Dieses Argument zertrampelt internationales Recht, zeigt die rücksichtslose Missachtung der Rechte anderer Völker und ihrer Nationen. In Syrien beinhaltete dieses neue Argument die bizarre Behauptung, dass Washington eine Gruppe von Islamisten bewaffnete, damit sie eine andere, extremere Gruppe, bekämpfen konnte.

Sowohl humanitäre Intervention als auch die spezifischere Doktrin der Schutzverantwortung bergen das große Risiko in sich, ernsthafte Verbrechen noch weiter zu verschärfen, wie die Massaker *,unter falscher Flagge'* in Syrien demonstriert haben.

Wenn ausländische Mächte Stellvertretermilizen im Kampf gegen einen Nationalstaat unterstützen, können solche Milizen ermutigt werden, die schlimmsten Gräueltaten ungestraft zu begehen oder Kombinationen ihrer eigenen Verbrechen und Ereignisse zu manipulieren, um sie sodann dem *,Regime'* in der Zielscheibe unterzuschieben, in der Hoffnung, größere militärische Unterstützung von ihren Förderern zu erhalten. Dieser Beitrag zur verschärften Gewalttätigkeit rechtfertigt für uns das weit verbreitete Bestehen auf der Achtung des Respekts vor den Grundsätzen der Nicht-Einmischung.

Quellen:

Bass, Gary J. (2008) Freedom's Battle: the origins of humanitarian intervention, Vintage Books, New York

Bloxham, Donald (2003) 'The Armenian Genocide of 1915-1916: cumulative radicalization and the development of a destruction policy', Past and Present, No 181, November, 189

Brown, Chris (2013) The Anti-Political theory of Responsibility to Protect', Global Responsibility to Protect, Vol 5, Issue 4, 423-442

Cartalucci, Tony (2012) 'Amnesty International is US State Department propaganda', Global research, 22 August, online: http://www.globalresearch.ca/amnesty-international-is-us-state-department-propaganda/32444

CFR (2000) Humanitarian Intervention: crafting a workable doctrine, A Council Policy Initiative, Council on Foreign Relations, Washington

Chomsky, Noam (2008) 'Humanitarian Imperialism: The New Doctrine of Imperial Right', Monthly Review, Vol 60, No 4, September, online: http://monthlyreview.org/2008/09/01/humanitarian-imperialism-the-new-doctrine-of-imperial-right/

Cooper, Robert (2002) 'The new liberal imperialism', The Guardian, 7 April, online: http://www.theguardian.com/world/2002/apr/07/1

Cronogue, Graham (2012) 'Responsibility to Protect: Syria, the Law, Politics and Future of Humanitarian Intervention Post-Libya', Journal of International Humanitarian Legal Studies, Volume 3 issue 1, 124-159

Dreier, John (1963) 'The Organization of American States and United States Policy', International Organization 17, no. 1, 40–41.

Dunne, Tim and Katherine Gelber (2014) 'Arguing Matters: The responsibility to protect and the Case of Libya', Global Responsibility to Protect, 6, 326-349

Ferguson, (2004) Colossus: The Rise and Fall of the American Empire, Penguin, London

Frieze, Donna-Lee (Ed) (2013) Totally Unofficial: the autobiography of Raphael Lemkin, Yale University Press, New Haven

ICRtoP (2014) International Coalition for the Responsibility to Protect, World Federalist Movement, New York, online: http://www.responsibilitytoprotect.org/

Ignatieff, Michael (2005) American Exceptionalism and Human Rights, Princeton University Press, New Jersey

Ikenberry, G. John (2012) Liberal Leviathan: The Origins, Crisis, and Transformation of the American World Order, Princeton University Press, New Jersey

Keohane, Robert O. (1986) Neorealism and Its Critics, Colombia University, New York

Köchler, Hans (Ed) (1982) Principles of Non-alignment: The Non-aligned Countries in the Eighties - Results and Perspectives, Third World Centre, London

Kramer, Ronald C. and Raymond J. Michalowski (2005) 'War, Aggression and State Crime: A Criminological Analysis of the Invasion and Occupation of Iraq', British Journal of Criminology, July, 45:4, 446-469

Kuperman, Alan J. (2015) 'Obama's Libya Debacle', Foreign Affairs, March-April, online: https://www.foreignaffairs.com/articles/libya/2015-02-16/obamas-libya-debacle

Lage, Carlos (2006) 'Discurso del Vicepresidente del Consejo de Estado de la República de

Cuba Carlos Lage Dávila, en la Inauguración de la Reunión de Cancilleres del Movimiento de Países No Alineados, Granma, 18 September, online: http://www.granma.cu/granmad/secciones/noal-14/noti-noal/n060.html

Lemkin, Raphael (1944) Axis Rule in Occupied Europe, Carnegie Endowment for International Peace, Division of International Law, Washington

Loiselle, Marie-Eve (2013) 'The Normative Status of the Responsibility to Protect After Libya', Global Responsibility to Protect, Vol 5, Issue 3, 317-341

Luck, Edward C. (2009) 'Sovereignty, Choice, and the Responsibility to Protect', Global Responsibility to Protect 1, pp. 10–21

McKinney, Cynthia (2012) The Illegal war on Libya, Clarity Press, Atlanta GA

Mendiluza, Waldo (2014) 'Debate sobre Siria en ONU, el tema humanitario como Caballo de Troya', Avanzada, 16 February, online: http://avanzada.reduc.edu.cu/index.php/especial-siria/7088-debate-sobre-siria-en-onu-el-tema-humanitario-como-caballo-de-troya

Mill, John Stuart (1874) 'On the Treatment of Barbarous Nations', in Dissertations and Discussions: Political, Philosophical, and Historical, Vol 3, Longmans, Green, Reader and Dyer, London

Nazemroaya, Mahdi Daerius (2012) 'The Big Lie and Libya', in Cynthia McKinney (2012) The Illegal war on Libya, Clarity Press, Atlanta GA, 127-139

RT (2011) 'Russia accuses NATO of going beyond UN resolution on Libya', April 17, online: http://rt.com/news/russia-nato-un-resolution-libya/

Steele, Brent J, and Eric A. Heinze (2014) 'Norms of Intervention, R2P and Libya', Global Responsibility to Protect, Vol 6, 88-112

Teil, Julian (2011) 'Lies behind the "Humanitarian War" in Libya: There is no evidence! (Part 1), NATO Crimes In Libya', YouTube, Interview with Soliman Bouchuiguir, October 15, online: https://www.youtube.com/watch?v=j4evwAMlh4Y

Truth Syria (2012) 'The Gaddafi Mercenaries and the Division of Africa', YouTube, Interview with Genevieve Garrigos (Amnesty International France), 4 February, online: https://www.youtube.com/watch?v=1WFknaEKdOM

UN (2005) 2005 World Summit Outcome, 60/1, 24 October, online: http://www.un.org/womenwatch/ods/A-RES-60-1-E.pdf

UNSC (2006) Resolution 1674, online: http://www.securitycouncilreport.org/atf/cf/%7B65BFCF9B-6D27-4E9C-8CD3-CF6E4FF96FF9%7D/Civilians%20SRES1674.pdf

Wright, Ann and Coleen Rowley (2012) 'Amnesty's Shilling for US Wars', Consortium News, June 18, online: https://consortiumnews.com/2012/06/18/amnestys-shilling-for-us-wars/

11. Gesundheitsversorgung und Sanktionen

Syriens Gesundheitssystem wurde durch den Krieg erschüttert und durch die westlichen Wirtschaftssanktionen zerrüttet. Die Schuld schrieb man sodann polemisch dem Opfern zu, wie praktisch jede andere Schuld an dem Konflikt auch.

Im Dezember 2013 erklärte der damalige syrische Gesundheitsminister, Dr. Sa'ad al Nayef, einer Solidaritätsdelegation aus Australien, der auch ich angehörte, dass vom Ausland unterstützte Terroristen kürzlich zwei LKW-Bomben innerhalb des al-Kindi-Krankenhauses in Aleppo gesprengt hätten, wodurch das Krankenhaus zerstört wurde und alle Ärzte und Pfleger im Inneren des Gebäudes den Tod fanden.

Er zeigte uns ein Video der FSA („Freie Syrische Armee"; Farouq-Brigade) die das Krankenhaus von Homs am 6. April 2012 angegriffen hatte, ein weiteres Video über eine Zerstörung am Al-Salamiyeh National Hospital (HAMA), nach dem Angriff am 21. Januar 2013, und ein drittes Video über die Beschädigungen am Al Zahrway Krankenhaus (Damaskus) nach einem darauf folgenden Terroristenangriff am 05. Mai 2013. Er teilte der Delegation Einzelheiten des Angriffs vom 26. November 2013 gegen das Deir-Ateya Krankenhaus im ländlichen Teil von Damaskus mit, bei dem elf Angestellte (zwei Anästhesisten, drei ortsansässige Ärzte, vier Krankenschwestern und zwei Fahrer) erstochen wurden.

Dr. al Nayef erklärte uns, dass seit Beginn der Krise, im März 2011, 67 von 94 nationalen Krankenhäusern angegriffen und beschädigt wurden, wodurch 41 außer Betrieb gesetzt sind. 174 Mitarbeiter des Gesundheitswesens wurden getötet, 127 verwundet und 33 entführt. Zusätzlich wurden 1921 Erste-Hilfe-Zentren beschädigt und 678 mussten geschlossen werden. 421 Krankenwagen gingen verloren, oder sind beschädigt, und 197 Unterstützungs-Fahrzeuge des Gesundheitswesens, ebenfalls beschädigt, 169 sind außer Betrieb (al Nayef 2013). Dieser Grad der Zerstörung deutet darauf hin, dass die vom Westen unterstützten bewaffneten Gruppen die Absicht verfolgen, einen funktionierenden Staat zu zerstören, ohne großes Interesse daran zu haben, öffentliche Akzeptanz zu gewinnen.

Wenn man jedoch die Geschichten liest, die von Unterstützern der bewaffneten Gruppen verbreitet werden, könnte man glauben, dass die syrische Regierung ihr eigenes Gesundheitswesen systematisch selbst zerstört.

Weniger als zwei Wochen nach unserem Treffen mit dem Gesundheitsminister veröffentlichte das Time Magazine eine Geschichte über Syriens Gesundheitskrise, und bezog sich dabei auf die angeblichen syrischen Luftangriffe auf das Dar al Shifa Krankenhaus in Aleppo, die ein Jahr vorher stattgefunden haben sollen, und dazu geführt haben, dass Ärzte das Land demoralisiert verlassen (Baker 2014). Der Bericht eines UN-Komitees über Syrien im Oktober 2013 beschuldigte beide Seiten, Krankenhäuser anzugreifen und machte die syrische Regierung verantwortlich für eine *„benachteiligende Verweigerung des Rechtes auf Gesundheit, verwendet als Kriegswaffe“* (OHCHR 2013). Damit meinten sie Angriffe auf Kliniken paramilitärischer Gruppen und Gesundheitszentren, die von den bewaffneten Gruppen übernommen wurden.

Die syrischen Streitkräfte haben sicher einige Krankenhäuser bombardiert, wie zum Beispiel das SKT-Krankenhaus in al-Huda im östlichen Aleppo (OHCHR 2013), nachdem sie von bewaffneten Gruppen übernommen und besetzt wurden. Es gibt wenig Zweifel daran, dass die syrische Regierung Terroristengruppen untersagt, Krankenhäuser innerhalb Syriens zu betreiben, aber es gibt ernsthafte Zweifel daran, dass dieser Sachverhalt bereits ausreicht für den Vorwurf des Verstoßes gegen das Humanitäre Völkerrecht in bewaffneten Konflikten. Die Regierung würde erklären, dass die verwundeten Mitglieder der bewaffneten Gruppen in von der Regierung betriebenen Krankenhäusern behandelt werden können. Das bedeutet keine Verweigerung von Gesundheitsversorgung. Aber das UN-Komitee bezieht sich auf ‚*Oppositionsgruppen*‘, statt auf illegale bewaffnete Gruppen, was die Dinge durcheinanderwirbelt. Das Internationale Humanitäre Völkerrecht weist ‚*Lücken*‘ in diesem Themenbereich auf. Aber es sollte nicht unerwähnt bleiben, dass die Rechtsprechung der Vereinigten Staaten noch über die syrische Praxis hinausgeht: sie verbietet sogar,

'Medikamente' an Terrororganisationen zu liefern (Lewis, Modirzadeh und Blum 2015). Es ist schwer vorstellbar, dass irgendein Staat regierungsfeindlichen bewaffneten Gruppen erlauben würde, seine Krankenhäuser zu beschlagnahmen und dann selber zu betreiben.

Zu gewissen Zeiten scheinen Krankenhäuser in den Brennpunkt des Krieges zu rücken. Die UNO berichtet, dass Farouq-Kämpfer *„das Nationale Krankenhaus in Jurat Al Shayyah [Homs] angriffen … [und] nach mehreren Tagen des Widerstandes durch Regierungskräfte, die Kontrolle über das Krankenhaus übernahmen. Die Farouq-Brigade traf keinerlei Vorkehrungen, um zivile Todesopfer zu vermeiden, oder die Kranken und Verwundeten während der Angriffe zu schonen Die Regierungskräfte antworteten mit Flächenbombardement, wodurch das Krankenhaus am 17.April weitgehend zerstört wurde"* (OHCHR 2013): 4). Meistens jedoch verbreiten Institutionen der Vereinten Nationen die Lesart der mit dem Westen verbundenen, anti-syrischen Quellen.

Die bewaffneten Gruppen haben die Zerstörung von Krankenhäusern selbst gefilmt, und rechtfertigten diese Tat mit dem Vorwurf, dort seien Regierungssoldaten behandelt worden. Oder sie behaupteten, die Krankenhäuser seien von Soldaten übernommen worden. Wir können mit anhören, wie Farouq-Mitglieder *'Gott ist groß'* jubeln, während sie das öffentliche Krankenhaus in Kusseir bereits im Jahr 2012 sprengten (0xTRX007 2012). Sie sagen: *„Al Farouq sprengte das nationale Krankenhaus, das einmal für das Volk gebaut worden war, jetzt aber von den Kräften Assads übernommen wurde"* (Telegraph 2012). Mitte 2013 griff eine andere Gruppe der FSA ohne jede Vorwarnung das Nationale Krankenhaus in Daraa an. Ein Islamist erklärte, seine Gruppe habe gedacht, dass sich *„ungefähr fünfzig Patienten in dem Krankenhaus befanden, und dass sie alle mit der Regierung in Verbindung standen"* (OHCHR 2013: 4).

Der Angriff auf das Kindi-Krankenhaus (Aleppo) wurde auf unterschiedliche Weise beschrieben. Die BBC benutzte die Schlagzeile: *„Syriens Rebellen erobern ein strategisches Krankenhaus in Aleppo zurück"*. In ihrer Einleitung sagten sie, dass *„die massive Bombenladung eines Selbstmordattentäters im LKW"* es geschafft habe *„ein strategisches Krankenhaus, das in Ruinen lag, von Assad-Loyalisten zurück zu erobern"* (BBC

2013). Ein vollständiges Gebäude zu sprengen, ist schon eine skurrile Methode, um *‚ein Krankenhaus zurückzuerobern‘*. Man behauptete, das Al-Kindi-Krankenhaus sei ein *‚stillgelegtes Gebäude‘* und *„unbestätigten Berichten zufolge starben fünfunddreißig Rebellen bei dem Angriff“* (BBC 2013).

Diese Geschichte bedarf einer Übersetzung: Die ‚Rebellen‘ waren nämlich zum größten Teil nicht-syrische Terroristen des Al-Kaida-Ablegers in Syrien, Jabhat al-Nusra, und ihrer Verbündeten von der FSA. Die *‚Assad-Loyalisten‘* waren Angestellte des großen Krankenhauses, mitsamt Sicherheitskräften von der syrischen Armee. Dr. Malek Ali, Syriens Minister für höhere Bildung, sagte, dass der Al-Kindi-Komplex ein in Betrieb befindliches Ausbildungskrankenhaus war, das von seinem Ministerium mit verwaltet wurde (Anderson 2013).

Die Gruppe *‚Ärzte für Menschenrechte‘* hat die Regierungskräfte beschuldigt, *„90% der 150 Angriffe gegen Krankenhäuser durchgeführt zu haben“*. Da sie aber das al-Kindi-Krankenhaus in die 90% mit aufnehmen, ist ihre Glaubwürdigkeit sehr gering. Es gibt nämlich zahlreiche Videos im Internet von Islamisten, die an der Zerstörung des al-Kindi-Krankenhauses beteiligt waren. Vierhundert regierungsgegnerische Kämpfer sollen bei dem Kampf um die Kontrolle des al-Kindi-Krankenhauses ihr Leben gelassen haben, aber am Ende zerstörten die Terroristen das Krankenhaus und beschuldigten die Regierung mit den Worten: *„Das Regime ist für die Zerstörung verantwortlich, weil es das Krankenhaus in eine Militärbasis verwandelt hatte“* (Dayoub 2013)

Der Konflikt hatte großen Einfluss auf die inländische Produktion von Arzneimitteln. Vor der Krise war Syrien für 90% des Bedarfs an Arzneimitteln Selbstversorger, mit einer meist privaten Industrie, die ungefähr 30.000 Mitarbeiter beschäftigte. Das Land war ein nennenswerter Exporteur von Arzneimitteln. Seit 2013 war aber die Kapazität drastisch gesunken. Dreiviertel der Fabriken wurden geschlossen, zwanzig davon alleine in Aleppo, aufgrund der Zerstörungen oder aufgrund der Furcht vor Bombardierungen, Artilleriebeschuss *und „Diebstahl sowie Plünderung durch bewaffnete Banden“* (Hamada 2013).

Um alles noch schlimmer zu machen, haben die Handelssanktionen der USA und der EU Syriens Gesundheitssystem zusätzlich beschädigt. Die USA hat die umfassendsten Sanktionen gegen Syrien eingeführt (OFAC 2013). Die letzten Sanktionen begannen 2004, als die Bush-Regierung entschied, dass Syrien *„die Anstrengungen der USA und der internationalen Gemeinschaft unterläuft, den Irak zu stabilisieren"*. Dann, im Jahr 2011, wurden Sanktionen durch Verfügung des Präsidenten verhängt *„als Antwort auf die anhaltende Gewalt und die Menschenrechtsverletzungen, die in Syrien stattfinden"*. Im August 2011 verbot ein Dekret, dass US-Bürger (betroffen waren auch Firmen, die zu 10% oder höheren Anteilen Investoren aus den USA gehörten) irgendeine *„neue Investition"* tätigen, *„irgendwelche Dienstleistungen nach Syrien"* verkaufen, syrisches Öl importieren, und *„jede Transaktion"*, oder jede Finanzierung, die mit Syrien zusammenhängt. Nach diesem Pauschalverbot erlaubt Washington jedoch einige Ausnahmen und *‚Generallizenzen'* (OFAC 2013). Die letzten Änderungen scheinen sich auf die Versorgung der bewaffneten sektiererischen *‚Rebellen'* zu beziehen.

Die Auswirkungen der Sanktionen der USA werden verstärkt durch die Sanktionen der EU, die in einem größeren Dokument zusammengefasst wurden (EU 2015), darunter finden sich Maßnahmen gegen dreißig Länder. Im Großen und Ganzen ist der EU-Ansatz etwas selektiver und stellt Listen auf mit Produkten und Dienstleistungen, anstatt ein allumfassendes Verbot auszusprechen. Und so verbot die EU jeden Handel mit Syrien im Bereich Waffen, Telekommunikationsausrüstungen, Ausrüstung für die Öl- und Gasindustrie, syrisches Geld, Gold, Diamanten und Edelmetalle, und es gab ein Verbot der Finanzierung, von der Vergabe von Darlehen und dem Abschluss von Versicherungen. Außerdem wurden Flughäfen für *‚bestimmte Flüge'* und *‚bestimmte Personen'* gesperrt, und *‚bestimmten natürlichen und juristischen Personen und Körperschaften'* wurden die Vermögen eingefroren (EU 2015). EU-Sanktionen wurden durch die Tatsache kompliziert, dass viele Mitgliedsstaaten ihre eigenen Maßnahmen getroffen haben. Jedoch scheint es *‚Lücken'* zu geben, die *‚Hilfeleistung'* erlauben. Australische Sanktionen sind näher am europäischen Ansatz, mit einer Liste von sanktionierten Handelsgütern (DFAT 2015).

Der Einfluss von Sanktionen auf das syrische Gesundheitswesen wurde 2012 in einer Studie untersucht, in der dieser Einfluss mit einigen wichtigen Errungenschaften vor der Krise verglichen wird. Syrien hatte von 1970 an beeindruckende Fortschritte in der öffentlichen Gesundheitsversorgung gemacht, besonders wenn man die relativ bescheidenen Einkommen in Betracht zieht. Ein gut in die Gesellschaft integriertes und meist öffentliches System wurde entwickelt und trug Früchte. Zwischen 1970 und 2010 sank die Kindersterblichkeit von 132 auf 14 je 100.000 und die Müttersterblichkeit sank von 482 auf 45 je 100.000 (Sen, al Faisal und Al Saleh 2012:2). Die Wirtschaftssanktionen haben aber den Wert des syrischen Pfunds gedrückt und die Preise für Grundnahrungsmittel und Treibstoff erhöht. Die Studie zeigt drei Auswirkungen der Sanktionen auf das Gesundheitswesen in Syrien.

> Erstens: viele Artikel der Grundversorgung (wie Milch, Gas, Reis und Tomaten) verteuerten sich im Preis um das Dreifache im ersten Jahr der Sanktionen, während die Einnahmen sanken und die Waren unerschwinglich machten. Der dadurch entstandene Mangel an Nährstoffen hatte großen Einfluss, besonders auf Mütter und ihre Babys.
>
> Zweitens schossen die Preise für Arzneimittel gegen nicht ansteckende Krankheiten in die Höhe. Sanktionen verhinderten „die Einfuhr unbedingt notwendiger medizinischer Versorgungsgüter in das Land, darunter solche gegen Krebs, Diabetes und Herzerkrankungen". Viele Kranke mussten das Land fluchtartig verlassen, um lebenswichtige Behandlung zu erhalten.
>
> Drittens stellten die Unterbrechungen der Stromversorgung in praktisch allen Bereichen (oft durch die bewaffneten Gruppen verschärft, die Stromleitungen und Stationen angriffen) ein Risiko für gefährdete Menschen dar, besonders in extremen Winter- und Sommersituationen, wenn Kühlung oder Heizung benötigt werden (Sen, al Faisal und Al Saleh 2012:3-4).

Trotz dieser gewaltigen Herausforderungen bleibt die öffentliche Gesundheitsversorgung in Syrien zum größten Teil unentgeltlich, mit dutzenden

Millionen kostenlosen Arztbesuchen pro Jahr. Die WHO arbeitet mit der syrischen Regierung zusammen, die Regierung leitet den syrischen arabischen Roten Halbmond und die Gouverneure der Provinzen an, um sie in der Aufrechterhaltung der öffentlichen Gesundheitsversorgung zu unterstützen. So traf sich z.B. Ende Oktober 2015 der Gouverneur von Daraa, Mohammad Khaled al-Hannous mit der Vertreterin der Welt-Gesundheitsorganisation Elizabeth Hoff, um ein Gesundheitsprogramm für die vom Krieg betroffenen Provinzen zu planen (SANA 2015a). Kuba, ein internationaler Partner mit beachtlichen Fähigkeiten im Bereich Gesundheitsversorgung und Medizin, hat Syrien darin unterstützt, sein Gesundheitssystem im Bereich der Pharmakologie und Biologie wieder aufzubauen. Im Jahr 2014 übergab der syrische Gesundheitsminister Kuba eine Liste von dringend benötigten Gütern, und das karibische Land hat bereits Artikel wie zum Beispiel Dialysemaschinen und eine Reihe von Medikamenten bereitgestellt (Ismael 2014). China hat auch schon damit begonnen, *„Medikamente und Ausrüstung für die Gesundheitsversorgung“* der syrischen Regierung zur Verfügung zu stellen (Alwan 2004: 22).

Einige Länder, die Sanktionen verhängt hatten, erlauben heuchlerisch ausgewählte Hilfsprogramme, die häufig in islamistisch kontrollierte Teile des Landes gelangen. Wir sollten uns durchaus erinnern an den großen Schaden, der dem Volk des Irak in den 1990er Jahren zugefügt wurde, als die Kindersterblichkeit sich unter dem Druck der Sanktionen verdoppelte (Alwan 2004: 22). Diese grausamen Maßnahmen müssen umgehend aufgehoben werden.

Quellen:

Alwan, Ala'din (2004) 'Health in Iraq: the current situation, our vision for the future and areas of work', Ministry of Health, Baghdad, December, online: http://www.who.int/hac/crises/irq/background/Iraq_Health_in_Iraq_second_edition.pdf

Anderson, Tim (2013) 'Syria's hospitals targeted by NATO-backed armed groups', Oriental Review, 26 December, online: http://orientalreview.org/2013/12/26/syrias-hospitals-targeted-by-nato-backed-armed-groups/

Baker, Aryn (2014) 'Syria's Health Crisis Spirals As Doctors Flee', Time, 4 February, online: http://time.com/3968/syrias-health-crisis-spirals-as-doctors-flee/

BBC (2013) 'Syria rebels take back strategic hospital in Aleppo', 21 December, online: http://www.bbc.com/news/world-middle-east-25479725

Dayoub, Bassel (2013) 'Suicide Bombing Leaves Historic Aleppo Hospital in Ruins', Al Akhbar, 24 December, online: http://english.al-akhbar.com/node/18016

DFAT (2015) 'Sanctions Regimes: Syria', Department of Foreign Affairs and Trade, online: http://dfat.gov.au/international-relations/security/sanctions/sanctions-regimes/pages/syria.aspx

EU (2015) 'Restrictive measures (sanctions) in force', European Union, updated to 30.09.2015, online: http://eeas.europa.eu/cfsp/sanctions/docs/measures_en.pdf

Hamada, Abdullah (2013) 'The Syrian Crisis: repercussions of the pharmaceutical industry', Syrian Economic Forum, online: http://www.syrianef.org/En/the-syrian-crisis-repercussions-for-the-pharmaceutical-industry/

Ismael, M. (2014) 'Syria, Cuba discuss health cooperation, Health Ministry receives 100 dialysis devices', SANA, 2 July, online: http://sana.sy/en/?p=5215

Lewis, Dustin; Naz Modirzadeh, Gabriella Blum (2015) 'Medical Care in Armed Conflict: IHL and State Responses to Terrorism', Lawfare, 8 September, online: https://www.lawfareblog.com/medical-care-armed-conflict-ihl-and-state-responses-terrorism

Nayef al, Sa'ad (2013) Presentation to Australian Delegation in Solidarity with Syria, Damascus, 22 December (Dr al Nayef was, at that time, Syria's Minister for Health)

OFAC (2015) 'Syria Sanctions Program', Office of Financial Assets Control, 2 August, online: http://www.treasury.gov/resource-center/sanctions/Programs/Documents/syria.txt

OHCHR (2013) 'Assault on medical care in Syria', Office of the High Commissioner for Human Rights, 13 September, A/HRC/24/CRP.2, online: http://www.ohchr.org/EN/HRBodies/HRC/RegularSessions/Session24/Documents/A-HRC-24-CRP-2.doc

0xTRX007 (2012) 'NATO FSA Mercenaries Bomb the Al Watani Hospital in Qusayr, Homs/Syria', YouTube, 5 September, online: https://www.youtube.com/watch?v=bL1xHEhzPKE

PHR (2014) 'Anatomy of a Crisis: A Map of Attacks on Health Care in Syria', Physicians for Human Rights, online map: https://s3.amazonaws.com/PHR_syria_map/web/index.html

SANA (2015a) 'Daraa Governor and WHO discuss means of enhancing cooperation to support health programs and services', Syrian Arab News Agency, 25 October, online: http://sana.sy/en/?p=59058

SANA (2015b) 'China and Syria discuss means to enhance health cooperation', Syrian Arab News Agency, 30 November, online: http://sana.sy/en/?p=63051

Sen, Kasturi, Waleed al Faisal and Yaser Al Saleh (2012) 'Syria: effects of conflict and sanctions on public health', Journal of Public Health, Jun; 35(2):195-9, online: http://www.ncbi.nlm.nih.gov/pubmed/23179240

Telegraph (2012) 'Syrian rebels claim to have blown up hospital in Homs', 4 September, online: http://www.telegraph.co.uk/news/worldnews/middleeast/syria/9521312/Syrian-rebels-claim-to-have-blown-up-hospital-in-Homs.html

12. Washington, Terrorismus und ISIS: Die Beweise

„Es ist nicht einfach, ein Doppelspiel zu betreiben: einerseits Terroristen den Kampf anzusagen und gleichzeitig einige von ihnen zu benutzen, um Figuren auf dem Schachbrett des Mittleren Ostens zu platzieren, um die eigenen Interessen zu verfolgen … [aber] enthaupten die so genannten moderaten Banditen Menschen auf ganz moderate Art?"

- Wladimir Putin (2015)

Berichte, nach denen amerikanische und britische Flugzeuge, die Waffen zu ISIS-Basen transportierten, von irakischen Streitkräften abgeschossen wurden (Iraqi News 2015), trafen in westlichen Ländern auf Entsetzen und Dementis. Aber nur wenige Menschen im Mittleren Osten zweifeln daran, dass Washington ein ‚*doppeltes Spiel*' mit seinen Stellvertreterarmeen in Syrien betreibt. Ein jemenitischer Führer von ‚*Ansar Allah*'[43] sagt: *„Überall wo sich die USA einmischen, gibt es Al-Kaida und ISIS. Es ist zu ihrem Vorteil"* (al-Bukaiti 2015). Zentrale Mythen bleiben aber wichtig, besonders für das westliche Publikum. Sich mit solchen Mythen auseinanderzusetzen verlangt, nach Gründen und Beweisen zu fragen, und Behauptungen nicht einfach stehenzulassen.

Es besteht kein Zweifel, dass die arabischen und muslimischen Völker des Mittleren Ostens die terroristischen Monstrositäten mit Namen ISIS, ISIL oder DAESH, hassen. Umfragen des in Washington ansässigen Pew Research Centre fanden heraus, dass 99% der Libanesen, 94% der Jordanier und 84% der Palästinenser eine ‚*unvorteilhafte*' Meinung zu ISIS vertreten. Da die Verfassung des Libanon eine religiöse Identifikation verlangt, wurde auch ermittelt, dass 98% der sunnitischen Muslime des Libanons ISIS ablehnen (Poushter 2015). Dieses Ergebnis macht die im Westen allgemein verbreitete Ansicht unglaubwürdig, dass ISIS auf irgendeine Weise aus sunnitischen Gemeinschaften entstanden sei. Weniger als 1%

[43] In Deutschland vielleicht besser bekannt als Hutis, die im Jemen die Regierung gestürzt haben, und nun sowohl gegen ISIS und Al-Kaida, als auch gegen Saudi-Arabien kämpfen, die eine Regierung wieder einsetzen will, die ihre Interessen verfolgt.

im Libanon, 3% in Jordanien und 6% in Palästina werteten die geächtete Terrorgruppe ‚*positiv*'. Der Rest äußerte keine Meinung. Von allen Nachbarn Syriens hat die Türkei mit 73% den geringsten Anteil an ‚*unvorteilhaften*' Ansichten in Bezug auf ISIS. 8% sahen die Gruppe dort als ‚*positiv*' an (Poushter 2015).

Dieses Kapitel soll helfen, die Rolle Washingtons bei der Erschaffung oder der Freisetzung dieses Frankenstein-Monsters aufzuklären.

Washington pflegt zwei eng miteinander verbundene Mythen bezüglich des Terrorismus im Mittleren Osten. Daraus ergibt sich sodann eine ‚*Rückfall*'-Geschichte.

> Der erste ‚existentielle Mythos' besteht in der Behauptung, dass von 2014 an die USA in einen Krieg gegen extremistische Terroristen sowohl im Irak als auch in Syrien verwickelt wurden. Das folgte nach etlichen Jahren der Versuche, die syrische Regierung durch die Unterstützung illegaler bewaffneter Gruppen, die sie als ‚*moderat*' bezeichnete, zu stürzen. Mit diesem Mythos gibt die USA vor, eine beschützende Rolle zum Nutzen der Völker in der Region zu spielen.
>
> Der zweite Mythos besagt, dass es signifikante Unterschiede zwischen den ‚*moderaten Rebellen*' gibt, die die USA bewaffnet, finanziert und ausbildet, und den extremistischen Terroristen (DAESH oder ISIS), die angeblich bekämpft werden. Diese Behauptungen stellen eine Verschiebung der Begründung für den Krieg in Syrien dar, weg von einer ‚humanitären Intervention' hin zu einer Wiederbelebung des ‚*Krieges gegen den Terror*' (War on Terror) aus der Bush-Ära.
>
> Diese ‚*Rückfallgeschichte*', die von Kritikern in Washington ins Gespräch gebracht wurde, besagt, dass die Vorgehensweise der USA in der Region ein Klima des Unmuts in den orthodoxen sunnitischen Gemeinschaften erzeugt hat, und dass extremistische Gruppen als eine Art ‚*organische Reaktion*' auf Grund der wiederholten US-Interventionen daraus hervorgegangen sind.

> Diese Geschichte verdeckt die viel schlimmere Schlussfolgerung, dass Washington und seine Alliierten die Extremistengruppen direkt erschaffen haben.

Jedoch ist es nutzlos, die letzte Version einfach zu vertreten, ohne Beweise vorzulegen. Der *‚existentielle Mythos‘* eines westlichen Krieges gegen den Terrorismus ist so beharrlich und so allgegenwärtig, und so stark durch den Einsatz von politischem Kapital, Waffen und finanziellen Mitteln gestützt, dass es für das westliche Publikum sehr schwer ist zu akzeptieren, dass dieser neue *‚Krieg‘* nur eine Farce sein könnte. Außerdem verlangt die Diplomatie, dass erklärte Politik-Positionen auch dann über alle zur Verfügung stehenden Kanäle verfolgt werden müssen, wenn man der anderen Seite nicht traut, so dass alle erdenklichen friedlichen Lösungen bis zur letzten Konsequenz überprüft werden. Aus diesem Grund schlage ich vor, dass wir die entscheidenden Beweise über die Beziehung Washingtons zu den sektiererischen Terroristen dokumentieren. Danach kann man besser Schlüsse auf der Grundlage von fundierten Informationen ziehen.

Es ist sicherlich zutreffend, dass prominente ISIS-Anführer in Gefängnissen unter Kontrolle der USA inhaftiert worden sind. Der Anwerber von Rekruten für ISIS in Afghanistan, Abdul Rahim Muslim Dost, verbrachte drei Jahre in dem US-Gefängnis auf Guantánamo (Bienaimé 2015). Von dem ISIS-Führer Ibrahim al-Badri (auch genannt Abu Bakr al-Baghdadi) wird gesagt, dass er für ein oder zwei Jahre in Camp Bucca im Irak festgehalten worden war (Giovanni 2014). Als al-Baghdadi und andere im Jahr 2006 freigelassen wurden, verkündete die Bush-Regierung ihren Plan für einen *‚neuen Mittleren Osten‘*. Der Plan würde sektiererische Gewalt als Teil des Prozesses einer *‚kreativen Zerstörung‘* in der Region einsetzen (Nazemroaya 2006). Behauptungen, dass al-Baghdadi ein von der CIA oder dem Mossad ausgebildeter Agent sei, wurden bislang jedoch nicht durch Beweise erhärtet.[44]

[44] Dass die CIA und mindestens ein Israeli ISIS-Kämpfer ausgebildet und beraten haben, dürfte nicht strittig sein, und wird auch in diesem Buch angesprochen. Nicht eindeutig bewiesen ist, dass al-Baghdadi einer der Kämpfer war, obwohl es zahlreiche Veröffentlichungen dazu, oft mit vielen Details und Hinweisen gibt.

Wie man dem Artikel von Seymour Hersh ‚*Die Umorientierung*' (‚The Redirection') jedoch entnehmen kann, planten die USA, ‚*moderate sunnitische Staaten*' zu benutzen, insbesondere Saudi-Arabien, um die angeblichen ‚*Gewinne der Schiiten*' im Irak einzudämmen, die durch die US-Invasion im Jahr 2003 entstanden waren. Diese ‚*moderaten sunnitischen*' Kräfte sollten verdeckte Operationen ausführen, um den Iran und die Hisbollah, die wichtigsten Feinde Israels, zu schwächen (Hersh 2007). Dieser Plan führte Israel und Saudi-Arabien enger zusammen, wenn auch aus unterschiedlichen Gründen, denn beide fürchten den Iran.

Mitte 2012 berichteten US-Geheimdienste zwei wichtige Fakten über die Gewalt in Syrien. Erstens wurden die meisten bewaffneten ‚*Aufständischen*' angetrieben durch Al-Kaida-Gruppen, und zweitens waren die sektiererischen Ziele dieser Gruppen ‚exakt' das, was die USA und ihre Verbündeten wünschten. Die DIA (Defense Intelligence Agency/USA) schrieb:

> „Die Salafisten, die Moslembruderschaft und Al-Kaida sind die wichtigsten Kräfte hinter dem Aufstand in Syrien … Es besteht die Möglichkeit der Errichtung eines erklärten oder unerklärten salafistischen Fürstentums im östlichen Syrien (Hasaka oder Der Zor), und dies ist exakt, was die unterstützenden Mächte [der Westen, die Golfmonarchien und die Türkei] von der Opposition erwarten, um das syrische Regime zu isolieren" (DIA 2012).

Die USA beobachteten im August 2012 auch (natürlich ohne es zu unterbinden) die Lieferung von Waffen von Bengasi, Libyen an ‚*Al-Kaida-Gruppen*' in Syrien. Diese Waffen wurden im Detail aufgezählt als 500 Scharfschützengewehre, 100 Panzerfäuste mit 300 Granaten und 400 Granaten für Haubitzen vom Kaliber 125 mm und 155mm, die zu den Häfen Banias und Borj Islam in Syrien geschickt wurden (Judicial Watch 2015). Michael Flynn, der ehemalige Chef der DIA, erklärte übereinstimmend mit diesem Geheimdienstbericht, dass Präsident Obama die ‚*bewusste Entscheidung*' gefällt hatte, Al-Kaida, die Moslembruderschaft und andere ‚*dschihadistische Gruppen*' zu unterstützen (Newman 2015).

All das bestätigt die Motive, die Komplizenschaft und die Widerspruchsfreiheit des Prozesses von den frühen Tagen des syrischen Konfliktes an, der auf dem Plan von Präsident Bush eines ‚*Neuen Mittleren Ostens*' basiert. Washington billigte heimlich die Bewaffnung von Al-Kaida-Gruppen in Syrien, und vernachlässigte nicht seinen eigenen Vorteil bei diesem Deal.

Die vielleicht überzeugendste Bestätigung der Komplizenschaft der Vereinigten Staaten mit den terroristischen ‚Feinden' war die Bestätigung durch mehrere hohen Beamte, dass ihre wichtigsten regionalen Verbündeten ISIS finanzierten. Unter den Genannten waren der US Vize-Präsident, der Chef der bewaffneten Streitkräfte der USA und der Vorsitzende im ‚*Senatsunterausschuss für das Personal der* Streitkräfte '. Im September 2014 erklärte General Martin Dempsey, der Oberbefehlshaber der US-Streitkräfte, in einer Anhörung des Kongressausschusses: *„Ich kenne wichtige arabische Verbündete, die [ISIS] finanzieren"* (Rothman 2014). Senator Lindsey Graham, vom Streitkräfteausschuss, antwortete mit einer Rechtfertigung: *„Sie finanzieren sie, weil die Freie Syrische Armee [den syrischen Präsidenten] Assad nicht schlagen kann, sie versuchten, Assad zu besiegen"* (Rothman 2014; Washington's Blog 2014). Das waren ehrliche, wenn auch kriminelle Eingeständnisse.

Im nächsten Monat ging US Vizepräsident Joe Biden noch einen Schritt weiter und erklärte, dass die Türkei, Katar, die VAE und Saudi-Arabien *„so sehr entschlossen waren, Assad zu stürzen,.... dass sie hunderte von Millionen Dollar und Zehntausende von Tonnen an Waffen an jeden lieferten, der gegen Assad kämpfte ... [darunter] auch al-Nusra und Al-Kaida sowie extremistische Elemente, die aus anderen Teilen der Welt kamen ... [und dann] das Ergebnis ISIL nannten"* (RT 2014; Usher 2014).

Wieder einmal waren es in sich schlüssige und glaubwürdige Geständnisse, nur dass Biden versuchte, die USA aus dieser Operation herauszuhalten, indem er die wichtigsten Verbündeten anschwärzte. Diese Vorsichtsmaßnahme ist einfach unglaubwürdig. Insbesondere Saudi-Arabien ist politisch von Washington abhängig und könnte keine größere Initiative starten ohne die Zustimmung durch die USA. Nicht nur das: die USA kontrollieren durch Kaufverträge und Lizenzen für den Weiterexport die Verwendung ihrer Waffen (Export.Gov 2015).

Wie in Kapitel 6 diskutiert, geht die Beziehung Washingtons mit Saudi-Arabien als spaltende sektiererische Kraft in der Region gegen den arabischen Nationalismus zurück bis in die 1950er Jahre, als Winston Churchill den saudischen König Präsident Eisenhower vorstellte[45]. Erst kürzlich bestätigte der britische General Jonathan Shaw den Beitrag von Saudi-Arabiens extremistischer Ideologie: *„Dies ist eine Zeitbombe unter dem Mantel der Bildung. Der Salafismus der Wahhabiten ist tatsächlich bereits dabei, die Welt in Flammen zu setzen. Und er wird finanziert mit saudischem und katarischem Geld"*, so Shaw (Blair 2014). Er hatte einfach Recht.

Weitere Beweise unterminieren die westlichen Versuche, eine Unterscheidung vorzunehmen zwischen denen, wie sie es nannten, *‚moderaten Rebellen'*, die seit 2013 offen durch die USA bewaffnet und ausgebildet werden, und jenen angeblich extremeren Gruppen wie Jabhat al-Nusra und ISIS. Auch wenn es tatsächlich Rivalitäten zwischen den Gruppen gab, ist das Fehlen jeglicher ideologischer Unterschiede am besten dokumentiert durch Kooperationen und Verschmelzungen. So kämpfte z.B. eine Ansammlung US-unterstützter Gruppen, die sie *‚Freie Syrische Armee'* nannte, 2013 über mehrere Monate Seite an Seite mit ISIS gegen die syrische Armee, um die Kontrolle von Syriens Menagh-Luftwaffenbasis in der Nähe von Aleppo zu erlangen (Paraszczuk 2013). Hoff weist darauf hin, dass einer der ISIS-Kommandeure in der Menagh-Operation, der Tschetschene Abu Omar al Shisani *„2006 ein amerikanisches Militärtraining als Teil der Ausbildung einer georgischen Elite-Armeeeinheit erhalten hatte"* und danach im Jahr 2013 weiter US-Unterstützung durch seine Verbindung zur FSA bekam (Hoff 2015).

Langfristige Zusammenarbeit zwischen diesen *‚moderaten Rebellen'* und der vom Ausland gesteuerten Jabhat al-Nusra war rund um Daraa im Süden, entlang der gebirgigen Grenze zum Libanon zu erkennen, in Homs-Idlib, entlang der türkischen Grenze und rund um Aleppo. Die Worte Jabhat al-Nusra bedeuten *‚Unterstützungsfront'*, also: ausländische Unterstüt-

[45] Erste Kontakte gab es in den Zwanziger Jahren des letzten Jahrhunderts, und sie fanden in der Gründung der US-Saudi-Ölfirma Aramco ihre ökonomische Befestigung. Das Saudi-Öl war der Grund, warum die USA die UdSSR nicht mehr als Öllieferanten benötigten, und die Sowjets zu Feinden im Kalten Krieg umfunktioniert werden konnten.

zung für syrische Islamisten. Bereits früher, im Dezember 2012, als Jabhat al-Nusra in verschiedenen Ländern geächtet wurde, erklärten 29 der islamistischen Gruppen ihre Unterstützung für al-Nusra, indem sie deklamierten: *„Wir sind alle Jabhat al-Nusra“* (West 2012). Schon bald wurden aus den 29 Unterzeichnergruppen *‚mehr als 100‘* (Zelin 2012).

Es gab niemals einen wirklichen ideologischen Unterschied zwischen den regierungsfeindlichen sektiererischen Gruppen.

Der Niedergang des Netzwerkes der *‚Freien Syrischen Armee‘* und die erneuerte Kooperation zwischen al-Nusra und einer Kette von neu erfundenen, von den USA und Saudi-Arabien unterstützten Gruppen (Dawud, Islamic Front, Syrian Revolutionary Front, Harakat Hazm) trugen dazu bei, die Aufmerksamkeit auf Israels Unterstützung für al-Nusra rund um die besetzten Golanhöhen zu lenken. Seit 2013 gab es viele Berichte, nach denen *‚Rebellen‘*-Kämpfer, darunter auch die von al-Nusra, in israelischen Krankenhäusern behandelt werden (Zoabi 2014). Israels Premierminister Benjamin Netanyahu machte Anfang 2014 seine Besuche bei verwundeten *‚Rebellen‘* sogar öffentlich. Das führte zu einem öffentlichen *‚Dankeschön‘* durch den in der Türkei ansässigen *‚Rebellen‘*-Führer Mohammed Badie (Israel Today 2014). Halb verdeckt unterstützte Israel all jene bewaffneten Gruppen, die gegen Syrien kämpfen, gelegentlich halfen sie auch mit eigenen Raketenangriffen aus (Kais 2013).

Die UN-Friedenstruppe auf den besetzten Golanhöhen berichtete ihre Beobachtungen, dass Israels Verteidigungskräfte *‚mit den al-Nusra-Kämpfern an der Grenze interagierten‘* (Fitzgerald 2014). Gleichzeitig wurden israelische Waffen durch die syrischen Streitkräfte bei Extremistengruppen eingesammelt (Kais 2012; Winer 2013). Im November 2014 protestierten Mitglieder der Drusen-Minderheit auf den Golanhöhen dagegen, dass Israel seine Krankenhäuser benutzte, um verwundete al-Nusra- und ISIS-Kämpfer zu versorgen (Zoabi 2014). Dies führte zu Fragen in den israelischen Medien, ob *„Israel tatsächlich Mitglieder von al-Nusra und Daesh [ISIS] in Krankenhäusern behandelt“*.

Die Antwort des Militärsprechers war kaum als Dementi aufzufassen: *„In den letzten zwei Jahren waren Israels Verteidigungskräfte engagiert in* *humanitärer, lebensrettender Hilfe für verwundete Syrer, ohne Rücksicht auf ihre Identität"* (Zoabi 2014). In Wirklichkeit darf noch nicht einmal ein harmloser Bauer über die stark militarisierte Grenze der besetzten Golanhöhen, um eine entlaufene Ziege zurückzuholen. ‚*Humanitäre*' Behandlung für Al-Kaida Terroristen ist natürlich etwas anderes.

Die künstliche Unterscheidung zwischen ‚*Rebellen*' und ‚*Extremisten*'-Gruppen wurde durch das Überlaufen im großen Stil und den Transfer von Waffen zu den Extremisten ad absurdum geführt:

- Im Juli 2014 liefen eintausend bewaffnete Männer der Dawud-Brigade zur ISIS in Raqqa über. (Hamadee und Gutman 2014; Ditz 2014).
- Im November wurden Desertionen von der durch die USA unterstützten ‚*Syrian Revolutionary Front*' zu Jabhat al-Nusra berichtet (Newman 2014; Sly 2014).
- Im Dezember erklärte Adib Al-Shishakli, der Vertreter des Gulf Cooperation Council der exilierten ‚*Syrian National Coalition*', dass ‚*oppositionelle Kämpfer zunehmend ISIS aus finanziellen Gründen beitreten*' (Zayabi 2014).
- In exakt dem gleichen Monat lief die Al Yarmouk Shuhada-Brigade, im Lauf von zwei Jahren unterstützt und ausgebildet durch US-Offiziere, zur ISIS über, die zu diesem Zeitpunkt begann, ihre Präsenz in Syriens tiefen Süden einzurichten (OSNet 2014).
- Dann zwischen 2014 und 2015 traten dreitausend ‚*moderate Rebellen*' aus der von den USA unterstützten ‚*Harakat Hazzm*' aus und bei Jabhat al-Nusra ein. Dabei nahmen sie ein großes Arsenal von US-Waffen mit, einschließlich tragbaren Anti-Panzer-Raketen (Fadel 2015a). Ein Video, das von al-Nusra veröffentlicht wurde, zeigte diese Waffen, wie sie in der Provinz Idlib gegen die syrischen Militärbasen Wadi Deif und Hamidiyeh, eingesetzt wurden (Bacchi 2015).
- ‚*Debka File*', eine Seite, die mit dem israelischen Geheimdienst verbunden ist, sagt, dass schwere Waffen, die von

den USA, Israel, Saudi-Arabien, Jordanien, der Türkei und Katar der syrischen ‚*Opposition*' zur Verfügung gestellt wurden, ‚*Panzer, gepanzerte Fahrzeuge, Raketenwerfer, Maschinengewehre und ‚und zumindest vier Typen von Anti-Panzer-Waffen enthielten*' (Debka 2015).

Der Umfang und die Übereinstimmung mit den Zielen der ‚*Übertritte*' lässt in hohem Maß vermuten, dass es eine koordinierte Aktion gab, um mit diesen Waffen und Kämpfern die ISIS zur am besten ausgerüsteten Gruppe zu machen. Eine ähnliche Schlussfolgerung wurde von US Senator John Kiriakou zu Protokoll gegeben (Sputnik 2015b).

Die Rekrutierung von ISIS-Kämpfern war sicher eher eine hochgradig finanziell unterstützte Angelegenheit, als ein ‚*organisches*' Abdriften von aufgebrachten sunnitischen jungen Menschen zum Extremismus:

- Es wurde Ende 2014 berichtet, dass der Afghane Abdul Rahim Muslim Dost die ‚*Anstrengungen im nördlichen Pakistan leitet, um Kämpfer für die ISIS anzuwerben*' (Bienaimé 2015).
- Kurz nach dem Erscheinen des Berichtes darüber sagte der syrische Dschihadist Yousaf al-Salafi, der in Pakistan inhaftiert war, dass er angeworben worden war, um junge Männer in Pakistan für den Kampf im Dienst von ISIS in Syrien anzuwerben. Er behauptet, dass er 600 Dollar für jeden Kämpfer erhielt, den er schickte. Dabei arbeite er mit einem pakistanischen Scheich zusammen und bezahlte mit amerikanischem Geld (Variyar 2015). Wer weiß, was die Kontaktmänner nahmen, aber diese Summe macht das Vielfache dessen aus, was ein durchschnittlicher syrischer Soldat verdient.
- Wie auch im Fall von Jabhat al-Nusra kamen Rekruten aus einer großen Zahl von Ländern. Kubanische Journalisten befragten vier gefangengenommene ISIS-Dschihadisten aus Turkmenistan und Kirgisistan. Sie waren in einer größeren Gruppe angeworben worden und konnten frei durch

> die Türkei und über die Grenze nach Syrien einreisen. Ihre Teilnahme an diesem *'heiligen Krieg'* wurde durch das Angebot eines neuen Hauses, eines guten Soldes und einer Braut unterstützt. Mehr als 300 Menschen waren durch ihre Autobomben getötet worden (PL 2015).

ISIS hatte durch verschiedene Maßnahmen im Irak und in Syrien Waffen aus den USA erhalten. Ende 2014 war ein *'Nichtangriffspakt'* im südlichen Bereich von Hajar al-Aswad zwischen *'moderaten Rebellen'* und ISIS berichtet worden. Beide erkannten als gemeinsamen Feind Syrien, *'das Regime Nussayri'*, eine sektiererische Art, um alawitische Muslime zu beschreiben. Einige Quellen berichteten, dass ISIS Waffen von den *'Rebellen'* kaufte (AFP 2015).

Betrachtet man, wie 'wichtige arabische Verbündete' ISIS direkt unterstützen, und ein nicht versiegender Strom von Kämpfern und Waffen von den implodierenden US-gestützten 'moderaten Rebellengruppen' zu ISIS überwechseln, dann ist es nur ein kleiner Schritt zu der Erkenntnis, dass die Flugbewegungen der USA und der 'Koalition' in die Gebiete der ISIS (angeblich, um die Extremisten zu schwächen) auch eine verborgene Versorgungslinie sein könnte. Und das ist exakt, was hochgestellte irakische Quellen seit Ende 2014 und Anfang 2015 immer wieder behaupteten (Iraq News 2014).

Mitte 2014 begann ISIS, US-Waffen zu erobern, aber dies wurde als Unfähigkeit von Teilen der irakischen Armee heruntergespielt (Sharma und Nestel 2014). Jedoch wurden schon kurz darauf US-Waffenabwürfe von den Soldaten der ISIS am Boden *'beschlagnahmt'*. War auch das Inkompetenz der USA oder gar Planung durch die USA?

- Wie in irakischen und iranischen Medien berichtet wurde, erklärte der irakische Parlamentsabgeordnete Majid al-Ghraoui im Januar, dass *„ein amerikanisches Flugzeug Waffenladungen und Ausrüstung für ISIS-Milizen in dem Gebiet von Al-Dour in der Provinz Salahuddin abgeworfen hat"* (Sarhan 2015).Photos kamen in Umlauf, die ISIS beim

Einsammeln der Waffen zeigen. Die USA gaben die Übernahme ihrer Waffen zu, erklärten aber, dass es sich um ein ‚*Versehen*' gehandelt habe (MacAskill und Chulov 2014).

- Dann sagte der irakische Parlamentsabgeordnete Hakem al-Zameli, dass die irakische Armee zwei britische Flugzeuge abgeschossen hätte, die Waffen für die ISIS in die al-Anbar Provinz transportierte. Wieder wurden Fotos der abgestürzten Flugzeuge veröffentlicht. *„Wir haben in den von ISIS befreiten Gebieten in der Region Al-Baqdadi Waffen entdeckt, die in den USA, in europäischen Ländern und In Israel produziert wurden"* sagte al-Zameli (FNA 2015a).
- Die Webseite Al-Ahad-Nachrichten zitierte den Vorsitzenden des Provinzrates von Al-Anbar, Khalaf Tarmouz, der sagte, dass ein US-Flugzeug in der Provinz Salahuddin ISIL Waffen und Munition geliefert hätte (FNA 2015b).
- Auch im Februar erklärte eine irakische Miliz mit dem Namen Al-Hashad Al-Shabi, dass sie einen US-Hubschrauber abgeschossen hätte, der Waffen für die ISIL in den westlichen Teil der Al-Baqdadi Region in der Al-Anbar Provinz transportierte. Wieder wurden Fotos veröffentlicht (FNA 2015a).
- Kurz darauf wird berichtet, dass irakische Anti-Terror-Einheiten *„vier Ausländer verhafteten, die von den ISIL-Kämpfern als militärische Berater angestellt waren"*, von denen drei Amerikaner und einer Israeli waren (Adl 2015).
- Israels Verbindungen zu ISIS scheinen weit über ihre Grenzbereiche hinauszugehen. Ende 2015 wurde dem Vernehmen nach der israelische Oberst Yusi Oulen Shahak zusammen mit einer Gruppe der ISIS im Irak verhaftet. Die mit der irakischen Regierung verbundene Miliz sagte, dass Shahak, ein Oberst der Golani Brigade, *„an terroristischen Operationen der Takfiri ISIL-Gruppe teilgenommen hatte"* (FNA 2015c).

- Sechs hohe irakische Beamte wurden zitiert, die detailliert US-Waffen und Geheimdienstunterstützung für die ISIS auflisteten.
- Gefangen genommene ISIS-Kämpfer sagten aus, dass die USA ,Geheimdienstinformationen über die Positionen und Ziele der irakischen Streitkräfte zur Verfügung gestellt hatten (FNA 2015d).

Die westlichen Medien machten eine weiten Bogen um diese Berichte, denn sie waren sehr schädlich für Washingtons ,existentiellen Mythos' eines *,Krieges gegen ISIS'*. Gewiss jedoch helfen die Berichte zu erklären, warum Bagdad dem US-Militär misstraut.

Einer der Hauptkollaborateure der USA in Libyen beim Sturz von Gaddafi erklärte sich 2015 zum Oberhaupt des *,Islamischen Staates'* in Nordafrika (Sputnik 2015a). Abdel Hakim Belhaj war über mehrere Jahre in US-Gefängnissen festgehalten worden, dann an Libyens Gaddafi *'überstellt'*, wo er wegen terroristischer Akte gesucht wurde. Als ehemaliger Kopf der mit Al-Kaida verbundenen *,Libyan Islamic Fighting Group'*, dann der in Tripolis ansässigen Gruppe *,Libysche Dämmerung'*, war Belhaj in der Vergangenheit von Washington verteidigt worden und wurde von dem US-Kongressabgeordneten John McCain und Lindsey Graham gepriesen (Sputnik 2015a).

Die Beweislage für die verdeckte Beziehung zwischen Washington und ISIS ist erheblich und hilft zu erklären, was Syriens stellvertretender Außenminister Faysal Mikdad den *,kosmetischen Krieg'* Washingtons gegen ISIS nannte (SANA 2015).

Die Terroristengruppe war von den kurdischen Gebieten im Norden des Irak weggetrieben worden, aber es wurde ihnen freie Tätigkeit im östlichen Syrien ermöglicht, um dort gegen die syrische Armee zu kämpfen (Fadel 2015b). Die Extremistengruppe wird als Rechtfertigung für die Anwesenheit von US-Truppen in der Region benutzt, was sowohl den Irak als auch Syrien schwächt. Jedoch war der *,Krieg'* der USA und der *,Koalition'* gegen ISIS höchst ineffektiv. Studien aus *,Jane's Terrorism and Insurgent*

Database' zeigten, dass die ISIS-Angriffe und Morde im Irak in den Monaten anstiegen, nachdem die US-Luftangriffe begannen (Lestch 2014).

Die Hauptlast des Bodenkampfes wurde von der syrischen Armee und ihren Verbündeten und den irakischen Streitkräften, mit Unterstützung durch den Iran getragen (Lister 2015).

All dies wurde pervers verdreht in westlichen Medien dargestellt. Die gleichen Medien, die ausführlich berichteten (ja regelrecht zelebrierten), wie die ISIS syrische Soldaten tötete, haben auch behauptet, dass die syrische Armee dem Kampf gegen ISIS aus dem Weg geht oder '*sie nicht richtig bekämpft*' (Richter 2014; Vinograd und Omar 2014). Diese angebliche Unwilligkeit war Teil der Rechtfertigung der USA, auch innerhalb von Syrien zu bombardieren - ein weiterer verlogener Vorwand. Während es natürlich stimmt, dass die syrischen Prioritäten auf dem dicht besiedelten Westen des Landes liegen, machen doch viele Medienberichte klar, dass schon vor den Luftangriffen der russischen Luftwaffe im Oktober 2015 die Syrische Arabische Armee die Hauptstreitmacht im Kampf gegen ISIS war (YNet 2014; al Arabiya 2014; Reuters 2015). Und sie erlitt auch die schlimmsten Todesopfer durch die Terrorgruppe (Webb 2014). Wenn es darum geht, ISIS aus dem Weg zu gehen, ist die Sachlage genau umgekehrt.

Die Beweise zeigen uns, dass Washingtons fehlender Wille, gegen ISIS zu kämpfen, der Tatsache geschuldet ist, dass diese Terrorgruppe ein zentrales Werkzeug im Kampf gegen die syrische Regierung bleibt. Dies erklärt auch die Weigerung der USA, sich mit der Syrischen Arabischen Armee im Kampf gegen ISIS abzustimmen (King 2015).

Das wiederum steht in Übereinstimmung mit dem zentralen aufrechterhaltenen Ziel eines '*Regimewechsels*' in Damaskus, oder, sollte das nicht funktionieren, der Zerstückelung des Landes. Ein solches Ziel war von den USA und anderen auf der Konferenz von Wien zurückgewiesen worden (Daily Star 2015); aber die Vorgehensweise der USA spricht eine deutlichere Sprache als ihre Verlautbarungen.

Die Widersprüche in der US-Position - der Behauptung, gegen ISIS zu kämpfen, während die Gruppe insgeheim unterstützt wird - wurden offenbar, als Ende September 2015 Russland sich für eine Luftunterstützung für Syriens Armee gegen die Terroristengruppen entschied. Als die USA sich weigerten, mit Russland zu kooperieren, wechselten Washingtons Medien und ihre heftig applaudierenden Nichtregierungsorganisationen sofort von ihrem Motto, dass die syrische Regierung ‚*Zivilisten tötet*', hinüber zu: ‚*Russland tötet Zivilisten*'. Das hatte aber wenig Einfluss auf den Ausgang.

Zum Zeitpunkt da dieses Buch geschrieben wurde, zogen sich ISIS und die anderen Gruppen zurück, befreite die Arabische Syrische Armee mit der mächtigen russischen Luftunterstützung immer mehr Gebiete, die für einige Zeit besetzt waren (AFP 2015).

Eine engere Kooperation zwischen Russland, dem Iran, dem Irak, Syrien und der libanesischen Hisbollah bedroht ernsthaft die US-Dominanz in der Region.

In der kürzlich erfolgten Offensive des irakischen Militärs gegen die von ISIS gehaltenen Stadt Tikrit erwies sich das iranische Militär zunehmend als der Hauptpartner des Irak. Washington wurde zur Seite geschoben, was in den US-Medien zu Bestürzung führte[46]. Es wurde berichtet, dass General Qasem Suleimani, Kopf der iranischen ‚*Quds Force*' die treibende Kraft hinter der Tikrit-Operation war (Rosen 2015).

Nicht weniger wichtig unter den neuen Entwicklungen war die Gründung eines Geheimdienstzentrums in Bagdad, das von Russland, Syrien, dem Irak und dem Iran sowie der Hisbollah (4+1) gemeinsam betrieben wird. Das signalisiert einen neuen Grad der Unabhängigkeit der Regierung in Bagdad, die lange als Marionette Washingtons angesehen wurde (Boyer und Scarborough 2015).

---

[46] In Medien wurde befürchtet, dass der Einfluss des Iran zu ethnischen Säuberungen führen könnten (z.B. http://www.independent.co.uk/news/world/middle-east/war-with-isis-iraq-government-claims-that-most-of-tikrit-is-liberated-10104956.html) was vollkommen aus der Luft gegriffen, und durch keine belastbaren Beweise belegt wurde.

Dieses Kapitel hat ausreichend Beweise präsentiert, die folgende Schlussfolgerungen mit Sicherheit zulassen:

1. hatte Washington eine blutige Welle von Regimewechseln im Mittleren Osten zu ihrem Vorteil geplant. Dabei benutzte die USA ihre Verbündeten, wie z.B. Saudi-Arabien als religiös spaltende Kraft in dem Prozess einer ‚kreativen Zerstörung'.
2. finanzierten und bewaffneten die USA eine Reihe von so genannten ‚moderaten' Terroristengruppen gegen den souveränen Staat Syrien, während ihre wichtigsten Verbündeten, Saudi-Arabien, Katar, Israel und die Türkei, jede militante anti-syrische Gruppe finanzierten, bewaffneten und mit Ausrüstung und medizinischer Versorgung unterstützten, unabhängig davon, ob sie ‚moderat' oder extremistisch war.
3. werden Dschihadisten für Jabhat al Nusra und ISIS in vielen Ländern aktiv rekrutiert, was darauf hindeutet, dass der Aufstieg dieser Gruppen nicht einfach ein antiwestliches ‚sunnitisches' Aufbegehren in der Region ist.
4. hatte das NATO-Mitglied Türkei eine Funktion als ‚offene Transitzone' für jeden Typ von Terroristengruppe, die nach Syrien eindringt.
5. gibt es die Aussagen einer signifikanten Anzahl von hochgestellten irakischen Beamten, dass die USA Waffen direkt an ISIS geliefert haben.
6. ist der ‚Krieg' der USA gegen ISIS ineffektiv, oder höchstens selektiv wirksam, und bestätigt die Ansicht des Iraks und Syriens, dass es eine kontrollierende Beziehung gibt.

Zusammenfassend können wir festhalten, dass die USA eine kommandierende Beziehung mit allen anti-syrischen Terroristengruppen aufgebaut hat, darunter al-Nusra und ISIS, entweder direkt, oder durch ihre engen regionalen Verbündeten Saudi-Arabien, Katar, Israel und die Türkei. Washington hat versucht, ein doppeltes Spiel in Syrien und dem Irak zu spielen, indem sie ihre alte Doktrin der ‚*Glaubhaften Abstreit*barkeit[47]' benutzte, um die Fiktion eines ‚Krieges gegen den Terror' so lange wie möglich aufrecht zu erhalten.

Quellen:

Adl, Carol (2015) 'US, Israeli Military Advisors Arrested In Iraq, Accused Of Aiding ISIS', Your News Wire, 7 March, online: http://yournewswire.com/us-israeli-military-advisors-arrested-in-iraq-accused-of-aiding-isis/

AFP (2014) 'Syria rebels, IS in 'non-aggression' pact near Damascus', Global Post, 13 September, online: http://www.globalpost.com/dispatch/news/afp/140912/syria-rebels-non-aggression-pact-near-damascus

AFP (2015) 'Syria gaining ground in 'nearly every front'', The Daily Star, 23 November, online: http://www.thedailystar.net/world/syria-gaining-ground-nearly-every-front-176662

Anderson, Tim (2015) 'Daraa 2011: Syria's Islamist Insurrection in Disguise', Global Research, 5 July, online: http://www.globalresearch.ca/daraa-2011-syrias-islamist-insurrection-in-disguise/5460547

Arabiya al (2014) 'Syrian Govt. bombs ISIS stronghold of Raqqa, 63 killed', 25 November, online: http://english.alarabiya.net/en/News/middle-east/2014/11/26/-Syrian-government-airstrikes-kill-63-in-Raqqa-monitor.html

Bacchi, Umberto (2015) 'Syria: al-Qaeda Nusra Front shows off huge cache of US weapons seized from moderate Harakat Hazm rebels', International Business Times, 4 March, online: http://www.ibtimes.co.uk/syria-al-qaeda-nusra-front-shows-off-us-weapons-seized-moderate-harakat-hazm-rebels-1490378

Bienaimé, Pierre (2014) 'ISIS Now Has A Point Man Recruiting Fighters In Pakistan', Business Insider, 20 November, online: http://www.businessinsider.com.au/isis-now-has-a-point-man-recruiting-fighters-in-pakistan-2014-11

Blair, David (2014) 'Qatar and Saudi Arabia 'have ignited time bomb by funding global spread of radical Islam', Telegraph, 4 October, online: http://www.telegraph.co.uk/news/worldnews/middleeast/iraq/11140860/Qatar-and-Saudi-Arabia-have-ignited-time-bomb-by-funding-global-spread-of-radical-Islam.html

Blanford, Nicholas (2011) 'Assad regime may be gaining upper hand in Syria', Christina Science Monitor, 13 May, online: http://www.csmonitor.com/World/Middle-East/2011/0513/Assad-regime-may-be-gaining-upper-hand-in-Syria

Boyer, Dave and Rowan Scarborough (2015) 'White House alarmed as Iraq uses intelligence center operated by Russia, Iran, Syria', Washington Times, 13 October, online:

[47] https://de.wikipedia.org/wiki/Glaubhafte_Abstreitbarkeit

http://www.washingtontimes.com/news/2015/oct/13/iraq-uses-intelligence-center-operated-by-russia-i/?page=all

Bukaiti al, Mohammed (2015) 'Yemen's Hidden War', Rolling Stone, October, Issue 767, p.82; also online: http://www.rollingstone.com/politics/news/yemens-hidden-war-20150730

Curtis, Mark (2012) Secret Affairs: Britain's collusion with radical Islam, Serpent's Tail, London

Daily Star (2015) 'Moallem welcomes Vienna statement on Syria', 2 November, online: https://www.dailystar.com.lb/News/Middle-East/2015/Nov-02/321197-moallem-welcomes-vienna-statement-on-syria.ashx

Debka (2015) 'Assad loses battles as US, Israel, Turkey, Jordan, Qatar and UAE arm Al Qaeda's Syrian branches', 4 May, online: http://www.debka.com/article/24578/Assad-loses-battles-as-US-Israel-Turkey-Jordan-Qatar-and-UAE-arm-Al-Qaeda%E2%80%99s-Syrian-branches

DIA (2012) Intelligence Report 'R 050839Z Aug 2012' in Judicial Watch, Pgs. 287-293 (291) JW v DOD and State 14-812, 18 May, online: http://www.judicialwatch.org/document-archive/pgs-287-293-291-jw-v-dod-and-state-14-812-2/

Ditz, Jason (2014) '1,000-Strong Syrian Rebel Brigade Defects to ISIS: FSA Rebels Demand US Arms, Threaten to Quit War', Anti-War.Com, 8 July, online: http://news.antiwar.com/2014/07/08/1000-strong-syrian-rebel-brigade-defects-to-isis/

Export.Gov (2015) 'Dual Use Export Licenses', US Export Agency, online: http://www.export.gov/regulation/eg_main_018229.asp

Fadel, Leith (2015a) 'The Last of the "Moderates" – Harakat Hazzm Disbands to Join Islamists', Al Masdar, 2 march, online: http://www.almasdarnews.com/article/last-moderates-harakat-hazzm-disbands-join-islamists/

Fadel, Leith (2015b) 'Anti-ISIS Coalition Uses ISIS to Fight Assad in Favor of the Rebels', Al Masdar, 2 October, online: http://www.almasdarnews.com/article/anti-isis-coalition-uses-isis-to-fight-assad-in-favor-of-the-rebels/

Fitzgerald, Denis (2014) 'UN peacekeepers observe IDF interacting with al Nusra in Golan', UN Tribune, 4 December, online: http://untribune.com/un-peacekeepers-observe-idf-interacting-al-nusra-golan/

FNA (2015a) 'Iraq's Popular Forces Release Photo of Downed US Chopper Carrying Arms for ISIL', Fars News Agency, 28 February, online: http://english.farsnews.com/newstext.aspx?nn=13931209001345

FNA (2015b) 'Iraqi Army Downs Two British Planes Carrying Weapons for ISIL Terrorists', Global research, 24 February, online: http://www.globalresearch.ca/iraqi-army-downs-two-british-planes-carrying-weapons-for-isil-terrorists/5433089

FNA (2015c) 'Israeli Colonel Leading ISIL Terrorists Captured in Iraq', Fars News Agency, 22 October, online: http://english.farsnews.com/newstext.aspx?nn=13940730000210

FNA (2015d) 'Captured ISIL leaders in Iraq confess receiving intelligence support from US', Fars New Agency, SOTT, 25 October, online: http://www.sott.net/article/304825-Captured-ISIL-leaders-in-Iraq-confess-receiving-intelligence-support-from-US

Giovanni di, Janine (2014) 'Who Is ISIS Leader Abu Bakr al-Baghdadi?' Newsweek, 8 December, online: http://www.newsweek.com/2014/12/19/who-isis-leader-abu-bakr-al-baghdadi-290081.html

Hamadee al, Mousab and Roy Gutman (2014) '1,000 Syrian rebels defect to Islamic State in sign it's still strengthening', McClatchy, 8 July, online: http://www.mcclatchydc.com/news/nation-world/world/middle-east/article24770164.html

Hersh, Seymour (2007) The Redirection', The New Yorker, 5 March, online: http://www.newyorker.com/magazine/2007/03/05/the-redirection

Hoff, Brad (2015) 'ISIS Leader Omar al-Shishani Fought Under U.S. Umbrella as Late as 2013', Levant Report, 18 September, online: http://levantreport.com/tag/menagh-airbase/

Iraqi News (2015) American aircraft dropped weapons to ISIS, says MP, 4 January, online: http://www.iraqinews.com/iraq-war/american-aircraft-airdropped-weapons-to-isis-says-mp/

Israel Today (2014) 'Syrian Rebels Thank Netanyahu for Israel's Compassion', 23 February, online: http://www.israeltoday.co.il/NewsItem/tabid/178/nid/24453/Default.aspx

Judicial Watch (2015) 'Judicial Watch: Defense, State Department Documents Reveal Obama Administration Knew that al Qaeda Terrorists Had Planned Bengasi Attack 10 Days in Advance', 18 May, online: http://www.judicialwatch.org/press-room/press-releases/judicial-watch-defense-state-department-documents-reveal-obama-administration-knew-that-al-qaeda-terrorists-had-planned-Bengasi-attack-10-days-in-advance/

Kais, Roi (2012) 'Syria: Rebels use Israeli arms', YNet, 27 January, online: http://www.ynetnews.com/articles/0,7340,L-4181733,00.html

Kais, Roi (2013) 'US confirms: Israel attacked Syrian missile base', YNet, 31 October, online: http://www.ynetnews.com/articles/0,7340,L-4448123,00.html

King, Justin (2015) 'Mounting Evidence Shows US Does Not Want ISIS Defeated', Mint Press, 24 February, online: http://www.mintpressnews.com/mounting-evidence-shows-us-does-not-want-isis-defeated/202479/

Lestch, Corrinne (2014) 'U.S. airstrikes fail to slow down brutal ISIS attacks: report', Daily News, 14 November, online: http://www.nydailynews.com/news/world/u-s-airstrikes-fail-reduce-brutal-isis-attacks-report-article-1.2011021

Lister, Tim (2015) 'Battle for Tikrit: Despite billions in aid, Iraqi army relies on militia, and Iran', CNN, 11 March, online: http://edition.cnn.com/2015/03/11/middleeast/lister-iraq-iran/

MacAskill, Ewen and Martin Chulov (2014) 'Isis apparently takes control of US weapons airdrop intended for Kurds', Guardian, 22 October, online: http://www.theguardian.com/world/2014/oct/22/isis-us-airdrop-weapons-pentagon

Nazemroaya, Mahdi Darius (2006) Plans for Redrawing the Middle East: The Project for a 'New Middle East', Global Research, 18 November, online: http://www.globalresearch.ca/plans-for-redrawing-the-middle-east-the-project-for-a-new-middle-east/3882

Newman, Alex (2014) '"Moderate" Rebels Armed by Obama Join al-Qaeda, ISIS', New American, 21 November, online: http://www.thenewamerican.com/world-news/asia/item/19583-moderate-rebels-armed-by-obama-join-al-qaeda-isis

Newman, Alex (2015) 'U.S. Defense Intel Chief: Obama Gave "Wilful" Aid to Al-Qaeda', New American, 11 August, online: http://www.thenewamerican.com/usnews/foreign-policy/item/21384-u-s-defense-intel-chief-obama-gave-willful-aid-to-al-qaeda

Paraszczuk, Joanna (2013) 'Syria Analysis: Which Insurgents Captured Menagh Airbase — & Who Led Them? EA Worldview, 7 August, online: http://eaworldview.com/2013/08/syria-feature-which-insurgents-captured-the-menagh-airbase/

PL (2015) 'Yihadistas revelan cómo se reclutan militantes para el Estado Islámico', CubaDebate, 25 June, online: http://www.cubadebate.cu/noticias/2015/06/25/yihadistas-arrestados-en-siria-revelan-como-ee-uu-recluta/#.VIwjaSv9iF

Poushter, Jacob (2015) 'In nations with significant Muslim populations, much disdain for ISIS', Pew Research Centre, 17 November, online: http://www.pewresearch.org/fact-tank/2015/11/17/in-nations-with-significant-muslim-populations-much-disdain-for-isis/

Putin, Vladimir (2015) 'Who are Syria's moderate rebels?' Daily Star, 24 October, online: http://www.thedailystar.net/world/who-are-syrias-moderate-rebels-161989

OSNet (2014) 'Syrian rebels in the Golan defect to ISIS', OS Net daily, December, online: http://osnetdaily.com/2014/12/syrian-rebels-golan-defect-isis/

Reuters (2015) 'Syrian air strike kills two Islamic State commanders', 7 March, online: http://uk.reuters.com/article/2015/03/07/uk-mideast-crisis-syria-islamicstate-idUKKBN0M30F320150307

Richter, Greg (2014) 'Syrian National Coalition President: Assad, ISIS Not Fighting Each Other', NewsMax, 30 September, online: http://www.newsmax.com/Newsmax-Tv/syrian-coalition-assad-isis/2014/09/30/id/597645/

Rosen, James (2015) 'Quds force leader, commanding Iraqi forces against ISIS, alarms Washington', Fox News, 5 March, online: http://www.foxnews.com/politics/2015/03/05/iran-quds-force-leader-commanding-iraqi-forces-against-isis-alarms-americans/

Rothman, Noah (2014) 'Dempsey: I know of Arab allies who fund ISIS', YouTube, 16 September, online: https://www.youtube.com/watch?v=nA39iVSo7XE

RT (2014) 'Anyone but US! Biden blames allies for ISIS rise', 3 October, online: https://www.youtube.com/watch?v=11l8nLZNPSY

SANA (2015) 'Mikdad: US Turkish agreement to arm and train terrorists means failure of de Mistura initiative', Syrian Arab News Agency, 21 February, online: http://www.sana.sy/en/?p=29385

Sarhan, Amre (2015) 'American aircraft dropped weapons to ISIS, says MP', Iraqi News, 4 January, online: http://www.iraqinews.com/iraq-war/american-aircraft-airdropped-weapons-to-isis-says-mp/

Sharma, Versha and M.L. Nestel (2014) 'Terrorists Seize U.S. Weapons in Iraq', Vocativ, 16 June, online: http://www.vocativ.com/world/iraq-world/terrorists-seize-u-s-weapons-iraq/

Sly, Liz (2014) 'U.S.-backed Syria rebels routed by fighters linked to al-Qaeda', Washington Post, 2 November, online: https://www.washingtonpost.com/world/us-backed-syria-rebels-routed-by-fighters-linked-to-al-qaeda/2014/11/02/7a8b1351-8fb7-4f7e-a477-66ec0a0aaf34_story.html

Sputnik (2015a) 'US Ally in Libya Joins ISIL and Leads Its Forces in the Country – Reports', 3 May, online: http://sputniknews.com/news/20150305/1019074958.html

Sputnik (2015b) 'US Congress Arms ISIL in Syria Via 'Moderate' Opposition - ex-CIA Officer', 7 October, online: http://sputniknews.com/middleeast/20151007/1028130762/US-congress-arms-ISIL-in-syria-via-moderate-opposition.html

Usher, Barbara Plett (2014) 'Joe Biden apologised over IS remarks, but was he right?' BBC News, 7 October, online: http://www.bbc.com/news/world-us-canada-29528482

Variyar, Mugdha (2015) 'Funds for ISIS Recruitment Came From US, Says Pakistani ISIS Commander', IB Times, 29 January, online: http://www.ibtimes.co.in/funds-isis-recruitment-came-us-says-pakistani-isis-commander-621906

Vinograd, Cassandra and Ammar Cheikh Omar (2014) 'Syria, ISIS Have Been 'Ignoring' Each Other on Battlefield, Data Suggests', NBC News, 11 December, online: http://www.nbcnews.com/storyline/isis-terror/syria-isis-have-been-ignoring-each-other-battlefield-data-suggests-n264551

Washington's Blog (2014) 'Top U.S. Military Official: Our Arab "Allies" Support ISIS', 16 September, online: http://www.washingtonsblog.com/2014/09/top-u-s-military-official-arab-allies-support-isis.html

Webb, Sam (2014) 'Up to 70 Syrian army chiefs beheaded by ISIS after jihadis make advance on second city of Idlib that has been held by Assad's forces for more than a year', Daily Mail, 28 October, online: http://www.dailymail.co.uk/news/article-2810598/Up-70-Syrian-army-chiefs-beheaded-Isis-jihadis-make-advance-second-city-Idlib-held-Assad-s-forces-year.html

West, Diana (2012) 'Syrian Rebels: We Are All Jabhat Al Nusra (Al Qaeda)', Free Republic, 12 December, online: http://www.freerepublic.com/focus/news/2967671/posts

Winer, Stuart (2013) 'Syria says it captured Israeli weapons from rebels', Times of Israel, 21 August, online: http://www.timesofisrael.com/syria-says-it-captured-israeli-weapons-from-rebels/

YNet (2014) 'Syrian strikes on ISIS stronghold kill 29', 6 September, online: http://www.ynetnews.com/articles/0,7340,L-4568098,00.html

Zayabi al, Adib (2014) 'Syrian rebels increasingly joining ISIS: Coalition ambassador', Asharq al-Awsat, 25 December, online: http://english.aawsat.com/2014/12/article55339780/syrian-rebels-increasingly-joining-isis-syrian-national-coalition-ambassador

Zelin, Aaron Y. (2012) 'Rally 'Round the Jihadist', Washington Institute, 11 December, online: http://www.washingtoninstitute.org/policy-analysis/view/rally-round-the-jihadist

Zoabi, Hiba (2014) 'Israel said to treat wounded members of IS and radical Syrian groups', i24News, 10 November, online: http://www.i24news.tv/app.php/en/news/israel/diplomacy-defense/50457-141110-israel-said-to-treat-wounded-members-of-is-and-radical-syrian-groups

13. Westliche Interventionen und der koloniale Geist

In Zeiten der ‚*Farbenrevolutionen*' ist die Sprache komplett auf den Kopf gestellt. Banken wurden zu Beschützern der Umwelt, religiöse Fanatiker sind ‚*Aktivisten*' und Imperien beschützen die Welt vor großen Verbrechen, anstatt sie zu begehen.

Die Kolonisierung der Sprache wird überall betrieben unter hoch gebildeten Menschen, aber sie durchdringt in eigentümlicher Weise gerade die kolonialen Kulturen. ‚*Der Westen*', dieser selbsternannte Inbegriff einer fortgeschrittenen Zivilisation, erfindet energisch seine eigene Geschichte neu, um die Geisteshaltung der Kolonialzeit endlos fortzusetzen.

Autoren wie Frantz Fanon und Paolo Freire haben darauf hingewiesen, dass kolonisierte Völker psychischen Schaden erleiden und ihren Geist ‚*entkolonialisieren*' müssen, um weniger ehrerbietig gegenüber imperialer Kultur zu werden, und sich stärker auf die Werte der eigenen Gesellschaft zu beziehen. Die andere Seite ist der Einfluss des kolonialen Erbes auf die imperialen Kulturen. Westliche Völker halten ihre eigene Kultur für den Nabelpunkt, wenn nicht sogar für universell gültig, und sie tun sich schwer, anderen Kulturen zuzuhören oder von ihnen zu lernen. Das zu ändern erfordert einige Anstrengungen.

Mächtige Eliten sind sich im Klaren über diesen Prozess und versuchen, kritische Kräfte in ihren eigenen Gesellschaften einzubinden, Werte und fortschrittliche Sprachinhalte für die eigenen Zwecke zu besetzen und die Rolle anderer Völker herunterzuspielen. Zum Beispiel wurde nach der Invasion Afghanistans im Jahr 2001 die Vorstellung, dass NATO-Kräfte die afghanischen Frauen beschützen würden, allgemein verbreitet und sie gewann Popularität[48]. Trotz breiten Widerstandes gegen die Invasion und Besatzung passte dieser ‚*humanitäre*' Zweck zur missionarischen Seite der westlichen Kultur, was man auch ‚*Sendungsbewusstsein zum Helfen*' nennen könnte. Im Jahr 2012 hing Amnesty International Plakate zur För-

[48] Es darf darauf hingewiesen werden, dass vor der durch die USA finanzierten Aufstände der Mudschahidin (den Vorläufern der Taliban) gegen eine von der Sowjetunion unterstützten Regierung, bereits Frauenrechte uneingeschränkt in Afghanistan eingefordert werden konnten.

AI MACHTE WERBUNG FÜR NATO

derung von Frauenrechten in Afghanistan auf, die besagten: NATO: *„Hilf dem Fortschritt voran“* (Wright und Rowley 2012). Derweil sammelte das ‚*George W. Bush Institute*‘ Geld, um afghanische Frauenrechte zu fördern (Bush Center 2013).

Die unglückliche Bilanz der langen NATO-Besetzung ist nicht so ermutigend. Der Bericht der UNDP [United Nations Development Programme] von 2013 zeigt, dass nur 5,8% der afghanischen Frauen eine höhere Schule besucht haben, womit das Land an siebtletzter Stelle in der Weltrangliste steht. Und die durchschnittliche afghanische Frau hat sechs Kinder, was die dritthöchste Rate in der Welt ist, und mit dem niedrigen Bildungsniveau in Verbindung gebracht wird (UNDP 2013). Besatzungsarmeen schicken keine Kinder in die Schule.

In vielerlei Hinsicht ist der ‚*feministische Krieg*‘ in Afghanistan eine Weiterführung des britischen Erbes im kolonialen Indien. Als Teil seiner großen ‚*Mission zu zivilisieren*‘ behauptete dieses Empire nämlich, die indischen Frauen zu schützen vor ‚*Sati*‘ (Witwenverbrennung): bei dieser Handlung werfen sich Witwen bei der Beerdigung ihres Gatten selber auf den Scheiterhaufen (oder werden geworfen). Tatsächlich hatte aber die britische Herrschaft wenig Veränderung für diese isolierte Praxis gebracht (Banerjee c2014). Im Gegenteil war die angebliche Ermächtigung von Mädchen und Frauen unter britischer Herrschaft ein trauriger Witz. Bei Erlangung der Unabhängigkeit lag der Alphabetisierungsgrad bei Erwachsenen nur bei 12%, und bei Frauen noch viel niedriger. Während Indien immer noch in vielerlei Hinsicht hinterher hinkt, entwickelte sich der Fortschritt im Bildungswesen nach der Unabhängigkeit im Jahr 1947 wesentlich rasanter voran.

Solche Fakten haben aber Historiker wie Niall Ferguson und Lawrence James nicht von dem Versuch abgehalten, die britische Kolonialgeschichte schönzuschreiben, nicht zuletzt, um die neueren Interventionen zu verteidigen. Es könnte schwierig erscheinen, Kolonialismus zu rechtfertigen, aber das Argument scheint bessere Chancen unter Menschen mit kolonialer Vergangenheit zu haben, die eine Rehabilitierung ihrer eigenen Geschichte und Kultur suchen.

Die nordamerikanische Sprachregelung weicht ein bisschen davon ab, da die Vereinigten Staaten von Amerika beanspruchen, niemals eine Kolonialmacht gewesen zu sein. Dieser Mythos, ein bedeutender Verfechter der Freiheit zu sein, ein *'Leuchtturm'* auf dem Hügel, ist wichtig für ihr Selbstverständnis (Gamble 2012). Die Tatsache, dass die US-Deklaration für Freiheit und Gleichheit von Sklavenhaltern und ethnischen Säuberern geschrieben wurde (die Unabhängigkeitserklärung der USA geißelt die Briten, Grenzen hinsichtlich der Besetzung von Land der Ureinwohner erlassen zu haben) hat den Enthusiasmus für diese hehren Ideale nicht verringert. Dieses kunstvoll gestrickte Erbe beeinflusst sicherlich die Sprache und Selbstdarstellung der jüngsten Interventionen Washingtons.

Nach den Invasionen in Afghanistan und dem Irak sahen wir eine Veränderung in der Herangehensweise, indem die Großmächte religiöse Fanatiker gegen unabhängige Staaten in der Region anwarben. Selbst der neue irakische Staat, der aus den Trümmern von 2003 entstand, wurde durch diese von Washington gelenkten Fanatiker angegriffen. Ein *'arabischer Frühling'* wurde Zeuge, wie Libyen durch eine islamistische pseudo-Revolution, durch NATO Bomben unterstützt, zertrampelt wurde. Dann überließ man Libyen einem zerstrittenen Haufen von Al-Kaida-Gruppen und westlichen Kollaborateuren. Das kleine Land, das dereinst den höchsten Lebensstandard in Afrika vorzuweisen hatte, fiel um Jahrzehnte zurück.

Als nächstes kam das tapfere Syrien an die Reihe, das unter furchtbaren Kosten widerstand; und der Propagandakrieg lief auf Hochtouren. Wenige im Westen schienen in der Lage zu sein, ihn zu durchschauen. Viele westliche Linke teilen die Illusionen mit den westlichen Rechten. Was zuerst als eine nationalistische und säkulare Revolution dargestellt wurde, ein Aufstand gegen einen *'Diktator'*, der seine eigenen Leute tötete - wurde später so dargestellt, als ob es von *'moderaten Rebellen'* oder *'moderaten Islamisten'* angeführt würde. Die extremistischen Islamisten, die immer wieder ihre eigenen Gräueltaten veröffentlichten, sollten angeblich eine andere Abart sein, gegen die Washington und seine Verbündeten sich nun entschlossen hätten zu kämpfen. Viel davon mag für einen durchschnittlich gebildeten Araber oder Lateinamerikaner lächerlich klingen, aber für Menschen im Westen bewahrt diese Geschichte eine gewisse Anziehungskraft.

Ein Grund für den Unterschied besteht darin, dass Nation und Staat im Westen eine ganz andere Bedeutung haben. Die westliche Linke hat schon immer den Staat als monolithisch angesehen, und den Nationalismus als ein Phänomen, das dem Faschismus nicht fern ist. Aber in den ehemaligen Kolonien ist der Nationalstaat nach wie vor mit Hoffnung verbunden. Westliche Bevölkerungen hatten niemals ihren eigenen Ho Chi Minh, Gamal Abdel Nasser, Nelson Mandela, Salvador Allende, Hugo Chavez oder Fidel Castro.

Eine Folge davon ist: so sehr westliche Denker auch ihre eigenen Staaten kritisieren mögen, so unwillig sind sie, andere Staaten zu verteidigen. Viele, die Washington oder Israel kritisieren, werden Kuba oder Syrien nicht in Schutz nehmen.

All das lässt Stellvertreterkriege mit behaupteten missionarischen Zielen im Westen wesentlich einfacher verkaufen. Wir könnten sogar sagen, dass es eine relativ erfolgreiche Taktik der imperialen Interventionen war, vom Contra-Krieg gegen Nicaragua bis hin zu den Stellvertreterarmeen in Syrien. So lange die Großmächte nicht als direkt beteiligt erkennbar sind, findet das westliche Publikum die Idee ziemlich attraktiv, dass sie einem anderen Volk helfen könnten sich zu erheben, und ihre ‚Freiheit' zu erringen.

Selbst Noam Chomsky, Autor vieler Bücher über den US-Imperialismus und über westliche Propaganda, hat viele Elemente der westlichen Argumentationsmuster zugunsten von Interventionen übernommen. Im Fall von Libyen sagte er, dass eine Intervention sogar ohne UNO-Zustimmung durchführt werden konnte, weil *„die Verhinderung eines wahrscheinlichen Massakers in Bengasi keine Kleinigkeit ist, was auch immer man von den Motiven halten mag"* (Chomsky 2011)[49]. Nach dem libyschen Desaster erklärte er in einem Interview mit einer syrischen oppositionellen Zeitung

[49] Interessanterweise gibt Noam Chomsky selber zu, dass Interventionen oft zu schrecklicheren Folgen führen, als sie vorgeben zu verhindern https://chomsky.info/20110330/ Frage 3.

im Jahr 2013, der vom Ausland unterstützte islamistische Aufstand sei eine unterdrückte ‚*Protestbewegung*', die gezwungen war, sich zu bewaffnen. Amerika und Israel hätten kein Interesse daran, die syrische Regierung zu stürzen, behauptete er. Er räumte ein, vom syrischen Aufstand ‚*begeistert*' zu sein, lehnte aber eine Aktion im Rahmen einer ‚*Schutzverantwortung*' ab; er machte deutlich, dass er eine direkte US-Intervention ohne UNO-Mandat ablehne. Nichtsdestoweniger teilte er weiterhin die Ziele derjenigen, die die syrische Regierung ‚*zwingen*' wollten, zurückzutreten, wobei er hinzufügte: *„nichts kann die Beteiligung von Hisbollah rechtfertigen"* (Chomsky 2013). Diese Äußerung erfolgte, nachdem die libanesische Widerstandsgruppe Syrien half, das Ruder herumzureißen gegen die NATO-unterstützten ‚*Dschihadisten*'.

Wie kommen westliche Antiimperialisten zu ähnlichen Schlüssen wie das Weiße Haus?

> Zunächst gibt es einen anarchistischen oder ultra-linken Reflex gegen jegliche Staatsgewalt. Dies führt zu Angriffen gegen imperialistische Macht, aber gleichzeitig führt es zu Desinteresse oder fast automatischer Opposition gegen unabhängige Staaten. Viele westliche Linke drücken sogar ihre Begeisterung darüber aus, die Führung eines unabhängigen Staates zu stürzen, obwohl sie wissen, dass die Alternative, wie in Libyen, Massenmorde, eine erbitterte Spaltung des Landes und die Zerschlagung wichtiger nationaler Institutionen sein wird.
>
> Zweitens hat das Vertrauen in westliche Medienquellen zu dem Glauben geführt, dass die Massaker an Zivilisten das Werk der syrischen Regierung sei. Aber nichts könnte weiter von der Wahrheit entfernt sein. Eine sorgfältige Prüfung der Beweise wird aufzeigen, dass die meisten der gut dokumentierten Massaker in Syrien (Houla, Daraya, Aqrab, Ost-Ghuta) durch sektiererische islamistische Gruppen verübt wurden, um dann häufig fälschlicherweise der Regierung angelastet zu werden. Auch wenn die unabhängigen Beweise wie im Fall des Ost-Ghuta Chemiewaffen-Vorfalls eindeutig

sind (z.B. ISTEAMS 2013; Lloay und Postol 2014, Hersh 2013), veränderte sich die westliche Geschichtsschreibung nicht.

Nach den Behauptungen über den Einsatz chemischer Waffen folgten die Beschuldigungen, dass die Bombardierungen von durch den Westen unterstützte Terrorgruppen in Wahrheit ‚*Fassbomben*' auf Zivilisten seien. Das war Teil der langen Tradition der sektiererischen Gruppen, vorzugeben, ihre eigenen Verluste seien Zivilisten. Diese Geschichten scheinen kein Ende zu nehmen. Präsident Bashar al-Assad wies vernünftigerweise darauf hin: *„Alle Kriege sind schlecht ... [aber] wir können den Kampf gegen Terroristen, die Zivilisten töten, nicht beenden, bloß weil wir Angst vor westlichen Vorwürfen haben, Gewalt einzusetzen"* (Assad 2015).

> Das dritte Element, das die westlichen antiimperialistischen Ideen entstellt, scheint die aufgezwungene und auf sich selbst bezogene Art der Diskussionen zu sein. Die Paradigmen werden gehütet durch Torwächter der Konzerne, aber auch verstärkt durch eine weit verbreitete westliche Illusion über ihren eigenen zivilisatorischen Einfluss.

Einige wenige westliche Journalisten haben ausreichend im Detail berichtet, um alle Teile des syrischen Konfliktes zu illustrieren, aber ihre Sichtweisen wurden fast immer bestimmt durch die westlichen ‚*liberalen*' und ‚*humanitären*' Narrative.

Tatsächlich kam die aggressivste Befürwortung ‚*humanitärer Intervention*' in den letzten Jahren von liberalen Medien wie dem britischen Guardian, der BBC und Nichtregierungsorganisationen der Konzerne wie Avaaz, Amnesty International und Human Rights Watch. Jene wenigen Journalisten, die eine unabhängige Sicht bewahren, wie die arabisch-amerikanische Autorin Sharmine Narwani, veröffentlichen meist außerhalb der besser bekannten westlichen Medienkanäle.

Imperiale Kultur bestimmt auch die humanitäre Hilfsindustrie. Ideologischer Druck kommt nicht nur von den Entwicklungsbanken, sondern auch aus dem Bereich der Nichtregierungsorganisationen, die sich ein starkes Sendungsbewusstsein bewahren, jenen ‚*Retterkomplex*' über ihre Beziehungen zum Rest der Welt. Während ‚*Entwicklungszusammenarbeit*' früher Ideen einer Wiedergutmachung für die Kolonialherrschaft oder Unterstützung während der Übergangsphase in die Unabhängigkeit beinhaltet haben mag, ist sie heute zu einer Industrie mit einem Jahresumsatz von 100 Milliarden Dollar mutiert, wobei die Entscheidungsprozesse fest in den Händen von westlichen Finanzagenturen liegen.

Neben der Tatsache, dass viele der Hilfsprogramme in der Praxis nicht funktionieren, ist die Industrie zutiefst undemokratisch, bestimmt durch starke koloniale Untertöne. Hilfsprogramme sind nie wirklich gegenüber den lokalen Menschen gegenüber verantwortlich. Und doch glauben viele westliche Entwicklungshelfer, dass sie wirklich die armen Völker der Welt ‚*retten*'. Diese kulturell bedingte Einbildung sitzt tief. Die Agenturen versuchen nicht nur die Wirtschaftspolitik zu bestimmen, sie intervenieren noch obendrein in politische und sogar verfassungsmäßige Prozesse. Dies wird dann im Namen der ‚*guten Regierungsführung*' (‚good governance'), im Namen der Korruptionsbekämpfung oder der ‚*Stärkung der Demokratie*' durchgeführt. Ohne die Probleme der lokalen Körperschaften wirklich zu berücksichtigen, wird selten zugegeben, dass ausländische Hilfsagenturen die am wenigsten demokratischen Spieler von allen sind.

Als zum Beispiel zur Jahrhundertwende Osttimor seine Unabhängigkeit erhielt, ließen Hilfsagenturen ihre finanziellen Muskeln spielen, um die Entwicklung von öffentlichen Institutionen im Bereich von Landwirtschaft und Nahrungsmitteln zu verhindern. Sie drängten das junge Land dazu, wettbewerbsorientierte Parteien zu gründen ohne Rücksicht auf eine Regierung der nationalen Einheit.

Indem Australien versuchte, die Oberhand in der Gruppe der ‚*Geber-Gemeinschaft*' zu behalten, verschlimmerte es die dadurch auftretende politische Spaltung und Krise von 2006 (Anderson 2006). Im Verlauf anhaltender Streitigkeiten über Seegrenzen und Ölvorkommen waren australische Wissenschaftler und Berater schnell dabei, den Moment der Schwäche auszunutzen, um die größte Partei von Osttimor zu drängen, sich zu ‚*reformieren*'. Ihre nationale Armee sollte beiseitegeschoben oder aufgelöst werden, und das Land Englisch als eine Nationalsprache annehmen. Auch wenn dem Druck widerstanden wurde, hatte es in diesem Augenblick den Anschein, als wenn viele australische ‚*Freunde*' von Osttimor davon träumten, das kleine Land von vorhergehenden kolonialen Herrschern ‚*geerbt*' zu haben. Dies ist oft die eigenartige Auffassung des Westens von ‚*Solidarität*'.

Imperiale Kulturen haben eine große Vielzahl von nett klingenden Vorwänden für Interventionen in den ehemaligen Kolonien und jungen unabhängigen Ländern hervorgebracht. Diese Vorwände beinhalten den Schutz der Rechte von Frauen, die Garantie guter Regierungsführung und Förderung von ‚*Revolutionen*'. Das Ausmaß von Doppelzüngigkeit ist beträchtlich. Und dabei erschaffen Interventionen Probleme für alle Beteiligte.

Unabhängige Völker müssen neue Arten des Widerstandes lernen. Jene Menschen mit gutem Willen in den imperialen Kulturen sollten sich überlegen, wie die westliche Denkweise entkolonialisiert werden könnte. Auf einer ethischen Ebene ist ein solcher Prozess relativ einfach, indem man sich auf die grundlegenden Prinzipien bezieht: nämlich der Gleichheit aller Menschen, gegenseitigen Respekt und auf Freundschaft. Auf der politischen und intellektuellen Ebene sollte es meines Erachtens beinhalten: das Nachdenken über

a) die historisch unterschiedlichen Sichtweisen auf den Nationalstaat,
b) die wichtigen besonderen Funktionen des post-kolonialen Staates,
c) die weiter bestehende Relevanz und Wichtigkeit des Prinzips der Selbstbestimmung,
d) die Notwendigkeit, die systematisch täuschenden eingebetteten Medien zu umgehen, und
e) die Herausforderung, geliebte Illusionen über einen angeblichen westlichen zivilisatorischen Einfluss zu hinterfragen.

All dies scheint einen Teil einer neo-kolonialen Denkart zu formen, an der Wurzel der außerordentlichen westlichen Blindheit gegenüber dem Schaden, den nicht eingeladene Interventionen mit sich bringen.

Quellen:

Anderson, Tim (2006) 'Timor Leste: the Second Australian Intervention', Journal of Australian Political Economy, No 58, December, pp.62-93

Assad, Bashar al (2015) '"Britain and France were the Spearheads in Supporting the Terrorists in Syria:" President al-Assad', Information Clearing House, 6 December, online: http://www.informationclearinghouse.info/article43628.htm

Banerjee, Jacqueline (c.2014) 'Cultural Imperialism or Rescue? The British and Suttee', The Victorian Web, online: http://www.victorianweb.org/history/empire/india/suttee.html

Bush Center (2015) 'Afghan Women's Project', George W, Bush Center, online: http://www.bushcenter.org/womens-initiative/afghan-womens-project

Chomsky, Noam (2011) 'On Libya and the Unfolding Crises', ZNet, 30 March, online: http://chomsky.info/20110330/

Chomsky, Noam (2013) 'Noam Chomsky: The Arab World And The Supernatural Power of the United States', Information Clearing House, 16 June, online: http://www.informationclearinghouse.info/article35527.htm

Gamble, Richard M. (2012) In Search of the City on a Hill: The Making and Unmaking of an American Myth, Bloomsbury Academic, London

ISTEAMS (2013) 'Independent Investigation of Syria Chemical Attack Videos and Child Abductions', 15 September, online: http://www.globalresearch.ca/STUDY_THE_VIDEOS_THAT_SPEAKS_ABOUT_CHEMICALS_BETA_VERSION.pdf

Hersh, Seymour (2013) 'Whose Sarin?' LRB, 19 December, online: http://www.lrb.co.uk/v35/n24/seymour-m-hersh/whose-sarin

Lloyd, Richard and Theodore A. Postol (2014) 'Possible Implications of Faulty US Technical Intelligence in the Damascus Nerve Agent Attack of August 21, 2013', MIT, January 14, Washington DC, online: https://www.documentcloud.org/documents/1006045-possible-implications-of-bad-intelligence.html#storylink=relast

UNDP (2013) Human Development Report 2013, United Nations Development Programme, New York, online: http://hdr.undp.org/en/2013-report

Wright, Ann and Coleen Rowley (2012) 'Ann Wright and Coleen Rowley', Consortium News, June 18, online: https://consortiumnews.com/2012/06/18/amnestys-shilling-for-us-wars/

14. In Richtung auf einen unabhängigen Mittleren Osten

> *„Die Bäume müssen ihre Reihen schließen, um den Riesen mit den Siebenmeilenstiefeln vom Durchmarschieren abzuhalten!" Der kubanische Nationalheld Jose Marti (1881) über die Notwendigkeit einer regionalen Einigkeit.*

> *„Keine ausländischen Vertreter dürfen die Zukunft Syriens bestimmen und auch nicht die Zukunft des politischen Systems in Syrien, oder die Personen, die Syrien regieren sollen. Das ist allein die Entscheidung des syrischen Volkes."* – Bashar al-Assad, 2015

Washingtons Plan für einen Neuen Mittleren Osten ist auf den Granitfelsen Syrien gestoßen. Ungeachtet des fortwährenden Blutbades und ernsthafter wirtschaftlicher Engpässe bewegt sich Syrien stetig vorwärts zu einem militärischen und strategischen Sieg, der den Mittleren Osten umwandeln wird. Es gibt klare Hinweise, dass Washingtons Pläne gescheitert sind, sei es nun beim *‚Regime Change‘*, oder dabei, den Staat funktionsuntüchtig zu machen und das Land durch sektiererische Linien zu spalten. Stattdessen sehen wir den Aufstieg einer gestärkten Achse des Widerstands mit dem Iran, Syrien, Palästina und der Hisbollah als Kernelementen, unterstützt von Russland und einem sich annähernden Irak.

Syriens Sieg wird seine Grundlage in einer starken und konsequenten Unterstützung der nationalen Armee durch das Volk finden, und das trotz heimtückischer sektiererischer Angriffe; sowie in einem festen Rückhalt durch Syriens wichtigste Verbündete, und in der der Aufsplitterung der internationalen Streitkräfte, die gegen sie aufgestellt wurden. Eine regionale Neuausrichtung war ebenfalls wichtig. Ziemlich früh in diesem Konflikt wurde Ägypten, unter der kurzen Regierungszeit der Moslembrüder, als Feind ausgeschaltet. Sogar noch wichtiger waren Washingtons Friedensvereinbarungen mit dem Iran, der sich die Saudis und Israel entgegenstellten. Letzteren war klar, dass damit die Handlungsfähigkeit von Syriens zentralem Verbündeten in der Region gestärkt würde. Die russische Initiative im späten September 2015 mit der Bereitstellung ihrer Luftwaffe in Zusammenarbeit mit der syrischen Armee war nicht nur militärisch entscheidend, sondern damit begann ebenfalls die Einbeziehung des Irak als vollwertigen Teilnehmer in der Widerstandsachse.

Die Entscheidung von Russland, dem Iran, dem Irak und Syrien, ihre Geheimdienstzentrale gegen den Terrorismus in Bagdad zu errichten, war kein Zufall. Der langsame aber stetige Wechsel des Irak von einem Vasallenstaat der USA hinüber in das Lager des Widerstands deutet die Tiefe des Wandels an, der sich vollzieht.

Vor der russischen Initiative und nach mehr als vier Jahren Krieg hat sich die wirtschaftliche Situation in Syrien verschlechtert, jedoch vollzog sich eine Konsolidierung der Sicherheitslage. Es gibt einige heikle besetzte Gebiete, wie zum Beispiel Nord-Ost-Aleppo, Ar-Raqqa im Osten, sowie die Stadtteile Jobar und Douma im Nordosten von Damaskus, alles Gebiete, die von tausenden bewaffneten Sektierern über Jahre besetzt gehalten werden. An anderen Stellen jedoch hatten die bewaffneten Gruppen keine länger anhaltenden Gewinne, da ihre Offensiven zurückgedrängt wurden. Millionen wurden in die westlichen Städte umgesiedelt. Der Gouverneur von Latakia sagte mir im Juli 2015, dass die Provinz von 1,3 Millionen Menschen auf über 3 Millionen angewachsen war. As-Suweida hatte 130.000 Familien aus Daraa aufgenommen und war dadurch um das Doppelte angewachsen. Etwas Ähnliches passierte in Tartus, während die Bevölkerung von Damaskus auf 8,5 Millionen anschwoll. Auch die Bevölkerungsverschiebungen innerhalb der Hauptstadt waren erheblich. Nach wiederholten Angriffen von al Nusra und ISIS floh zum Beispiel der größte Teil der Bevölkerung der umkämpften palästinensischen Siedlung Yarmouk in andere Teile der Stadt, zum Beispiel nach Jaramana. Nur sehr wenige dieser entwurzelten Familien lebten in Zelten; die große Mehrheit lebt in Schulen und anderen Einrichtungen, in Einfamilienhäusern, Mietwohnungen oder anderen überdachten Unterkünften.

Im Internet-‚*Krieg der Landkarten*' kommen diese Veränderungen nicht vor. Wenn Kommentatoren darüber reden, wie viel ‚*Gelände*' die eine oder andere islamistische Gruppe kontrolliert, beachteten sie in der Regel nicht, dass die Regierung die Kontrolle über die große Mehrheit der bevölkerten

Gebiete behielt, und der größte Teil der geflüchteten Bevölkerung in den von der Regierung kontrollierten Gebieten Zuflucht gesucht hat. Im Jahr 2015 verschlimmerten sich Stromausfälle und Engpässe, aber Schulen, Gesundheitszentren, Sportanlagen funktionierten. Obwohl das Leben kaum als normal bezeichnet werden konnte, ging das tägliche Leben weiter. Die Menschen überlebten und leisteten Widerstand. Diese Realität war in den westlichen Medien kaum wahrnehmbar. In jenen Medien, die beständig Lügen über den Charakter des Konfliktes verbreiteten.

Insbesondere haben die Medien versucht, die Unterstützung der NATO für die extremistischen Gruppen zu verbergen, während sie deren Vorstöße ausposaunten und die erfolgreichen Gegenoffensiven der syrischen Armee ignorierten.

Fakten-Check Eins:

Es gab niemals irgendwelche ‚*moderaten Rebellen*'. Wie dieses Buch dargelegt hat, wurde eine echte politische Reformbewegung in der Zeit von März bis April 2011 durch einer von Saudi-Arabien unterstützten islamistischen Aufstand an den Rand gedrückt. Der bewaffnete Aufruhr war von Anfang an vom sektiererischen Islamismus bestimmt. Jahre später nennen normale Syrer diese Gruppen ganz einfach ‚*Daesh*' (ISIS), ‚*Terroristen*' oder ‚*Söldner*', ohne auf die verschiedenen Markenzeichen zu achten. Nur internationale Organisationen, die mit bewaffneten Gruppen reden, um beispielsweise entführte Menschen freizubekommen, achten sehr auf die unterschiedlichen Markenzeichen. Stellungnahmen von ‚*moderaten Rebellen*'-Anführern, die zu Völkermord aufrufen, unterstreichen die begrenzten Unterschiede zwischen den völkermörderischen ‚*Moderaten*' und den völkermörderischen Extremisten.

Der FSA-Führer Lamia Nahas schrieb: „*Je arroganter die Minderheiten Syriens werden, desto bestärkter werde ich in meiner Meinung, dass ihre Existenz durch einen Holocaust vernichtet werden sollte, und ich bitte um [Gottes] Erbarmen für Hitler, der die Juden in seiner Zeit verbrannte und Sultan Abdul Hamid, der die Armenier vernichtete*" (The Angry Arab 2015). Ähnliches teilte Abdullah al-Ali seinen Freunden in den Sozialen

Medien mit: *„Die Nusayri- [Alawiten]Dörfer zu vernichten ist wichtiger als die syrische Hauptstadt zu befreien“* (Fadel 2015). Der völkermörderische Eifer dieser ‚*Moderaten*‘ unterscheidet sich in keiner Weise von jenem der al-Nusra oder der ISIS.

Im Wesentlichen handelte es sich immer um einen bewaffneten Konflikt zwischen einem autoritären, aber pluralistischen und sozial integrativen Staat, und sektiererischen Islamisten saudi-arabischer Prägung, die als Stellvertreterarmeen für die Großmächte agieren.

Fakten-Check zwei:

Fast alle Grausamkeiten, die der syrischen Armee zugeschrieben wurden, sind durch vom Westen unterstützte Islamisten ausgeführt worden, als Teil ihrer Strategie, noch mehr ausländische Unterstützung anzuwerben. Ihre Behauptungen wurden von den westlichen Medien wiederholt, die von parteiischen islamistischen Quellen geliefert wurden, und zusätzlich verstärkt durch eingebettete ‚*Wächter*‘, darunter Amnesty International und Human Rights Watch.

Die syrische Armee hat tatsächlich gefangene Terroristen exekutiert und die Geheimpolizei inhaftiert, und misshandelt weiterhin Personen, die der Zusammenarbeit mit Terroristen verdächtigt werden. Aber es handelt sich hierbei um eine Armee, die sehr starken Rückhalt in der Bevölkerung genießt. Die syrischen Menschen kennen ihren Feind und unterstützen ihre Armee. Andererseits prahlen die bewaffneten Banden mit ihren Gräueltaten.

Dem intelligenten Beobachter werden die endlosen Lügen über die Armee durch die einfache Tatsache unglaubwürdig, dass auch nach mehreren Jahren syrische Flugzeuge und Artillerie immer noch keine Schlupfwinkel der Terroristen wie Jobar, Douma, Raqqa und den Nordosten von Aleppo mit Flächenbombardement überzogen und dem Erdboden gleich gemacht haben. Wir können fast sicher sein, dass beim nächsten Mal, wenn westliche Agenturen unter Berufung auf islamistische Quellen behaupten, ‚*Zivilisten*‘ seien durch ‚*willkürliche*‘ *russische oder syrische Bombardierungen*‘

getötet worden, es sich um eben dieselben islamistischen Quellen handelt, die hier angegriffen wurden.

Es gibt zwei unterschiedliche Schlussszenarien, die in Umlauf sind. Washington und seine Lakaien verfolgten besessen und unnachgiebig ihr Ziel, Präsident Assad zu isolieren und aus einer zukünftigen syrischen Regierung fern zu halten. In jeder Hinsicht ist dies der Nachruf auf die Unabhängigkeit des Menschen. Die westliche Arroganz geht aber davon aus, Syrien unterworfen zu haben. Diese aussichtslose Forderung veranschaulicht tatsächlich, wie wenig Respekt Washington vor internationalem Recht hat. Die Sprecherin des russischen Außenministeriums, Maria Zakharova, sagte, dass die USA sich vielleicht aus den Vereinbarungen von Genf aus dem Jahr 2012 zurückziehen sollten, weil jene Übereinkunft die Entfernung von Bashar al-Assad nicht verlangt, sondern vielmehr betonen, dass *„das syrische Volk die Zukunft des Landes bestimmt"* (TASS 2015; UN 2012). Das ist ein ganz einfacher aber grundlegender Sachverhalt, den Washington nicht verstehen will. Russlands Präsident Putin ist grundsätzlich sehr diplomatisch zu seinen westlichen ‚*Partnern*', jedoch sagte er bei einer Gelegenheit: *„Setzen Sie sich doch einfach mal über Ihr unersättliches Verlangen nach Herrschaft hinweg. Sie müssen damit aufhören, aus imperialistischen Ambitionen heraus zu handeln. Vergiften Sie nicht das Bewusstsein von Millionen Menschen, als ob es keinen anderen Weg als den der imperialistischen Politik geben würde"* (Putin 2015).

Während die USA von Demokratie und Recht reden, nehmen sie sich gleichzeitig das Recht heraus, die Zukunft anderer Länder zu bestimmen.

Washingtons ‚Plan B' für Syrien sah eine Schwächung und letztendliche Zerstückelung des Landes vor. Dies wird aufschlussreich durch ein Papier des Brookings-Institutes von Juni 2015 zum Ausdruck gebracht (O'Hanlon 2015). Dieser Plan fordert Washington schamlos auf, das ‚*Syrien-Problem*' in *„eine Reihe von lokalisierten Komponenten aufzuspalten … mit der Vision eines letztendlich eher föderalistischen Syriens, aufgeteilt in autonome Zonen, anstelle einer Herrschaft durch eine starke Zentralregierung"* (O'Hanlon 2015:3). Als falscher Vorwand wird eine angenommene Bedrohung der USA durch ISIS angegeben. Aber wie dieses Buch dargelegt hat, ist diese Gruppe von den USA und seinen engen Verbündeten erschaffen worden. Der Brookings-Bericht drängt darauf, zunächst zwei autonome Zonen oder ‚*sichere Zonen*' in der Nähe der Grenze zu Jordanien und der Türkei einzurichten, um „*sicheren Transport für humanitäre sowie militärische Versorgung*" sicher zu stellen. Als potentielle Kollaborateure in diesem illegalen Komplott werden vorgeschlagen: Jaish al Islam (die Armee des Islam) rund um Damaskus, ‚*verschiedene kurdische Kräfte*', eine ‚*Koalition von Aufständischen, die sich auf Aleppo fokussiert haben*', Jaish al Fateh (die ‚Army of Conquest', angeführt durch Jabhat al-Nusra) rund um Idlib, und einige andere (O'Hanlon 2015:9, 15).

Praktisch alle diese Partner, außer den Kurden, sind verschiedene Teile von Al-Kaida und Gruppen, die mit ihnen zusammen arbeiten.

Der Vorschlag von Brookings erkennt die Stärke von Damaskus an, indem vorgetäuscht wird, es zu umgehen. Aber die Zerstückelung eines souveränen Landes wäre nur möglich, wenn Syrien militärisch zerschlagen und ohne starke Verbündete wäre.

Aber Syrien ist nicht auf den Knien, und es hat starke Verbündete. Außerdem entwickeln sich regionale Neuausrichtungen zu seinen Gunsten. Während es immer noch viel Säbelrasseln gibt, verstehen doch die meisten Beobachter, dass Washington keine Lust an einer weiteren großen Eskalation hat, schon gar nicht an einer Konfrontation mit Russland. Einige regionale Staaten haben den Trend erkannt und beginnen ihre Verbindungen mit Damaskus wieder aufzubauen.

Ägypten und die Vereinigten Arabischen Emirate (VAE), beide noch vor kurzer Zeit Feinde Syriens, haben ihre diplomatischen Beziehungen mit Syrien normalisiert.

> Die VAE, vielleicht die flexibelste der Golf-Monarchien, aber durch Vizepräsident Joe Biden in Zusammenhang gebracht mit Unterstützung für ISIS, hat eigene Sorgen. Dort wurden erst kürzlich dutzende von Islamisten wegen einer Verschwörung verhaftet, durch die die absolutistische Monarchie in ein absolutistisches Kalifat umgewandelt werden sollte (Bloomberg 2015).

> Ägypten, das wieder in der Hand des Militärs ist nach einer kurzlebigen Regierung durch die Moslembruderschaft, hat nun mit seinem eigenen sektiererischen Terrorismus zu kämpfen, eben von jener Moslembruderschaft. Dieses größte arabische Land verteidigt jetzt die territoriale Integrität Syriens, und unterstützt zumindest verbal Syriens Kampagnen gegen den Terrorismus. Der ägyptische Politikwissenschaftler Hassan Abou Taleb nennt diese Botschaft *‚eine Verurteilung und Zurückweisung der einseitigen Aktionen der Türkei*' gegen Syrien (Reuters 2015).

Die Erdogan-Regierung, die versuchte, die Türkei an die Spitze einer Region der Moslembruderschaft zu positionieren, liegt oft im Streit mit ihren anti-syrischen Partnern und steht vor eigenen Problemen im Inland, nicht zuletzt wegen der kurdischen Minderheit. Washington hat versucht, separatistische Kurden sowohl gegen Bagdad als auch gegen Damaskus einzusetzen, während die Türkei sie als Hauptfeinde ansieht, und die Extremistengruppen sie als *‚abtrünnige*' Moslems abschlachten. Die kurdischen Gemeinschaften hatten, historisch gesehen, größere Autonomie im Iran und in Syrien genossen.

Washingtons kürzlich abgeschlossene Vereinbarung mit dem Iran stellt eine wichtige Entwicklung dar. Nach 14 Jahren Spannungen bleibt die Islamische Republik eine der wichtigsten regionalen Verbündeten des säkularen Syriens und eine überzeugte Gegnerin des saudi-arabisch geprägten Sektierertums. Die Bestätigung von Irans Rolle in der Region verärgert Saudi-Arabien und Israel, aber verspricht für Syrien Gutes. Ein verbissenes diplomatisches Gerangel um Positionen ergab sich nach der Iran-Vereinbarung und es gibt wenig Zweifel daran, dass die Hand des Iran in regionalen Angelegenheiten gestärkt wurde.

Ein Jahrzehnt nach Washingtons Plänen einer ‚schöpferischen Zerstörung', die dazu dienen sollte, den Einfluss des Iran im Irak zu verringern, und einige Monate vor der russischen Militärinitiative in Syrien, drückten Washingtons Insider ihre Verzweiflung darüber aus, dass der regionale Einfluss des Iran *‚auf seinem höchsten Punkt seit vier Jahrzehnten*' angelangt war (Kenner 2015).

Die Entscheidung Russlands, Ende September 2015 seine gewaltige Luftmacht einzusetzen, um die syrische Armee zu unterstützen, wird sich vermutlich als entscheidend erweisen. Russland, legal durch Syrien eingeladen, lud wiederholt die USA zur Zusammenarbeit ein, und hatte auf diese Weise Washington bloßgestellt. Washington war ertappt, und gefangen in seiner eigenen Doppelzüngigkeit. Es hatte vorgegeben, nicht der Eigentümer von ISIS zu sein, scheiterte aber dabei, die Terroristengruppe anzugreifen, als diese syrische Städte angriff, und behauptete fälschlicherweise, es existierten fundamentale Unterschiede zwischen ISIS und den anderen *‚moderaten Rebellen*‘.

Russland war jedoch mit Syrien einer Meinung, dass alle regierungsfeindlichen und bewaffneten Gruppen sektiererische Terroristen waren. Die USA weigerten sich, auch nur eine der *‚moderaten Rebellen*‘-Gruppen zu benennen, so dass Russland den Rat Syriens annahm, und sie alle angriff. Angesichts dessen protestierten die USA, dass *‚ihre*‘ moderaten Rebellen angegriffen werden, oder dass die Russen *‚Zivilisten töten*‘, aber es war ihnen unmöglich, etwas zu unternehmen. Weder Washington noch einer seiner Verbündeten waren mutig genug, um eine direkte Konfrontation mit der syrisch-iranisch-russisch-irakischen-Hisbollah-Front zu riskieren. Es wurden keine russischen oder offiziellen iranischen[50] Bodentruppen eingesetzt. Jedoch haben Irans Militärkommandeure Milizen aus dem ganzen Land mobilisiert, um die syrische Armee zu verstärken, als sie sich aufmachten, Gebiete zurück zu erobern, die jahrelang durch vom Westen unterstützten Banden gehalten wurden.

Einige Beobachter haben die russische Initiative in Syrien mit der fehlgeschlagenen Intervention der Sowjetunion in Afghanistan zwischen 1979 und 1989 verglichen. Aber es gibt wichtige Unterschiede.

1. haben die syrische arabische Armee und das syrische Volk dem größten Stellvertreterkrieg der jüngeren Geschichte über 4 ½ Jahre widerstanden. Die Regierung Afghanistans

[50] Das soll sich im Jahr 2016 geändert haben, als der Iran die ersten Abteilungen einer regulären Armeeeinheit schickte. http://www.voanews.com/content/iran-deploys-army-commandos-syria/3268798.html

hatte Ende der 1970er Jahre sehr schnell nach sowjetischen Panzern und Truppen gerufen.

2. unterhält Syrien starke regionale Allianzen mit dem Iran, der Hisbollah und seit kurzem auch mit dem Irak. Die afghanische Regierung von 1979 war von Feinden umgeben.
3. überlässt die russische Luftstreitmacht, auch wenn sie sehr wichtig ist, die Bodenkämpfe der großen syrischen Armee, die durch inländische Milizen und solchen aus Nachbarländern unterstützt wird. Wladimir Putin war sicher bewusst, dass dieser historische Vergleich gezogen werden könnte. Es scheint, dass die Stärke des syrischen Widerstandes entscheidend war.

Wenn das syrische Volk nicht über Jahre widerstanden hätte, und wenn Präsident Assad aus dem Land geflohen wäre, wie Präsident Janukowytsch aus der Ukraine, hätte Syrien sicher nicht diese direkte russische Hilfe erhalten.

Syrien gewinnt, weil das syrische Volk seine Armee gegen sektiererische Provokationen verteidigt hat, wobei es seine eigenen Schlachten gegen die NATO und den von Golf-Monarchien bezahlten multinationalen Terrorismus geschlagen hat. Syrer, einschließlich der strenggläubigen sunnitischen Muslime, lehnen die Köpfe abschlagende, bösartige und sektiererische Pervertierung des Islam ab, die von den Golf-Monarchien gefördert wird.

Dies ist kein Krieg von Sekten, oder ein Krieg Sunniten gegen Schiiten, sondern ein klassischer imperialistischer Krieg, der Stellvertreterarmeen benutzt.

In einem Syrien der Nachkriegszeit wird es keine Rolle für Washington geben, aus exakt den gleichen Gründen, warum Vergewaltiger und Mörder nicht wieder in die Familien eingeladen werden, die unter ihren Verbrechen gelitten haben, damit sie die Scherben wieder zusammenflicken können.

Die regionalen Folgen sind grundsätzlicher Art. Syriens Sieg wird Washingtons blutrünstiger ‚*Regimewechsel*'-Orgie in der Region, von Afghanistan, den Irak, über Libyen bis Syrien, ein Ende bereiten. Aus dem Tod und der Verzweiflung dieses schmutzigen Krieges sehen wir die Entstehung einer gestärkten ‚*Achse des Widerstandes*'. Syrien hat überlebt, der Iran ist stärker als jemals zuvor, der Irak tritt der Achse des Widerstandes bei, und Russland hat sie in der entscheidenden Art eines echten Gegengewichtes unterstützt. Diese Kombination wird die demütigende Niederlage der Pläne für eine von der Achse: USA-Israel-Saudi-Arabien-Türkei dominierten ‚*Neuen Mittleren Ostens*' besiegeln. Regionale Einheit und Unabhängigkeit werden unter furchtbaren Kosten erreicht, aber sie werden erreicht.

Quellen:

Angry Arab, The (2015) 'This is what the candidate for Syria's provisional (opposition) government wrote on Facebook: a holocaust', 4 August, online: http://angryarab.blogspot.fr/2015/08/this-is-what-candidate-for-syrias.html

Assad al, Bashar (2015) 'President al-Assad: New anti-terrorism coalition must succeed, otherwise the whole region will be destroyed', Interview with Iranian Khabar TV, Transcript at SANA, 4 October, online: http://sana.sy/en/?p=56697

Bloomberg (2015) 'U.A.E. to Prosecute 41 Accused of Trying to Establish Caliphate', 2 August, online: http://www.bloomberg.com/news/articles/2015-08-02/u-a-e-to-prosecute-41-accused-of-trying-to-establish-caliphate

Fadel, Leith (2015) 'U.S. Backed Syrian Opposition Official Calls for the Extermination of Alawites', Al Masdar, 7 December, online: http://www.almasdarnews.com/article/u-s-backed-syrian-opposition-official-calls-for-the-extermination-of-alawites/

Karam, Zeina and Adam Schreck (2015) 'Iran nuclear deal opens diplomatic channels for Syria', AP, 6 August, online: http://news.yahoo.com/iran-nuclear-deal-opens-diplomatic-channels-syria-161740195.html

Kenner, David (2015) 'For God and Country, and Iran', Foreign Policy, 5 March, online: http://foreignpolicy.com/2015/03/05/for-god-and-country-and-iran/

O'Hanlon, Michael (2015) 'Deconstructing Syria: towards a regionalized strategy for a confederal country', Center for 21st century Security and Intelligence, Brookings, 23 June, online: http://www.brookings.edu/research/papers/2015/06/23-syria-strategy-ohanlon

Putin, Vladimir (2015) 'Banned In USA Putin Explains Who Supports ISIS', Lybio, 2 October, online: http://lybio.net/banned-in-usa-putin-explains-who-supports-isis/people/

Reuters (2015) Egypt defends Syria's territorial unity after Turkey moves against IS', 2 July, online: http://uk.reuters.com/article/2015/07/29/uk-mideast-crisis-syria-egypt-idUKKCN0Q31AY20150729

TASS (2015) 'Moscow: US should retract signature to Geneva communique if it wants Syria regime change', 23 September, online: http://tass.ru/en/politics/823017

UN (2012) 'Action Group for Syria, Final Communiqué, 30.06.2012', United Nations, 30 June, online: http://www.un.org/News/dh/infocus/Syria/FinalCommuniqueActionGroupforSyria.pdf

15. Informiert bleiben

Die meisten westlichen Medien sowie die Medien der Golfstaaten (Al Jazeera, Al Arabiya) sind zutiefst voreingenommen und in vielen Fällen verwickelt in Fälschungen zur Unterstützung der Propaganda im Krieg gegen Syrien. Das lässt die Frage aufkommen: wo kann man glaubwürdige oder unabhängige Informationen erhalten? Die Antwort ist nicht einfach, und der Leser wird feststellen, dass ich eine große Auswahl von Quellen benutzt habe. Hier gibt es jedoch noch eine kurze Liste von relevanten Online-Quellen, die relativ unabhängig von den Zielen der Großmächte sind, mit Angeboten in Englisch, aber auch in anderen Sprachen. Sie sollten einem ehrlichen Beobachter helfen, besser informiert zu bleiben:

A. Nationale Medien, antiimperialistisch

SANA - Syrian Arab News Agency (http://sana.sy/en/)
Syrian TV (http://www.syriaonline.sy/)
Press TV - Iranian network (http://www.presstv.com/)
FNA (Fars News Agency) - Iran (http://en.farsnews.com/)
RT - Russian Television (https://www.rt.com/news/)
Telesur - Latin America
(http://www.telesurtv.net/english/section/news/index.html)

B. Von Regierungen unabhängige Quellen

Middle East Channel - Syria (http://www.me-channel.com/)
Al Akhbar - Lebanon (English service closed in April 2015, but still a good archive) (http://english.al-akhbar.com/)
Al Mayadeen - Lebanon (only in Arabic) (http://www.almayadeen.net/)
As Safir – Lebanon (http://assafir.com/Channel/50/English)
Al Manar – Lebanon, Hezbollah
(http://www.almanar.com.lb/english/main.php)
Mint Press – USA (http://www.mintpressnews.com/)

Uprooted Palestinians -blog (https://uprootedpalestinians.wordpress.com/)
Electronic Intifada – USA (https://electronicintifada.net/)
Syrian Free Press – USA (https://syrianfreepress.wordpress.com/)
Vineyard of the Saker – USA (http://thesaker.is/)
South Front – Canada, UK, USA (http://southfront.org/)
Global Research – Canada (http://www.globalresearch.ca/)
Al Masdar – USA (http://www.almasdarnews.com/)
New Eastern Outlook – Russia (http://journal-neo.org/)
Counter Punch – USA (http://www.counterpunch.org/)
The Greanville Post – USA (http://www.greanvillepost.com/)
SOTT – USA and France (http://www.sott.net/)
Hands off Syria – Australia (http://www.handsoffsyriasydney.com/)

C. Kritische Medienanalyse

Media lens - UK – (http://www.medialens.org/)
Off Guardian - UK – (http://off-guardian.org/)
FAIR – USA (http://fair.org/)

D. Deutschsprachige Quellen

Eine unvollständige Liste deutschsprachiger unabhängiger alternativer Nachrichtenquellen, die speziell zum Thema Syrien bereits Berichte veröffentlicht haben:

http://www.nachdenkseiten.de/
http://uweness.eu/
http://www.hintergrund.de/
https://urs1798.wordpress.com/
http://www.nrhz.de/flyer/
https://propagandaschau.wordpress.com (deckt fast täglich gefälschte Medienberichte auf)
http://www.german-foreign-policy.com (Artikel verschwinden leider nach kurzer Zeit hinter Bezahlwand. Aber man kann sich für neue Artikel benachrichten lassen.
http://domiholblog.tumblr.com/ (speziell zu Syrien interessant)

https://nocheinparteibuch.wordpress.com/
http://hinter-der-fichte.blogspot.de/
http://alles-schallundrauch.blogspot.de/
http://www.bildblog.de/
https://www.syrienkrieg-nicht-in-unserem-namen.de/blog/ Wie der Titel schon sagt
http://einarschlereth.blogspot.de/
http://blauerbote.com/
http://julius-hensel.com/
https://mundderwahrheit.wordpress.com/
http://www.ag-friedensforschung.de/
http://jomenschenfreund.blogspot.com (Blog des Übersetzers)

Anmerkung der Übersetzer:

Die neuesten Entwicklungen

Die Kriegsbeute Deutschlands

In dem IW-Kurzbericht 20.2016 vom Institut der deutschen Wirtschaft in Köln[51] freut sich das Sprachrohr der deutschen Wirtschaft über den hohen Bildungsstand der Flüchtlinge. Syrien hatte vor dem Krieg einen außergewöhnlich hohen Teil des Regierungsbudgets für Bildung ausgegeben, mit 5,1% lagen die Ausgaben praktisch gleich zu denen in Deutschland. *„Auch internationale Hilfsorganisationen wie UNRWA und UNHCR sind in Syrien im Ausbildungssektor aktiv und bieten – auch in Kriegszeiten – Ausbildungsgänge an."* Für ein arabisches Land besonders bemerkenswert: Vor dem Krieg waren 49% der Studierenden Frauen. Was die Untersuchung nicht offen ausspricht, was aber als unausgesprochene Botschaft mitschwingt: die deutsche Wirtschaft kann über ein Reservoir von gut ausgebildeten syrischen Arbeitskräften verfügen. Arbeitskräfte, in deren Ausbildung die Solidargemeinschaft der syrischen Steuerzahler viel Geld investiert hat. Die deutsche Wirtschaft bekommt die neuen Mitarbeiter quasi zum Nulltarif, während diese Fachkräfte im geschundenen Syrien für den Wiederaufbau dringend benötigt werden! Man muss sich den Zynismus dieser Kalkulation einmal bewusst machen. Ein besonders blutiger ‚Brain-Drain'.

False Flag - Morde unter falscher Flagge

Die Zahl von False-Flag Aktionen im Syrien-Konflikt war von Anfang an durch die westlich liberale Gemeinschaft förmlich herbeigesehnt worden, um die eigene „Befreiungsideologie" und den postkolonialen Helfersyndrom ausleben zu können. Und so wurden in den westlichen Medien[52] wieder Propagandavideos der „Weißen Helme", die eine Unterstützungsgruppe für die mit Al-Kaida verbundene al Nusra Gruppe ist, unter Über-

[51] www.iwkoeln.de/_storage/asset/280595/storage/master/file/9349072/download/Syrische%20Fl%C3%BCchtlinge_%20IW-Kurzbericht.pdf

[52] http://www.spiegel.de/politik/ausland/syrien-luftangriff-auf-fluechtlingslager-toetet-dutzende-menschen-a-1090982.html

nahme der Behauptungen der Terroristen. Luftangriffe sollten dutzende von Zivilisten in einem Flüchtlingslager getötet haben.

Schon am nächsten Tag fielen die Behauptungen in sich zusammen. Ganz offensichtlich hatte es gar keine Flugbewegungen über dem Lager gegeben, wie Russland ohne Widerspruch durch die USA klar machte. Und sowohl in den USA[53], als auch in Deutschland[54] wurden die Widersprüche in den Aussagen der Terror-Unterstützungsgruppen verbreitet. Allerdings nicht in den Massenmedien, die am Vortag die Falschmeldung verbreiteten.

Das Rennen nach Al-Raqqah

Am 8. Mai 2016 wird in immer mehr Medien davon berichtet, dass die USA in Palmyra eine Militärbasis aufgebaut haben. Russland hatte das später dementiert. Es gäbe keine Militärbasis, sondern lediglich ein Camp für die Soldaten, die die Minenbeseitigung in Palmyra absichern. Wenn die russische Präsenz in Palmyra länger dauert, dürfte das Wettrennen um die Eroberung der ISIS-Hochburg al-Raqqah eingeläutet sein. Während die USA mit immer mehr Spezialkräften aus kurdischen Gebieten vordringt, kämpft sich die syrische Armee mit der Unterstützung Russlands, des Iran und der Hisbollah von Palmyra aus vor. Beobachter stellen sich die Frage, wer al-Raqqah als erster erreicht. Die USA, als ausländische Invasoren, die anscheinend Teile Syriens abspalten wollen, treffen dann vielleicht zum ersten Mal in einem heißen Krieg auf russische Truppen, die der legitimen Regierung des Landes zur Hilfe geeilt sind.

Das Ziel der USA erscheint immer klarer: Balkanisierung der Region, Schaffung instabiler, in sich zerstrittener Einheiten, die auf US-Hilfe angewiesen sind.

53 http://www.moonofalabama.org/2016/05/syria-an-airstrike-that-wasnt.html

54 http://blauerbote.com/2016/05/06/bild-weist-versehentlich-nach-angeblicher-luftangriff-auf-fluechtlingslager-in-syrien-ist-eine-faelschung/

Beweise wie NATO und Terroristen kooperieren

Beweise, dass nicht nur NATO-Verbündete, sondern auch NATO-Länder bewusst mit vom Sicherheitsrat zu Terroristenorganisationen erklärten Gruppen kooperieren, häufen sich Anfang 2016 immer mehr. Am 14. März erschienen Medienberichte[55], nach denen ein oppositioneller Abgeordneter im türkischen Parlament die Regierung beschuldigt, Aktivitäten der ISIS auf dem eigenen Hoheitsgebiet zu ignorieren. Eren Erdem von der *'Republican People's Party'* (CHP) erklärte im türkischen Parlament, dass die Polizei seines Landes ausführliche Daten über Aktivitäten des Islamischen Staates (ISIS, IS, Daesh) im eigenen Land hat, aber unter Druck der Regierung nichts dagegen unternimmt.

> *„Das ist keine Unaufmerksamkeit, das ist Absicht. Die AKP hat alles in der Hand, aber sie unternahmen nichts dagegen. Das heißt, dass [die Regierungspartei von Recep Tayyip Erdogan] AKP Terroristenorganisationen unterschiedlich beurteilt, und gegenüber ISIS blind ist. ... Ich stelle eine einfache Frage: Warum haben Sie diese Terroristen nicht verhaftet?“*

Während der Rede hielt Erdem einen Stapel von angeblich 422 Seiten hoch, die gesammelte Polizeidaten enthalten sollten, die bewiesen, dass die Regierung Aktivitäten von ISIS in der Türkei ignorierten. Die Papiere wurden den Medien zur Verfügung gestellt.

Erdem erwähnte einige der Protokolle von abgehörten Telefongesprächen mit Ilhami Bali, einem Zweig von ISIS, der verdächtigt wird, Bombenanschläge in Ankara und der zum größten Teil kurdisch besiedelten Grenz-Stadt Suruc zu begehen. Eine weitere Person, die in den Dokumenten erwähnt wird, ist Ebu Hanzala, ein Sprecher der Dschihadisten, der 2015 verhaftet, und dann auf Grund eines Gerichtsbeschlusses wieder entlassen wurde. Auf seiner Webseite hatte er zur Ermordung von religiösen und ethnischen Minderheiten aufgerufen, erklärte Erdem.

55 https://www.rt.com/news/342929-mp-accuse-turkey-isis/

Erdem zufolge bewegen sich ISIS-Kämpfer in den türkischen Städten Kilis und Gaziantep vollkommen frei, und können die Grenze nach Syrien und zurück ohne jede Beschränkung überqueren. Eine der Gesprächsprotokolle enthüllt, wie Erdem sagt, dass

> *„1.128 ISIS Militante aus Syrien in die Türkei kamen, ohne dass die Regierung etwas unternommen hätte ... Die Militanten können ohne Probleme die Grenze überqueren, Waffen in Empfang nehmen, werden ideologisch geschult, und können zurück nach Syrien, um dort Massaker zu begehen."*

Neben anderen Terroristen, die mit Wissen der türkischen Regierung behandelt worden waren, befand sich auch Muhammed Abu Turki, der der Verursachung von Behandlungskosten in Höhe von 18.000 Dollar wieder die Grenze überquerte, erklärte Erdem.

Die Beschuldigungen von Erdem sind Teil einer ganzen Reihe ähnlicher Behauptungen. Die erste Journalistin, die im Oktober 2014 mit Beweisen die Verwicklung des NATO-Landes Türkei mit ISIS in Syrien aufgedeckt hatte, war Serena Shim[56], die filmte, wie ISIS-Kämpfer problemlos die Grenzen passierten. Am 17. Oktober berichtete sie der iranischen Nachrichtenagentur *„Press TV"*, dass sie vom türkischen Geheimdienst als Spion angesehen würde, und verstarb nur 48 Stunden später durch einen Autounfall. Die Ermittlungen zu dem Unfall sind bis heute nicht abgeschlossen.

Ebenfalls schon im Jahr 2014 hatten türkische Medien berichtet, wie Waffen und Munition aus der Türkei, als humanitäre Hilfe getarnt, zu den Terroristen in Syrien gebracht wurde. Die Journalisten wurden inzwischen wegen Terrorismus zu hohen Gefängnisstrafen verurteilt[57].

---

56 https://de.wikipedia.org/wiki/Serena_Shim

57 https://www.tagesschau.de/ausland/journalisten-103.html

Dass ISIS Öl von Syrien und dem Irak über die Grenze in die Türkei, und von dort weiter nach Israel bringt, ist inzwischen auch nicht mehr bestritten, ohne dass jedoch die NATO etwas dagegen unternehmen würde[58].

Inzwischen dürfte deshalb niemand mehr bezweifeln, dass das NATO-Land Türkei, und damit die gesamte, diesem Land Hilfe leistende NATO-Organisation, direkt und unmittelbar mit ISIS zusammenarbeitet. Und mit dem Einsatz deutscher Soldaten zur Unterstützung der NATO in der Region wird somit auch die Bundesregierung zum Komplizen der angeblich bekämpften ISIS.

58 https://de.europenews.dk/Der-Beweis-Wie-die-Tuerkei-ISIS-Oel-exportiert-123692.html

Warum dieses Buch für die deutsche Öffentlichkeit wichtig ist

> *„Ich möchte, wenn ich jetzt etwas schreibe, die Sachen wirklich gesehen haben. Ich war früher Richter und habe gelernt, dass wenn man nur die eine Seite hört, dass man dann immer ein Fehlurteil fällt. Und deswegen habe ich mit Assad gesprochen, aber ich wollte auch mit IS sprechen."*
>
> Jürgen Todenhöfer bei Markus Lanz [59] Minute 5:48 – 6:02

Tim Anderson wollte nicht mit den Kopf abschneidenden Landsknechten von IS sprechen.

Allerdings begab er sich mit einer australischen Delegation zum syrischen Staatspräsidenten Bashar al-Assad, um die Meinung jenes Mannes zu hören, der von westlichen Medien ganz schnell vom modernisierenden Hoffnungsträger zum Inbegriff alles Monströsen umgeschrieben worden war. Als Anderson sodann für den Sommer 2016 zu einem Syrien-Kongress nach Athen als Referent eingeladen wurde, fand sich rasch eine Gruppe von Personen, die auf die Konferenzleitung massiven Druck ausübte, Anderson wieder auszuladen. Vorgezeigt wurde das Bild, wie Anderson neben Assad sitzt anlässlich jener Audienz. Wie könne man einen Mann zu einer Syrienkonferenz einladen, der mit einem grausamen Monster (gemeint war Assad) spricht; mit einem Monster, das seine eigene Bevölkerung mit Giftgas massenhaft ermorden würde. Die Leiter der Konferenz bekamen es mit der Angst zu tun und luden Tim Anderson wieder aus.

Ob die perfiden Giftgasangriffe tatsächlich von den syrischen Streitkräften eingesetzt wurden, ist bis heute in keiner Weise erwiesen. Dieses Buch hat andere Deutungsmuster plausibel dargelegt. Giftgasangriffe dienen auch als hochgradig emotionalisierende Waffe im Propagandakrieg. Tim Andersons Gegner versuchten seine Reputation durch eine konstruierte Komplizenschaft mit einem angeblichen Massenmörder zu vernichten. Warum versucht man andere Erklärungsmuster als jene des westlichen

[59] https://www.youtube.com/watch?v=8jYlbv1EaYw

Mainstreams zum Verstummen zu bringen? Wenn man seiner Sache so sicher ist, könnte man abweichende Meinungen doch zumindest anhören, und sie dann mit Logik und Fakten widerlegen.

Dieses Beispiel zeigt deutlich, auf was für ein niedriges Niveau die Diskussionskultur im angeblich so aufgeklärten „Westen" herabgesunken ist. Ein Rückfall hinter die Grundsätze des antiken Römischen Reiches: „audiatur et altera pars" - die andere Seite möge auch gehört werden. Es ist noch gar nicht so lange her, dass schiitische Geistliche einen Todesbann gegen den indischen Schriftsteller Salman Rushdie wegen dessen „Satanischer Verse" ausgesprochen hatten. Die Situation war absurd: Muslimen war es verboten, die „Satanischen Verse" zu lesen. Andererseits sollten sie sich mit Schaum vor dem Mund über dieses gemeine Buch erregen. Zu Recht haben wir damals im Westen den Kopf geschüttelt über diese Unmöglichkeit. Heute ist diese Unmöglichkeit Standard bei uns im „Westen". Reihenweise werden Menschen überzogen mit Rufmord, die mit den neuen Monstern des Westens reden: mit Putin, mit dem venezolanischen Präsidenten Maduro, oder eben mit – Assad.

Genau das hat uns veranlasst, Andersons mutiges Buch auch dem deutschsprachigen Publikum zugänglich zu machen. Andersons Engagement für die Schwachen ist auch unsere Sache. Denn in Wirklichkeit ist Assad nämlich kein Monster, sondern ein waidwund geschossenes Opfer. Ein Mann, der keinen gut geölten und synchronisierten Propaganda-Apparat hinter sich weiß. Ein Mann, der keine flexiblen Denkfabriken als Berater auf seiner Seite weiß. Ein Mann, der bis vor einigen Jahren fest damit rechnete, sein Land in die westliche Ordnung einzubinden, und der nun noch gar nicht damit fertig werden kann, plötzlich im Fadenkreuz eben dieses Westens zu stehen, der ihn gerade eben noch gelobt und eingeladen hatte. Der beim Scheitern seiner Abwehr damit rechnen muss, wie Muammar al-Gaddafi auf der Straße erschlagen zu werden wie ein räudiger Hund.

Die Entmenschlichung des Kriegsgegners ist schon lange fester Bestandteil des westlichen Arsenals der Kriegspropaganda. Wer den Rang eines Mitmenschen abgesprochen bekommt, kann ohne moralische Bedenken erlegt werden. Und mit diesem entmenschten Individuum zu reden ist Todsünde. Wir dürfen uns niemals in dieser Weise auf die Dehumanisierung unserer Mitmenschen einlassen.

Und weil Assad seine Position nicht durch clevere Public-Relations-Agenturen in die westliche Öffentlichkeit einbringen kann, verbleiben nur eine Handvoll mutiger Einzelpersonen im Westen, die wenigstens Bröckchen einer anderen Sicht auf den Syrienkrieg einzubringen versuchen.

Das ist die Situation.

Es ist ja auch nicht so, dass Anderson oder wir davon ausgehen, dass es sich beim Assad-System um eine lupenreine Demokratie handelt. Es gibt in Syrien eine gespenstische Geheimpolizei, und es wird gefoltert. Nur: was richtet denn der Westen jetzt gerade in Syrien an? Die Zerstörung eines Gemeinwesens, Vernichtung des mühsam erarbeiteten Landfriedens, Vernichtung und Vertreibung der Intelligenz und Kultur, Rückfall in atavistische Stammeskriege. Zumindest uns fällt es nicht schwer zu erkennen, welches das kleinere Übel ist.

Hätte der Westen den Arabischen Frühling nicht so massiv durch gedungene Landsknechte beiseite gedrückt und niedergeschlagen, hätte sich das System Assad wahrscheinlich von selber für die Transformation geöffnet. Anderson beschreibt auch dieses Stadium der Umwandlung und die zerstörten Potentiale. Assad hatte quasi die Macht in Syrien von seinem Vater „geerbt“ und wusste zunächst nicht damit umzugehen, dass immer mehr seiner Bürger mitreden und mitentscheiden wollten. Dabei war genau dieser Wunsch nach Partizipation ein Ergebnis der Politik Syriens über Jahrzehnte. Das Bildungssystem in Syrien ist vorbildlich, wie aktuell das industrienahe Institut der Wirtschaft zu betonen weiß. Wie in vielen anderen Schwellenländern auch, ist in Syrien ein neuer gebildeter und relativ wohlhabender Mittelstand herangereift, und die Jugend hat wesentlich mehr Bildung genossen als frühere heranreifende Generationen. Das sind die klassischen Transformationsprobleme dieser Schwellenländer. Diese neuen Mitbürger lassen sich eben nicht mehr abspeisen mit Gehorsam und Kritiklosigkeit.

In dieser Situation wurde Syrien ein Opfer seines eigenen Erfolges. Syrien ist nämlich eines der letzten Exemplare der einstmals so zahlreichen postkolonialen Nationalstaaten. Diese konnten sich nach ihrer Unabhängigkeitserklärung in den meisten Fällen nicht durch eine ethnische Homogenität definieren, denn sie lebten in jenen Grenzen, die die Kolonialherren dereinst zu ziehen geruhten. Das Bindemittel wurde der Glaube an die Nation. Das beinhaltete: absolute Gleichberechtigung aller Völker, Kulturen und Religionen innerhalb der Staatsgrenzen. Der Staat ist in Glaubensfragen neutral: er ist säkular. Der Glaube an die Nation sollte bei diesen Staaten belohnt werden durch einen kontinuierlichen Anstieg der Lebensqualität und durch ein hohes Ansehen des Nationalstaats in der ganzen Welt. Das beinhaltete, dass die Kräfte der Nation mit durchaus autoritären Mitteln gebündelt wurden, zum Wohle aller, wie man sagte. Die Mittel des Staates gingen in Bildung, Gesundheit, öffentliche Versorgung und in die Importsubstitution. Das heißt: teure Importgüter sollten durch einheimische Produkte ersetzt werden. Man wollte unabhängig werden von ausländischen Mächten und Konzernen.

Bereits in den 1960er Jahren begann durch den an der Universität von Chicago entwickelten Marktradikalismus der Friedman-Schule ein äußerst brutaler Angriff auf die Versuche der Drittweltländer, selber ihr Schicksal zu bestimmen. In Indonesien, Ghana, Brasilien, Chile, Argentinien und Uruguay wurden die rechtmäßigen Regierungen gestürzt und faschistische Schock-Regime eingesetzt, die diese Länder zu enthaupteten Werkbänken, Schuldnern und Konsumenten der globalen Konzerne degradierten. Naomi Klein hat diese Vorgänge in ihrem leider immer noch skandalös unbekannten Grundlagenwerk „Die Schock-Strategie“ akribisch belegt.

Blieben bei dieser ersten Schockwelle zumindest die Nationalstaaten in ihrem rudimentären Gefüge noch erhalten, so brachte nun die nächste Schockwelle die vollständige Zerstörung jeder staatlichen Struktur. Afghanistan ist nach nun fast vier Jahrzehnten Dauerkrieg zerbrochen in Einflusszonen in den Händen von Warlords. Beispielhaft für viele dieser von außen zerstörten Nationalstaaten seien der Kürze halber noch genannt: Kongo, Mali, Sudan, Irak, Libyen oder Jemen.

Und jetzt ist Syrien an der Reihe. Syrien war in vielerlei Hinsicht ein Musterland: nicht nur Bildung und Gesundheit, öffentliche Versorgung und öffentlicher Wohnungsbau sind vorbildlich organisiert. Und: Syrien hatte keinerlei Auslandsschulden!

Wenn wir im Westen so hochnäsig den „Menschen da unten" Lektionen erteilen wollen darüber, was Demokratie ausmacht: darüber können jene Mitmenschen nur müde lächeln. Ist es denn ein Zeichen von Mitbestimmung, wenn man alle vier Jahre sein Kreuz in einer Multiple-Choice-Befragung darüber macht, wer uns regieren soll? Was ist das für eine Demokratie, in der die Menschen auf vorbereitete Optionsmenüs nur mit „ja" oder „nein" antworten dürfen? Es gab durchaus, bevor der Westen so richtig blutrünstig den anderen Völkern ihre Sicht der Dinge beizuprügeln begann, funktionierende Modelle einer echten Demokratie. Genannt sei hier nur das Konzept der dörflichen Basisdemokratie des Ujamaa in Tansania, wie es dessen Staatspräsident Dr. Julius Nyerere systematisiert hatte. Oder das Genossenschaftsmodell in Jugoslawien.

Durch diese Brille sehen die Dinge schon ganz anders aus. Der Angriff auf Syrien ist ein Angriff auf einen der letzten klassischen Nationalstaaten. Der Staat droht zu zerbrechen. Die Menschen sind nach fünf Jahren Nervenstress, Verletzung und Unsicherheit am Ende. Viele schicken ihre Männer nach Deutschland, damit diese dort schon einmal Fuß fassen und dann ihre Lieben auch ins gelobte Deutschland holen.

Das ist keine Lösung. Das ist eine Katastrophe. In Syrien wird jede Hand und jedes Hirn gebraucht für einen raschen Wiederaufbau des Landes. Ein Wiederaufbau, den nicht die Zerstörer aus dem Westen bestimmen dürfen.

Wir müssen konstruktiv nach vorne denken. Wie könnte ein Wiederaufbau vonstattengehen? Der erste Schritt ist logisch: Verbot der Waffenexporte. Hier sind auch wir in Deutschland in der Pflicht, denn wie Jürgen Grässlin immer wieder deutlich macht: die schlimmsten Verwundungen in der Dritten Welt werden mit Kleinwaffen angerichtet. Und die stammen oftmals von Heckler & Koch aus Deutschland. Der zweite Schritt, nach einer politischen Befriedung besteht darin, eine Art von Marshallplan auf den Weg zu bringen. Diesmal nicht paternalistisch angeleitet von den Westmächten, sondern von blockfreien Staaten, die in der Region keine handfesten Interessen haben. Das erforderliche Geld wird herangezogen aus Wiedergutmachungsleistungen der Rüstungskonzerne, die so wunderbar an dem Schlamassel verdient haben. Das Geld wird treuhänderisch von der Entwicklungsbank der BRICS-Staaten kontrolliert.

Und Assad? Die Schlüsselfrage ist nicht, ob für eine erfolgreiche Transformation und Modernisierung des syrischen Nationalstaats die Ablösung Assads unverzichtbar notwendig sei. Bislang hat sich das syrische Volk in freien Wahlen dafür ausgesprochen, dass Assad ihr Präsident sein soll. Das hat ja auch etwas zu tun mit dem Wunsch des Volkes nach Kontinuität. Es ist wahrscheinlich gar nicht so verkehrt, wenn nicht westliche Konsortien bestimmen, wer Syrien fürderhin regieren soll, sondern vielleicht sogar am Ende das syrische Volk?

Die Herausgeber dieses Buches: Jochen Mitschka und Hermann Ploppa

Index